MINE SAN JOSÉ – RETTUNGSOPERATION

W0045736

N

Bohrung Plan C

Feldlazarett

Bohrung Plan B

Bohrer-Werkstatt

Bohrung Plan A

| 0 Yard | 100 | 200 |
| 0 Meter | 100 | 200 |

Eingang der Mine San José

Kantine

Kontrollpunkt der Polizei

Ort der täglichen Pressekonferenz

Polizeiwache

33 Fahnen am Hügel

Camp Esperanza

nach Copiapó
(48 km auf dem
Landweg)

Mediengetto

© 2010 Jeffrey L. Ward

Jonathan Franklin
33 Männer, lebendig begraben

Jonathan Franklin

33 Männer
Lebendig begraben

Die exklusive Inside-Story über die chilenischen Bergarbeiter

Aus dem amerikanischen Englischen übertragen
von Norbert Juraschitz und Werner Roller

C. Bertelsmann

Die Originalausgabe ist 2011 bei Bantam Press, London,
unter dem Titel »The 33« erschienen.

Verlagsgruppe Random House FSC-DEU-0100
Das für dieses Buch verwendete FSC®-zertifizierte Papier *Munken Premium*
liefert Arctic Paper Munkedals AB, Schweden.

2. Auflage
© 2011 by Jonathan Franklin
© der deutschsprachigen Ausgabe
2011 by C. Bertelsmann Verlag, München,
in der Verlagsgruppe Random House GmbH
Umschlaggestaltung: R·M·E Roland Eschlbeck und Rosemarie Kreuzer
Redaktion: Werner Wahls
Satz: seitenweise, Tübingen
Druck und Bindung: GGP Media GmbH, Pößneck
Printed in Germany
ISBN 978-3-570-10094-3

www.cbertelsmann.de

Ich widme dieses Buch meiner Familie, die mich kaum zu sehen bekam, solange diese dramatische Geschichte andauerte, meiner ebenso geduldigen wie wagemutigen Frau Toty und meinen sechs geliebten Töchtern: Francisca, Susan, Maciel, Kimberly, Amy und der kleinen Zoe. Und schließlich meinem Enkel Tomas. Auch er bekam mich kaum zu Gesicht.

Die Niederschrift dieses Buches war eine schwierige Aufgabe und eine Reise, die zwar nicht annähernd so belastend war wie das, was die 33 Bergleute durchlebten, aber auch ich bin heilfroh, wieder zu Hause zu sein und zur Ruhe zu kommen.

Jonathan Franklin
Dezember 2010, Santiago, Chile

Inhalt

Prolog: Die Augen der Welt

Dichter Morgennebel hüllte am 12. Oktober 2010 einen Berghang im Norden Chiles ein, auf dem sich an diesem Tag sehr viele Menschen versammelt hatten. Träge Nebelschwaden krochen den Hang hinauf. Die Sonne verbarg sich noch immer hinter dem Horizont. Kalte, feuchte Luft kam vom Pazifik her und ließ die Menschen frösteln. Die wenigen Gestalten, die zu dieser frühen Stunde durch das provisorische Lager schlenderten, wirkten wie geisterhafte Silhouetten, sie glichen flüchtigen Luftspiegelungen in der Atacama-Wüste, einem der trockensten Orte der Erde. Im Lager der Journalisten beleuchtete ein wildes Durcheinander von Flutlichtern ganze Antennenwälder. Auf einem mit Felsbrocken übersäten Feld waren Dutzende von Satellitenschüsseln aufgebaut.

Die Mitglieder der Familie Ávalos drängten sich mit ineinandergeschlungenen Fingern und Armen um ein Lagerfeuer, beteten und unterhielten sich leise; sie saßen dabei unmittelbar über den beiden im Berg eingeschlossenen Verwandten: dem 29 Jahre alten Renán und dem 31 Jahre alten Florencio Ávalos. Die beiden Brüder waren vor neun Wochen, am 5. August, zu einer Zwölf-Stunden-Schicht in die Mine San José eingefahren. Am frühen Nachmittag hatte sich ein massiver Felsblock von der Größe eines Wolkenkratzers aus dem Berg gelöst, den Ausgang versperrt und sie tief unter der Erde eingeschlossen.

Neun Wochen lang hatte die Familie Ávalos auf ein Wunder gehofft und dafür gebetet, zuerst ein Lebenszeichen von den Brüdern zu erhalten und sie dann aus den Tiefen eines Bergwerks gerettet zu sehen, das dafür berüchtigt war, dass dort immer wieder Bergleute ums Leben kamen oder schwer verletzt wurden.

Sofort nach dem Einsturz der Mine Anfang August waren Hunderte von Fachkräften – Ingenieure, Rettungshelfer, Bohr- und Grabungstechniker – an diesen bis dahin sehr entlegenen und menschenleeren Ort im Norden Chiles gekommen. Sie kamen als Freiwillige, stellten ihren Einfallsreichtum und ihre Erfahrung zur Verfügung und arbeiteten hart. Der chilenische Präsident bediente sich diplomatischer Kanäle und nutzte auch seine Verbindungen zur Geschäftswelt, um einen einfachen, aber wirksamen Hilferuf zu verbreiten: »Ich sagte ihnen, dass wir Leute zu retten haben, die in einer Tiefe von fast 700 Metern eingeschlossen sind. Über welche Technologien verfügen Sie, die uns möglicherweise helfen könnten?«

Die Reaktion war überwältigend.

Jetzt war die Rettungsaktion im Endstadium angelangt. In weniger als 24 Stunden würde eine raketenförmige Kapsel, die »Phönix«, langsam bis zur Sohle der Mine hinuntergelassen werden. Florencio Ávalos würde der erste Bergmann sein, der die Tür der Rettungskapsel öffnen und die Fahrt zur Erdoberfläche wagen würde. Seiner Familie war bewusst, dass dies eine Ehre und zugleich auch ein Risiko war.

Hunderte von Rettern hatten monatelang für diesen Augenblick gearbeitet, die meisten von ihnen in aller Stille. Sie alle waren jetzt voller Stolz, weil sie die Gelegenheit erhalten hatten, bei einem Vorhaben, das immer mehr zu einem weltweite Beachtung findenden Drama geworden und, wie sie alle wussten, zugleich auch ein gewaltiges Experiment war, einen Beitrag zu leisten. Niemals zuvor waren Bergleute nach einer monatelangen Verschüttung aus einer solchen Tiefe gerettet worden. Zahlreichen Theorien zum Trotz, nach denen eine solche Rettung möglich war, wusste alle Welt, dass das Gesetz der Wahrscheinlichkeit – die Wahrscheinlichkeit war in einem so gefährlichen Industriezweig wie dem Bergbau nie besonders groß – gegen die Möglichkeit sprach, dass alle Männer lebend gerettet werden konnten.

Die »Operation San Lorenzo« – so genannt zu Ehren des Heiligen Lorenzo, des Schutzpatrons der chilenischen Bergleute – wurde von Codelco geleitet, dem staatseigenen chilenischen Bergbauunternehmen, das im Lauf der vergangenen zwei Monate die beste weltweit verfügbare Bohr- und Vermessungstechnik an diesem Ort versammelt hatte.

Codelco, ein modernes Unternehmen mit einem Jahresgewinn von über 4,5 Milliarden Dollar, hatte ein Arsenal von geliehenen, gemieteten und improvisierten Bohranlagen eingesetzt, um die Männer aufzuspüren und sie 69 Tage lang am Leben zu erhalten. Jetzt war der Augenblick der Wahrheit gekommen. Konnten sie die Männer sicher aus der Erde heraufholen, aus einer Tiefe, die mehr als der doppelten Höhe des Eiffelturms entsprach? Der Rettungsschacht war so eng, dass die Männer zweimal angewiesen worden waren, sich einem intensiven körperlichen Training zu unterziehen, um sicherzustellen, dass sie auch tatsächlich in die Rettungskapsel passten.

Trotz der frühen Morgenstunde waren Hunderte von Journalisten vor Ort und mühten sich mit ihrer Kameraausrüstung ab, im Bestreben, sich einen bevorzugten Standort bei einem Drama zu sichern, das die Herzen und die Vorstellungskraft von Fernsehzuschauern in aller Welt ergriffen hatte. Seit der ersten Mondlandung hatte kein technisches Vorhaben mehr die Welt so fasziniert und gefesselt. Und im Jahr 2010 bot die verkabelte Welt sehr viel mehr Möglichkeiten, das Geschehen zu verfolgen und zu kommentieren.

Die Familie Ávalos neigte die Köpfe in Richtung des orangeroten Gluthaufens, der Zeugnis ablegte vom wochenlangen Warten, und schien die ringsum wachsende Unruhe überhaupt nicht wahrzunehmen. Ein paar Bemerkungen fielen, aber die Ankunft eines umherstreifenden Kameramanns wurde ignoriert. Der Journalist – mit Kabelträger und Tontechniker im Schlepptau – drängte sich für ein paar Minuten Liveübertragung nach vorne, bei der jedes gesprochene Wort ungefragt einem Zufallspublikum übermittelt wurde, und wanderte anschließend zur nächsten Familie weiter.

Hinter der Ávalos-Familie war das Transparent »Verschüttet vielleicht – besiegt niemals« zu sehen. Die Gesichter der Bergleute starrten einen an, halb in der Dunkelheit verborgen. An den einzelnen Gesichtern war nichts Bemerkenswertes – sie wirkten ernst, hart, vom Wetter gegerbt. Als Gruppe jedoch waren »Die 33« ein weltweites Symbol für Durchhaltevermögen.

Im September und Oktober 2010 war das Schicksal der 33 Männer zum Allgemeingut geworden, während sich die Helfer auf der Suche nach den eingeschlossenen Männern durch einen Granitberg bohrten. Die besten Journalisten der Welt eilten an diesen Ort, stritten sich um die wenigen Flugtickets, die es für eine Reise nach Copiapó gab, in eine Stadt, die bis dahin so wenig Beachtung gefunden hatte, dass sie als einzige größere Stadt des Landes beim nationalen Wetterbericht im chilenischen Fernsehen einfach ausgelassen wurde. »Als die Fußball-Weltmeisterschaft in ganz Chile unterwegs war, hat sie hier nicht einmal haltgemacht«, grollte Maglio Cicardini, der Bürgermeister von Copiapó, ein Showman und Pferdeschwanz-Träger, der aussah wie ein Gitarrist der Bluesrockband *ZZ Top*.

Die Kameras drangen trotz des weltweiten Interesses nur selten bis zur vordersten Linie oder gar unter die Oberfläche dieser Tragödie vor. Die meisten Reporter mussten sich zwei Monate lang damit begnügen, Familienmitglieder und Politiker zu interviewen, weil sie durch eine ebenso strikte wie clevere, vom chilenischen Präsidenten Sebastián Piñera persönlich geleitete PR-Kampagne hinter den Polizeiabsperrungen festgehalten wurden. Ein weltweites Publikum, das inzwischen Hunderte Millionen Menschen umfasste, war dagegen von einer anderen Geschichte fasziniert: Was geschah dort unten in der Mine? Wie konnten die 33 Bergleute nach all diesen Wochen, in denen sie in einer drückend heißen, feuchten und einsturzgefährdeten Höhle lebendig begraben gewesen waren, noch am Leben sein?

Der abschließende Countdown hatte am frühen Nachmittag begonnen. Eine große Zahl von Familienangehörigen verfolgte auf riesigen, an Wohnmobilen und an den Seiten des Pressezeltes angebrachten Fernsehschirmen ehrfurchtsvoll, wie Techniker die letzten Handgriffe an der Rettungskapsel vornahmen. Phönix war nach den von der NASA und der chilenischen Marine entwickelten Vorgaben gebaut und in den Farben der chilenischen Nationalflagge lackiert worden – blau, weiß und rot.

Um 23 Uhr war die Kapsel einsatzbereit. Eine Seilwinde hob ihn hoch. Das Kabel lief über ein gelbes Rad, das sich langsam drehte. Es war ein hypnotisierender Vorgang, der an einen industriellen Arbeitsablauf aus den 1930er Jahren erinnerte. Die modernen Gerätschaften, die dieses Geschehen überhaupt erst ermöglicht hatten, waren nicht zu sehen. Dazu gehörten beispielsweise die GPS-Systeme, mit deren Hilfe gewaltige Bohrgeräte winzige unterirdische Ziele aufspüren konnten, kilometerlange Glasfaserkabel und drahtlos arbeitende Sendegeräte, mit denen Puls- und Blutdruckwerte der Bergleute auf den Laptop eines Arztes übertragen wurden.

Vor 69 Tagen waren die Männer unter Tage eingeschlossen worden. Mehr als zwei Wochen lang waren alle Versuche gescheitert, den Tunnel aufzuspüren, in dem sie langsam verhungerten. Der Tod war den Männern so nahe gewesen, dass sie bereits

Abschiedsbriefe geschrieben hatten. Die Regierung hatte schon mit dem Entwurf für ein weißes Kreuz begonnen, mit dem auf dem Berghang ihr Grab markiert werden sollte. Jetzt wurden sie vielleicht wiedergeboren, wiederbelebt, gerettet. Würde diese Aktion gelingen? Die Welt hielt den Atem an, die Phönix wurde langsam hinuntergelassen, und dann war sie verschwunden. In einem Land, das schwere Erdbeben erlebt hatte, waren die Gründe, weswegen die Rettung scheitern konnte, zu zahlreich, um irgendwelche Wahrscheinlichkeitsrechnungen anstellen zu können. Für einen Erfolg der Rettungsaktion brauchte man nicht nur präzise Ingenieursarbeit, sondern auch ein wenig Gottvertrauen. Im Verlauf der gesamten Rettungsaktion waren Spezialisten aus aller Welt zu Rate gezogen worden, man hatte medizinische Pläne und technische Verfahrensweisen entwickelt. Jetzt verstummte sogar das NASA-Team. Das Vorgehen bei dieser Aktion bestimmten die Chilenen.

KAPITEL 1

Lebendig begraben

Donnerstag, 5. August 2010, 7 Uhr

Die 50-minütige Fahrt zur Mine San José war schöner als je zuvor. Tausende winzige purpurrote Blumen schmückten die Berghänge und lockten Tausende von Touristen an, die die »blühende Wüste« sehen wollten. Doch nur wenige Bergarbeiter im Bus nahmen von diesem Anblick Notiz. Viele schliefen, während der schwankende Bus die Kurven hinauf zur Mine nahm. Sie lag auf einem äußerlich unscheinbaren Berg, der jedoch so voller Gold und Kupfer war, dass sich die Bergleute über ein Jahrhundert hinweg wie die Maulwürfe in ihn hineingegraben hatten, im Zickzack den wertvollen Erzadern folgend, die das Berginnere durchzogen wie Blutgefäße einen menschlichen Körper.

Mario Gómez, einer der Businsassen, konnte nicht schlafen. Als der Handyweckruf ihn heute Morgen um sechs Uhr aus dem Schlaf gerissen hatte, war er so zerschlagen gewesen, dass er seine Frau gefragt hatte, ob er überhaupt zur Arbeit gehen solle. »Lass sie sausen«, war Lillians Rat gewesen. Sie hatte ihrem 63 Jahre alten Mann schon lange nahegelegt, seinen Rentenantrag einzureichen. Gómez musste man in dieser Frage eigentlich nicht mehr groß zureden. Er hatte seine Bergarbeiter-Laufbahn mit zwölf Jahren begonnen – ein Einstieg ins Berufsleben wie in einem Dickens-Roman –, und in den folgenden fünfzig Jahren hatte er so gut wie jede mögliche Todesart unter Tage kennengelernt. Seine linke Hand erinnerte ihn an eine davon: Sie war einer explodierenden Dynamitladung zu nahe gekommen, zwei Finger hatte er dabei verloren. Der Daumen war oberhalb des Knöchels abgerissen worden.

Gómez betrachtete durch das Busfenster eine Wüste, in der es weder Baum noch Strauch gab, und dennoch war sie voller Leben im Vergleich zu der unterirdischen Welt, in die die schläfrigen Männer schon bald wieder einfahren würden. Die Mine San José war das gefährlichste Bergwerk in der ganzen Region und zahlte nicht ohne Grund außerordentlich hohe Löhne. Wo sonst konnte ein *cargador de tiro* – dessen Arbeitstag aus dem Anbringen von Dynamitladungen in frischen Bohrlöchern bestand – derart gut verdienen? Die Lohntüte erklärte die Treue der Männer (die sich selbst als »die Kamikazes« bezeichneten) zu ihrem Arbeitsplatz, trotz des furchteinflößenden Rufs der Mine. Jeder Bergarbeiter, der nüchtern abgewägt hatte zwischen Gefahr und Geld, war zu demselben Ergebnis gekommen: Das Geld gewann immer.

Bei der Fahrt auf der Serpentinenstraße kam der Bus an einer Reihe kleiner Altäre vorbei, von den Einheimischen »*Animitas*« genannt. Jeder Schrein erinnert an einen tragischen, gewaltsamen und plötzlichen Tod. Ein Unfalltod versetzt nach der örtlichen Überlieferung die Seele des Verstorbenen in einen Schwebezustand zwischen Himmel und Erde. Die Angehörigen wollen durch die Errichtung eines Schreins die Himmelfahrt des geliebten Menschen voranbringen, was wiederum erklärt, warum zu den einsamen Gedenkstätten brennende Kerzen, frische Blumen und immer wieder neue Fotos des Opfers gehörten. Nur wenige Tage später sollte es an dieser Wegstrecke Dutzende weitere Altäre geben.

Viele der Männer hatten ein nahrhaftes Lunchpaket dabei. Nach Ansicht der Minenbetreiber reichten zwei Sandwiches und eine Packung Milch für eine Zwölfstundenschicht aus, aber die Männer brachten oft weitere Stärkungen mit – einen Schokoriegel, eine Thermosflasche mit Suppe, ein sorgfältig verpacktes Steak-Tomaten-Sandwich. Und Wasser. In Flaschen, Feldflaschen, ja sogar in Halbliter-Plastikbehältern, wie sie im Unimarc-Supermarkt verkauft wurden. Die Temperatur im Bergwerk fiel nur selten unter 32 Grad Celsius. Die Männer tranken bei jeder Schicht drei Liter Wasser und bewegten sich dabei dennoch an der Grenze zur Austrocknung. Die Luftfeuchtigkeit war so hoch, dass selbst die brennende Spitze einer Zigarette den Elementen nachgab und durchhing.

Am Mineneingang zogen die Männer ihre Arbeitskleidung an: Arbeitshosen, T-Shirt, Helm und Stirnlampe. Ein schlichter Metallkasten für ihre Stempelkarten gab Auskunft über ihre An- oder Abwesenheit. Auf sieben Tage Arbeit folgten sieben Tage Pause, die Männer lebten in einem extremen Kreislauf von harter Arbeit und Müßiggang. Eine Woche lang vergossen sie unter Tage Ströme von Schweiß und danach genossen sie die Freuden des Spontanexzesses während der »Woche des Nichtstuns«. Verpassten die Männer am Montag ihre Schicht, sprachen sie scherzhaft von einer Huldigung an den Gott des Katers, auch als »Heiliger Montag« bezeichnet.

Die Betreibergesellschaft veranstaltete häufig Grillfeste, und es war bekannt, dass die Eigentümer üblicherweise diskret wegsahen, wenn die Arbeiter um Stunden zu spät kamen. Für die etwa 250 Arbeiter der Holdinggesellschaft San Esteban Primera, die in der Region mehrere Bergwerke betrieb, darunter auch San José, gab es auf ihrem kargen Hügel keinen Mobilfunkempfang, nur bescheidene Sicherheitsvorkehrungen, dafür häufige Unfälle, und so gut wie nie kam eine Frau hierher. Man schrieb zwar das Jahr 2010, aber die Männer führten auf vielerlei Art eine Frontier-Existenz. Die Gegend offenbart, wie Pockennarben, die typischen Merkmale eines Bergbaugebiets. Das reicht von die ganze Nacht hindurch geöffneten Bordellen (40 Dollar pro Dienstleistung) bis zu der Reihe ramponierter Pick-ups vor dem *Antay*, einem erst vor Kurzem eröffneten Spielkasino, das den Bergleuten bei dem behilflich ist, was sich als eine Art erbliche

Veranlagung erwies, ein ganzes Monatsgehalt bei einem einzigen Gelage durchzubringen.

***

Das Wüstengebiet im Norden Chiles ist der größte Kupferlieferant der Erde, und die meisten chilenischen Bergleute arbeiten in modernen Kupferminen, die von hoch professionell arbeitenden multinationalen Unternehmen wie Anglo American und BHP Billiton betrieben werden. Der Bergbau sorgt für mehr als 50 Prozent der chilenischen Exporterlöse, und das Land war in Bergbautechnologie und -betrieb lange Zeit weltweit führend. Chuquicamata, der größte Kupfer-Tagebau der Welt, wird vom staatlichen chilenischen Kupferunternehmen Codelco betrieben.

Arbeitsplätze im Bergbau sind äußerst begehrt und gelten als lukrativ und sicher zugleich – wenn man dabei nicht vergisst, dass »Sicherheit« in der Welt des Bergbaus ein relativer Begriff ist. Man stelle sich vor: Junge Männer, die mit ganzen Lastwagenladungen von Ammoniumnitrat-Sprengstoff unterwegs sind, Hunderte von Bergleuten, die Tag für Tag in Höhlen Dynamitladungen anbringen, und all dies in Chile, das für die weltweit schlimmsten Erdbeben bekannt ist, dann sind Unfälle nahezu unvermeidlich. Man nehme dann noch eine chilenische Partykultur hinzu, die von erheblichen Mengen ebenso billigen wie starken, die Köpfe benebelnden Traubenschnapses beflügelt wird (des sogenannten Pisco), und das zu erwartende Ergebnis ist jeder Notaufnahme-Krankenschwester in der Region bekannt: tote Bergleute.

Die Männer, die in die Mine San José einfuhren, arbeiteten nicht in einem der sicheren, modernen Bergwerke des Landes, sondern waren ein Teil der riskantesten Subkultur in diesem gesamten Industriezweig – mit bescheidener Technik arbeitende, einfache Bergleute, die man hier »*Los Pirquineros*« nennt. Die Ausrüstung des klassischen chilenischen *Pirquineros* beschränkte sich eigentlich auf Esel und Spitzhacke, aber die Männer in

San José bezeichneten sich als »mechanisierte *Pirquineros*« und meinten damit, dass sie mit modernen Maschinen im Rahmen der unzureichenden Infrastruktur eines auf klassische Weise gefährlichen Betriebes arbeiteten. Die Mine San José war im Unterschied zu anderen Gruben, wo es Ratten und Insekten gab, relativ frei von Ungeziefer, von ab und zu auftauchenden Skorpionen einmal abgesehen. Die Arbeit im Bergwerk ähnelte der Lebensweise eines kalifornischen Goldgräbers in den Tagen Abraham Lincolns. Immer wieder wurden hier Bergleute von halbtonnenschweren Felsbrocken zermalmt – »plattgebügelt«, wie es im örtlichen Jargon heißt –, die sich mit furchterregender Regelmäßigkeit aus den Felswänden lösten. Das Gestein in der Mine San José war so scharfkantig, dass sich ein Scheuern an der Stollenwand für die Bergleute wie eine Berührung mit einer Rasierklinge anfühlte.

Eine nachhaltige Erinnerung an die möglichen Risiken gab es am 5. Juli 2010. Die Kumpel von San José hatten zunächst die Rettungsaktion für ihren Kollegen Gino Cortés beobachtet und dann dem Pick-up nachgesehen, der fortbrachte, was von ihm noch übrig war. Ein Felsblock, dessen Gewicht etwa dem von zwanzig Kühlschränken entsprach, war herabgestürzt, und hatte Ginos Unterschenkel glatt abgetrennt. Einen Augenblick lang staunte er über den abgetrennten Körperteil. Der Schnitt war so rasch erfolgt, dass er anfangs keinen Schmerz empfand. Ein Kollege hatte den in ein Hemd eingewickelten Unterschenkel dann ganz behutsam zusammen mit seinem Besitzer Cortés in die Notaufnahme gebracht. Und Cortés wiederholte immer wieder: »Ich hatte Glück, ich hatte Glück«, und er dankte Gott, weil er ihm sein rechtes Bein und sein Leben gelassen hatte.

Wenn die *Pirquineros* nicht »plattgebügelt« werden, sterben sie langsam an Lungenbeschwerden. Erst vor zwei Monaten war der Bergmann Alex Vega bei der Arbeit in der Mine zusammengebrochen. Giftige Abgase der eingesetzten Maschinen hatten seinem Körper den benötigten Sauerstoff entzogen. Vega war mit dem Rettungswagen ins Krankenhaus von Copiapó gebracht worden, wo er den größten Teil der Woche verbringen musste.

Bergleute, die über einen langen Zeitraum hinweg Gasen und Staubpartikeln ausgesetzt sind, erkranken an Staublunge, verursacht durch toxische Silikatpartikel, die die Lunge verstopfen. Die hiesigen Bergleute inhalieren Jahr für Jahr ganze Wolken winziger Gesteinsfragmente, die die Lungenfunktion immer stärker einschränken. In fortgeschrittenen Fällen, die im Englischen in Anspielung auf die Verwendung von Silikat-Rohstoffen bei der Keramik-Herstellung auch als »Potters Rot« bezeichnet werden, leidet der Patient unter Sauerstoffmangel, und seine Haut nimmt eine bläuliche Färbung an. Mario Gómez, der Älteste in dieser Schicht, hatte nach 51 Bergmannsjahren oft mit Atemnot zu kämpfen und nahm ein Asthmamittel ein, um den Teil der Lunge, der noch funktionierte, zu erweitern. Bergleuten wie Gómez, die an Staublunge leiden, geht schlicht ganz langsam der Sauerstoff aus. Fährt man mit einem Lastwagen zwanzig Jahre lang durch die Wüste, ohne den Luftfilter des Motors zu wechseln, passiert so ziemlich dasselbe.

Ein *Pirquinero* widmet sich eine Woche, manchmal auch einen ganzen Monat lang, ganz seiner Arbeit, mit aller Kraft und im einsamen Kampf mit dem Berg, und einige Kumpel trösten sich in ihrer Einsamkeit mit spontanen sexuellen Eskapaden, die ein Arzt aus der Gegend mal als »Brokeback-Mountain-Situation« bezeichnet hat. Ein chilenischer Psychiater, der mit Bergleuten gearbeitet hat, beschrieb das Phänomen als »vorübergehende Homosexualität«, die, wie er noch ergänzte, unter Seeleuten eine jahrhundertealte Praxis sei, »eine praktische Lösung für den zu immer größerer Verzweiflung führenden Mangel an weiblicher Gesellschaft«. Nach der Rückkehr in die Stadt widmeten sich die Bergleute dann intensiv dem Alkohol, den Frauen und anderen, ebenso ausgelassenen wie kurzlebigen Vergnügungen, die dafür sorgten, dass sie schon bald darauf eine weitere Lohntüte brauchten. Auch Kokain – das Gramm zu 15 Dollar – stand bei Vielen auf der Liste der Versuchungen.

Samuel Ávalos hatte die letzten 24 Stunden damit verbracht, sich die 16 000 chilenischen Pesos (32 Dollar) zu verdienen, die die Busfahrt nach Copiapó kostete. Ávalos, ein zäher, rundgesichtiger Mann, lebte in Rancagua, einer Bergbaustadt unmittelbar südlich von Santiago, wo auch »El Teniente« zu Hause ist, das größte Untertage-Bergwerk der Welt. Ávalos hatte nur wenig Erfahrung unter Tage gesammelt, obwohl es in dieser Gegend für Bergleute mehr als genug Arbeit gab. Er arbeitete als Straßenverkäufer, und seine Spezialität waren CD-Raubkopien. Die Polizei setzte ihm häufig zu und beschlagnahmte manchmal seine gesamten Bestände. Aber am vergangenen Tag hatte er Glück gehabt. Er hatte mit knapper Not das Geld für die Fahrkarte verdient und war in den letzten Bus nach Copiapó gestiegen, in dem noch ein Platz frei war. Später sollte er dann feststellen, dass José Henriquez, ein Kollege, im selben Bus saß. Während der Fahrt nahm Ávalos eine Menge Alkohol zu sich. Er war immer noch benommen, als er in den Zubringerbus zur Mine umstieg. »Das Trinken blieb nicht folgenlos. Beim Aussteigen, als ich aus dem Bus stieg, ging ich praktisch zu Boden«, sagte Ávalos. »Dann geschah etwas sehr Seltsames. Ich weiß nicht, wie Sie das bezeichnen würden, aber ein Geist ging vorüber. Meine Mutter. Sie war gestorben, und ich fragte sie: ›Mama, was sagst du da? Was willst du?‹ Ich verstand es nicht. Später hatte ich dann viel Zeit, um über diese letzte Warnung nachzudenken.«

Ávalos stopfte seine Arbeitsjacke normalerweise mit Schokolade, Kuchen, Keksen, Milch und Saft voll. Er hatte immer wieder Mühe, sich mit seiner durch die Schmuggelware ausgebeulten Jacke am Schichtführer Luis Urzúa vorbeizudrücken, der niemals erfreut war, wenn er seine Arbeiter mit Essen antraf. Er hielt das für eine Ablenkung. »An jenem Tag ließ ich mein Essen oben zurück. Ich nahm nicht ein einziges Stück Schokolade mit«, sagte Ávalos. Das war ein weiterer Augenblick, den er in den folgenden Wochen immer wieder aufs Neue durchleben sollte.

Die nächste Schicht zog sich bereits um und machte sich für den Arbeitsbeginn bereit, als der 42 Jahre alte Sanitäter Hugo Araya nach einer Zwölfstundenschicht die Grube verließ. Auch nach sechs Jahren in San José fühlte sich Araya in der Mine nicht einen Augenblick lang wohl. Der durchhängende Eingang mit der verrosteten Hinweistafel zu Sicherheitsmaßnahmen kam ihm schon immer wie ein Witz vor, angesichts der nicht abreißenden Serie von Unfällen, Stolleneinstürzen und in Ohnmacht fallenden Bergleuten. Und dennoch war es Araya, der Leiter der medizinischen Notversorgung in der Grube, den man rief, wenn es Probleme gab. Am allermeisten hasste er den Geruch der Mine: »Es roch nach Verwesung. Nach verdorbenem Fleisch«, pflegte er zu sagen.

Araya erhielt so viele Notrufe, dass sich das meist gar nicht mehr wie ein Notfall anfühlte, dafür sorgten schon das von den Grubenfahrzeugen produzierte Kohlenmonoxid, die Gase, die die Dynamitladungen freisetzten, und die kettenrauchenden Bergleute. Immer wieder machte er sich auf die 25 Minuten dauernde, über sechs Kilometer lange Reise in die Tiefe, um Spitzkehren und durch Stollen, bis er vor Ort dann auf Bergleute traf, die an Sauerstoffmasken hingen und zum Abtransport bereit waren. Normalerweise konnten diese Männer noch am gleichen Abend nach Hause gehen. Im schlimmsten Fall kehrten sie bereits nach einem oder zwei Krankenhaustagen wieder an ihren Arbeitsplatz zurück, arbeiteten mit der Spitzhacke, sprengten, atmeten Staub ein und beklagten sich so gut wie nie.

Araya war nach seiner Nachtschicht von einer feinen, kaffeegrauen Staubschicht überzogen, einer öligen Mixtur, die sich nicht so leicht abwaschen ließ. An diesem Morgen empfand

Araya, nachdem er sich in seinem eine Stunde von der Grube entfernten Haus in Copiapó geduscht und abgeschrubbt hatte, eine tiefe Unruhe. Der Berg hatte die ganze Nacht lang »geweint«. Ein unheimliches Quietschen und Ächzen und ein heftiges Knallen hatte die Männer äußerst nervös gemacht. Wenn eine Mine wie San José »weint«, sind die »Tränen« meist so groß wie Felsblöcke.

Mehr als hundert Jahre Bergbau mit Spitzhacken, Dynamit und Bohrern hatten den Berg mit so vielen Löchern und Stollen durchzogen, dass neu eingestellte Arbeiter sich immer wieder fragten, wie es denn sein könne, dass die Decke in den zahlreichen Gängen nicht herabstürze. Araya konnte nicht wissen, dass die Mine nach einer Betriebsdauer von exakt 111 Jahren, in denen aus allen Ecken des längst zum Labyrinth gewordenen Stollensystems Millionenwerte in Form von Gold- und Kupfererz herausgeholt worden waren, auch ihre Stabilität verloren hatte. Wie ein Kartenhaus befand sie sich jetzt in einem höchst labilen Gleichgewicht.

***

In den Tiefen der Mine San José behielten die Bergleute nur das an, was sie unbedingt brauchten – Schutzhelm und Stirnlampe, Wasserflasche, Unterhosen und den MP3-Player mit einer persönlichen Auswahl mexikanischer *Rancheras,* gefühlsbetonter Balladen, die von der Liebe, der Aufopferung und der Würde der Arbeiterklasse berichteten. »Man sah die Männer oft nur noch in Stiefeln und Unterwäsche arbeiten«, berichtete Luis Rojas, der in der Mine San José arbeitete. »Es war dort einfach zu heiß für viel Kleidung.«

Darío Segovia brachte am Morgen des 5. August Metallnetze in Stollen und Gängen an – ein einfaches System, mit dem man verhindern wollte, dass herabstürzende Felsen Arbeiter zerquetschten und Maschinen zerstörten. Diese Arbeit war extrem gefährlich. Er hantierte wie ein Feuerwehrmann inmitten eines

Infernos, der kleine Brände bekämpfte und dabei wusste, dass der Kampf bereits verloren war. »Schon vor elf Uhr morgens war mir klar, dass die Mine einstürzen würde, aber sie schickten uns rein, um die Befestigungsnetze anzubringen. Wir wussten, dass die Decke nicht mehr hielt. Zum Zeitvertreib fuhren wir mit dem Pick-up, um etwas Wasser von den Tanks zu holen. Es war gefährlich. Die Decke war so brüchig.«

Mario Sepúlveda verpasste an jenem Morgen den Schichtbus in Copiapó. Um 9 Uhr versuchte er, per Anhalter zur Mine zu gelangen. Der Verkehr war spärlich, und es sah nicht danach aus, als würde ihn an dieser einsamen Straße jemand mitnehmen. Sepúlveda war schon versucht, in seine billige Pension zurückzukehren, als ein einzelner Lastwagen am Horizont auftauchte. Der Bergmann war glücklich, als das Fahrzeug anhielt und ihn mitnahm. Jetzt würde er es doch noch zur Arbeit schaffen. Um 10 Uhr kam er an, stempelte seine Karte ab, scherzte mit den Sicherheitsleuten und fuhr um 10.30 Uhr in den Berg ein.

Um 11.30 Uhr gab der Berg nach. Arbeiter fragten den Betriebsführer Carlos Pinilla, was denn los sei. Nach Zeugenaussagen der Bergleute war Pinilla zu diesem Zeitpunkt auf dem Weg in die Tiefe. Er habe den Arbeitern geantwortet, dies sei eine normale »Setzung in der Mine«, bei der Gestein nachrutsche, und habe sie tief unten im Schacht gelassen. Pinilla selbst requirierte nach Aussagen der Bergleute das erste verfügbare Fahrzeug, machte sofort kehrt, begab sich auf den Weg nach oben und verließ die Mine.

***

Raúl Bustos wusste so gut wie nichts über Bergbau, als er an jenem schicksalhaften Morgen in die Mine San José einfuhr. Bustos war ein Mann, der auf dem Wasser daheim war, er arbeitete auf Schiffen, reparierte, schweißte und brachte Wassersysteme auf der Werft der chilenischen Marine wieder in Ordnung. Dort hatte er einige Jahre gearbeitet, bis er an einem

Morgen im Februar 2010 nicht nur seine Arbeit, sondern seine ganze Arbeitsstelle verlor: Sie wurde von einer zehn Meter hohen Wasserwand, einem tödlichen Tsunami, mitgerissen und ins Meer hinausgespült. Das Erdbeben der Stärke 8,8, das den Tsunami ausgelöst hatte, ließ in der Küstenstadt Talcahuano nur wenige Fabriken intakt, also wanderte Bustos 1300 Kilometer nach Norden, zur Mine San José. Der 40 Jahre alte Bustos wusste, dass die Mine gefährlich war, ließ sich davon aber nicht beunruhigen. Einen guten Teil seiner Arbeitszeit verbrachte er mit Fahrzeugreparaturen in einer Werkstatt, die an einem baumlosen Berghang stand. Sonnenstich und Heimweh schienen die größten Gefahren zu sein, die ihm drohten. Jede zweite Woche fuhr er mit dem Bus durchs halbe Land, um seine Frau Carolina zu besuchen. Bustos beklagte sich nie über die 24 Stunden dauernde Fahrt und erzählte seiner Frau auch nicht, wie gefährlich sein neuer Arbeitsplatz war. Als am Morgen des 5. August 2010 weit unten im Bergwerk ein Fahrzeug liegen blieb, stieg Bustos in einen Pick-up, mit dem man ihn mehr als sechs Kilometer weit in die Mine hineinbrachte, tief ins Innere der Erde.

Die Arbeiter machten um 13.30 Uhr Mittagspause. Einige von ihnen gingen dazu nach unten in den Schutzraum, wo es Sitzbänke gab und wo sie etwas frischen Sauerstoff atmen konnten. Die Mine war ein Irrgarten, allein der Hauptstollen, der spiralförmig in die Tiefe führte, war über sechs Kilometer lang. Seit mehr als einem Jahrhundert hatten Bergleute hier den reichen Gold- und Kupferadern nachgespürt, und der Stollen war nicht ordentlich aus dem Fels geschlagen worden, sondern bot einen chaotischen Anblick. Lose Kabel hingen von der Decke, an der auch ein dichtes Drahtgeflecht angebracht war, das herabfallende Steine zurückhalten sollte. Kleine Altäre an den Seitenwänden verwiesen auf die Orte, an denen Arbeiter tödlich verunglückt waren. Die Männer arbeiteten meist in Dreier- oder Vierergruppen, einige von ihnen auch alleine, und fast alle trugen Ohrenschützer. Die sprachliche Verständigung war deshalb mühsam, und hören konnte man so nur den lautesten Lärm. Fünf Minuten an der Sauerstoffmaske reichten normalerweise aus, um die Männer wieder an die Arbeit oder zumindest zum Mittagstisch zurückkehren zu lassen, einem der seltenen geselligen Momente in ihrer einsamen Welt. Beim Essen übten sich die Männer in »*La Talla*« – einer chilenischen Spielart des improvisierten Humors, die wie eine brillante Mischung aus Stand-up-Comedy und improvisiertem Rap anmutet. Über ihnen sackte ein ganzer Berg ab.

Franklin Lobos war der letzte Mann, der an jenem Tag in die Mine einfuhr – vielleicht der letzte überhaupt. Lobos, der als offizieller Fahrer für die Mine fungierte, betrieb einen effizienten und heiteren Pendelverkehr. Er unterhielt seine Fahrgäste mit wilden Geschichten von Frauen und früheren Ruhmestaten, während er sie in die Tiefen einer Welt hinabfuhr, die wie ein Filmset aus *Herr der Ringe* anmutete, mit der durchhängenden Decke, Haufen von Gesteinsschutt und Stollenwänden, die aussahen, als wären sie vor 100 Jahren von Hand aus dem Berg geschlagen worden.

Lobos, ein ehemaliger chilenischer Fußballstar, war eine lebende Legende. Für die Kumpel war es ein Gefühl, als würden sie von David Beckham nach Heathrow oder von Mike Tyson zum New Yorker Flughafen JFK gefahren. Der 53-jährige Lobos war inzwischen kahlköpfig, hatte ein rundes Gesicht und wirkte gelassen. Die Sportabenteuer in jüngeren Jahren hatten ihn zu einem fabelhaften Erzähler gemacht, der seine Fahrgäste mit Geschichten aus den ruhmreichen Tagen seiner Karriere beim Fußballklub Cobresal erfreute. Viele Bergleute waren treue Fans, Männer, die in ihrer Jugend gesehen hatten, wie Lobos ein Tor nach dem anderen schoss.

Lobos stieg in seiner von 1981 bis 1995 dauernden Karriere im Norden Chiles in die Eliteklasse seines Sports auf. Die Fans waren hingerissen, noch bevor Lobos den Ball berührte, stellten sie sich die unmögliche Flugbahn vor, die er dem Spielgerät geben würde, und feierten sein Ballgefühl, mit dem er den Gesetzen der Physik zu spotten schien. Lobos' Torschüsse waren so präzise und unglaublich, dass ihn die Presse zum »magischen Granatwerfer« erklärte, dessen Geschosse über das halbe Spielfeld hinweg präzise den Weg ins Ziel fanden. Selbst David Beckham hätte ihm applaudiert. Aber die durchschnittliche Karrieredauer eines Fußballstars in Chile beträgt nur zehn Jahre. Mit mitte dreißig war Lobos arbeitslos und hatte weder den Starruhm noch das Geld, um weiterhin wie eine Legende leben zu können. Er versuchte sein Glück als Taxifahrer, aber mit zwei Töchtern, die studieren wollten, brauchte er Geld, und in Copiapó bedeutete das stets: einen Job in der Kupfermine San José.

Kurz nach 13 Uhr brachte Lobos Jorge Galleguillos mit einer Lastkarre in die Mine hinein. Auf halbem Weg hielten sie, um einen kurzen Schwatz mit Raúl »Guatón« [»Der Dicke«] Villegas zu halten, dem Fahrer eines Abraumlasters, der Steine und Felsbrocken mit Spuren von Kupfer und Gold transportierte. Zu diesem Zeitpunkt brach die Mine ein.

Galleguillos schrieb später: »Als wir wieder hinunterfuhren, gab unmittelbar hinter uns eine Felsplatte nach. Nur wenige Sekunden, nachdem wir durchgefahren waren, kam sie herunter. Dann verschwanden wir in einer Schmutz- und Staublawine. Ich konnte die Hand nicht mehr vor Augen sehen. Der Stollen brach zusammen.« Galleguillos sollte dieses Geschehen später mit dem Einsturz des World Trade Centers vergleichen. Stück für Stück krachte die Stollendecke herunter.

Der Einsturz löste eine Reihe von Lawinen aus. Lobos wagte es nicht zu beschleunigen, stattdessen konzentrierte er sich darauf, die Gesteinstrümmer zu umfahren, die den Stollen teilweise blockierten. Der Einsturz spielte sich jetzt vor und hinter ihm ab. Er fuhr gegen die Stollenwand. Galleguillos, der überhaupt nichts erkennen konnte, stieg aus dem Fahrzeug, um

Lobos den Weg in die Tiefe anzuzeigen. Da weitere Teile der Decke einstürzten, suchte er Zuflucht im Windschatten eines Wassertanks. Schließlich umrundeten die Männer eine scharfe Kurve und machten sich durch dichte Staubwolken auf den langsamen Abstieg in die Tiefe.

Als Lobos auf seine Kollegen stieß, schienen sie alle in Schockstarre gefallen zu sein. Niemand konnte sagen, was geschehen war, aber alle wussten, dass es nicht mit den Mini-Lawinen zu vergleichen war, die in der Mine San José so oft vorkamen. Selbst für den unerfahrensten Bergmann war der Fall klar – »*El Piston*« war im Anzug. Die Männer drängten sich in eine Ecke des Schutzraums, verkrochen sich hinter Unebenheiten, die kaum höher als eine Matratze waren, und machten sich auf das Schlimmste gefasst. Wenn es in einer Mine einen Einsturz gibt, breitet sich die Luft in ihrem Innern explosionsartig aus – wie in einem Motorkolben –, faucht durch die Stollen und entwickelt dabei solche Kräfte, dass sie einen Arbeiter gegen die Wand am anderen Ende des Ganges schleudern, ihm die Knochen brechen und die Luft aus den ohnehin schon lahmgelegten Lungen pressen kann. »Es fühlte sich an wie Boxhiebe auf die Ohren«, sagte Segovia. »Es ging durch den Kopf hindurch.«

In San José gab es in jedem Monat kleine Lawinen, es war eine Furcht einflößende, aber kurze Unterbrechung im einsamen Arbeitsalltag der Bergleute. Auch wenn die Männer Kopfhörer trugen und ihnen die tiefen Reggaetón- und Cumbia-Bässe in die Ohren dröhnten, entging ihnen niemals das typische Krachen, wenn Fels auf Fels stieß. Es war jedes Mal dasselbe: In Sekundenschnelle suchte jeder Bergmann Schutz. Die nächsten Minuten brachten mit Sicherheit irgendeine der denkbaren Konsequenzen – im günstigsten Fall nur einen giftigen Staubsturm; im schlimmsten Fall die Nachricht, dass ein Kollege zerquetscht worden war. Normalweise dauerte die ganze Episode nur ein paar Stunden. Doch diesmal war es anders.

»Ein richtiger Kolben-Effekt klingt wie eine Explosion. Es ist ein dumpfes Dröhnen, wie eine Herde galoppierender Büffel. Man hat nur sehr wenig Zeit für eine Reaktion«, erklärte Miguel Fortt, einer der erfahrensten Experten für Bergwerksrettung in Chile. »Man kann nicht viel tun.«

»Ich dachte, die Augen springen mir aus dem Kopf«, sagte Omar Reygada, der 56 Jahre alte Bergmann mit jahrzehntelanger Berufserfahrung. »Meine Ohren explodierten.« Trotz des Schutzhelms und der Ohrenschützer krümmte sich Reygada vor Schmerz. Hörte er überhaupt noch etwas? Er war sich nicht sicher.

Victor Zamora holte der Luftdruck von den Beinen. Sein Gebiss löste sich und verschwand unter den Gesteinstrümmern. Sein Gesicht war verschrammt und zerkratzt. Schockwellen komprimierter Luft, die sich wie ein Miniatur-Überschallknall anhörten, schüttelten die Männer durch. Die Luft fauchte wie ein tornadogleicher Sturm, Felstrümmer und Staub wurden durch die Stollen gewirbelt. Die Schmutzwolke überzog die Männer mit einer zwei Zentimeter dicken Staubschicht. Der Schmutz in den Augen brannte und machte sie blind, der Kolbenknall machte sie taub.

Eine dichte Wolke aus Staub und kleinen Felspartikeln nahm den Männern die Sicht und die Luft, als sie versuchten, aus der Mine zu entkommen, und dabei hinfielen, krochen und erneut vorwärtsdrängten. Wie Seeleute in einem Wirbelsturm deuteten sie den heftigen Schlag von Mutter Natur als Zeichen der Rache, die von einer unsichtbaren Göttin ausging – einer launischen und allwissenden Herrin, die in ihrer gefährlichen Welt das letzte Wort hatte. Einige der Männer fingen an zu beten.

Die Druckwelle schoss aus dem Bergwerkseingang hinaus und bot einen Anblick, den Araya und einige andere Augenzeugen in der unmittelbaren Umgebung der Mine als »den Vulkan« beschrieben.

Tief unten in der Mine wurden die Männer von einer Staub- und Partikelwolke überflutet, die sechs Stunden lang anhielt. Nach dem Einsturz der Stollendecke wurden die Männer von einer Wolke aus Felspartikeln, Schmutz und Spuren des äußerst wertvollen Kupfer- und Golderzes geblendet, das seit der Eröffnung der Mine San José im Jahr 1889 sechs Generationen von Bergleuten in diese gefährliche Welt gelockt hatte. »Ich dachte, meine Ohren würden explodieren, und wir saßen in der Lastkarre bei geschlossenen Fenstern«, beschrieb Franklin Lobos den Druck, der das Innenohr seines Kollegen José Ojeda beschädigte.

Zehn Minuten nach dem ersten Einbruch bewegte sich der Berg erneut. Es gab ein kurzes, eindeutiges Signal, dass sich abermals Millionen Tonnen Erde und Fels bewegt hatten. Außerhalb der Mine kam es zu einer Panik. Die Betriebsingenieure und Aufseher, die das erste Krachen gehört hatten, nahmen zunächst an, die Bergleute »hätten gezündet« – eine Dynamitladung hochgehen lassen. Daran war nichts Ungewöhnliches. Aber zwei »Zündungen« innerhalb von zehn Minuten? Unmöglich. Das dritte, lang gezogene Krachen war fürchterlich und eindeutig. Hunderte von Arbeitern ober- und unterhalb des Mineneingangs waren vor Angst wie gelähmt. Was ging dort unten vor sich? Neugier vermischte sich in dieser entlegenen Ecke der Atacama-Wüste mit Beklommenheit.

Unten im Bergwerk hatte sich eine Gruppe von etwa 15 Bergleuten auf der Suche nach einem sicheren Ausweg durch die Staubwolke ein Stück weit bergauf vorangekämpft. Ein gewaltiger Einsturz stoppte sie, eine massive Felswand blockierte den Stollen. Die Männer gerieten in Panik. »Wir drängten uns wie Schafe zusammen«, sagte José Ojeda. »Wir hörten dieses Geräusch, ich weiß nicht, wie ich es beschreiben soll. […] Es ist furchterregend, die Felsen schreien vor Schmerz. […] Wir wollten weitergehen, konnten aber nicht. Eine Felswand versperrte uns den Weg.«

Als Florencio Ávalos mit einem Pick-up eintraf, stiegen alle Männer auf. Wie Flüchtlinge zusammengedrängt krachten sie auf dem Weg bergab zweimal gegen die Stollenwand, verloren die Orientierung in diesem finsteren Chaos. Auf der holprigen Strecke fiel einer der Männer vom Fahrzeug. Alex Vega packte zu, zog den Stürzenden zurück, in Sicherheit. In dem ganzen Chaos war er sich gar nicht sicher, wen er da gerettet hatte. Als er den Mann zurück auf die Ladefläche zerrte, spürte er ein Reißen im unteren Rückenbereich. Erst Stunden später, als die Wirkung des Adrenalins nachließ, begann der stechende Schmerz.

Sie fuhren blind durch dichte Staubwolken und brauchten fast eine Stunde bis zu ihrer Zuflucht, einem Schutzraum, der in den Felsen getrieben worden war. Gleich nach ihrer Ankunft schlossen sie die Metalltür im Bemühen, den Staubsturm auszusperren. Dann teilten die 33 Männer die Sauerstoffmasken unter sich auf.

Der 50 Quadratmeter große Schutzraum war nicht viel mehr als ein Loch in der Stollenwand mit gefliestem Boden, verstärkter Decke, zwei Sauerstofftanks und einem Vorratsschrank mit längst abgelaufenen Medikamenten und einem winzigen Lebensmittellager. »Diese Burschen plünderten regelmäßig die Bestände im Schutzraum, deshalb wussten wir nie genau, wie viel noch übrig war. Sie klauten immer die Schokolade und die Kekse«, sagte Araya, der Sanitäter, der auch für die Lagerbestände im Schutzraum – und deren Wiederauffüllen –zuständig war. »Aber sie hatten Glück: Normalerweise hatten wir dort nur eine Sauerstoffflasche, aber als sie eingeschlossen wurden, waren es zwei Flaschen.«

Bei der Gruppe der Eingeschlossenen versuchte Luis »Lucho« Urzúa die Zügel fest in die Hand zu nehmen. Zwei Jahrzehnte als Bergmann und eine gewisse Zeit als Amateur-Fußballtrainer reichten aus, um ihn reflexartig die Führung übernehmen zu lassen. Als Schichtführer war Urzúa auch der offizielle Anführer, aber der leise sprechende Vermessungstechniker und Kartenzeichner hatte bis dahin noch keine drei Monate lang in der Mine gearbeitet, er kannte seine Leute kaum. Urzúa säuberte seine provisorische Zuflucht und machte eine Bestandsaufnahme der Lebensmittelvorräte: zehn Liter Wasser, eine Dose Pfirsiche, zwei Dosen Erbsen, eine Dose Lachs, 16 Liter Milch – acht mit Bananen-, acht mit Erdbeergeschmack –, 18 Liter Saft, 20 Dosen Thunfisch, 69 Kekspakete und vier Dosen Bohnen. Unter normalen Umständen sollten diese Vorräte zehn Bergleute 48 Stunden lang ernähren. Aber jetzt waren hier 33 hungrige Männer. »An jenem Tag ließen viele der Jungs ihre Essenspakete im Umkleideraum zurück«, sagte der Bergmann Mario Sepúlveda. »Wir hatten weniger zu essen dabei als sonst.«

Gegen 16 Uhr, etwa zweieinhalb Stunden nach dem ersten starken Krachen, war der Einsturz abgeschlossen. »Es war wie bei einem Vulkan. Der Berghang spuckte kleine Gesteinstrümmer, und aus dem Mundloch der Mine drang eine Staubwolke«, beschrieb Araya das Geschehen am Eingang zum Bergwerk. Zur Geräuschentwicklung sagte er: »Es war kein lang anhaltendes Geräusch, eher ein endgültiger Zusammenbruch. Ein dumpfer Schlag.«

Der von Araya beschriebene »letzte Schlag« war ein schätzungsweise 700 000 Tonnen schwerer Fels, der den einzigen Zugang zur Mine verschloss. Die eingeschlossenen Bergleute wussten, dass dieser »letzte Schlag« auch in einer Mine, die so gefährlich war wie die Anlage in San José, keineswegs ein Routineereignis war. Die Staubwolke allein hatte die Männer fast umgebracht, hatte sie husten und ihre Augen tränen lassen und sie halb blind gemacht. In den Augen der Eingeschlossenen setzten sich so viel Staub und Schmutz fest, dass sich bei den meisten rasch eine harte gelbe Kruste bildete, die die Augen zuschwellen ließ. Selbst wenn es den Männern gelang, die Augen zu öffnen, blieb die Dunkelheit undurchdringlich, und an den Felswänden rann Wasser herunter.

Statt wie üblich mit dem Staub zu kämpfen, mussten die Kumpel jetzt mit einem schmierigen, rutschigen, schrägen Untergrund zurechtkommen. Immer wieder fielen Steine und Felsbrocken herab, was in der eineinhalb Kilometer langen Strecke von Felshöhlen und -gängen, in der sie jetzt gefangen waren, wie der Trommelwirbel eines Irren widerhallte. Die Männer waren in der Dunkelheit unbeholfen auf den Beinen, sie löschten ihre Lampen, um die Brenndauer der Batterien zu verlängern. Ihr Albtraum hatte begonnen.

KAPITEL 2

Eine verzweifelte Suche

Donnerstag, 5. August, 17.40 Uhr

Mario Segura war nass und fror, als er ins Polizeirevier von Copiapó zurückkehrte. Nach einer vierstündigen Rettungsübung in eiskalten Pazifikgewässern freute sich der drahtige Elitepolizist auf eine warme Dusche und ein kühles Bier, das er sich mit seinem Kollegen Jose Ñancucheo genehmigen wollte. Segura und Ñancucheo gehörten beide der GOPE an, dem Sondereinsatzkommando der chilenischen *Carabineros,* einer Eliteeinheit der Polizei mit vielfältigen Aufgaben, die vom Entschärfen von Bomben bis zum Abseilen ins Innere von Vulkanen reichte, von denen es in den Anden, die Chile auf einer Länge von 4300 Kilometern durchziehen, Hunderte gibt. Wenn ein leichtsinniger Tourist den Rand eines dieser Vulkankrater erkundet und dabei den schmalen Grat zwischen einem extremen Adrenalinschub und dem plötzlichen Absturz überschreitet, macht sich diese Einheit auf die Suche nach den sterblichen Überresten, und wenn ein Anarchist einen Bombenanschlag auf ein Unternehmen verübt (in Santiago kommt das jeden Monat vor), erscheinen diese Männer am Tatort.

Die Einsatzkräfte der GOPE sind hervorragend ausbildet und genießen in Südamerika hohen Respekt als eine der professionellsten Polizeieinheiten des Kontinents. Sie verbringen einen großen Teil ihrer Dienstzeit mit Fitnesstraining, auf dem Schießstand oder mit dem Abarbeiten von Katastrophenszenarios. Am 5. August standen Segura und Ñancucheo nach einer stundenlangen Tauchrettungsübung kurz vor dem Schichtende, als das Telefon klingelte. »Wetten, dass das ein Rettungseinsatz wird«, scherzte Segura, der sich mit Kollegen gerade zu einer Sandwich- und Teepause hinsetzen wollte. Einer von ihnen nahm den Anruf entgegen, und Segura sah, wie sich dessen Gesichtsausdruck veränderte. Der Anruf war kurz und knapp, mit den Informationen verhielt es sich ebenso. Wieder ein Grubenunglück. Diesmal in der Mine San José, gut 40 Kilometer entfernt, in den Bergen. »Bei der Abfahrt sah ich auf meine Uhr. Es war sechs Uhr [abends]«, berichtete Segura später. »Ich sagte zu Mendez: ›In drei Stunden sind wir zurück‹. Rettungseinsätze dauern immer drei Stunden. Ich sagte: ›*Compadre*, wir essen, wenn wir zurück sind.‹ Dann schaltete ich den Wasserkessel aus, aber der Tee blieb servierbereit.«

Die sechs Männer luden 90-Meter-Seilrollen, Handschuhe, Klettergeschirr und Körbe mit Karabinerhaken und Helmen mit Stirnlampen in ihren Geländewagen. Auch ein orangefarbener Koffer mit einer LED-Beleuchtungsausrüstung, wie sie auch von Berufsfotografen verwendet wird, wurde verladen, aber in der Eile vergaßen die Männer ein wichtiges Ausrüstungsstück: ein Dreibein, an dem sich ein Seil genau über einem Rettungsschacht befestigen lässt, um den Einsatzkräften einen raschen Auf- und Abstieg zu erleichtern. Für dieses Versäumnis sollte ein Mann später teuer bezahlen.

Die Sonne stand schon tief, als das Polizeifahrzeug zur Mine raste. Das Blaulicht sorgte dafür, dass das, was man in diesem dünn besiedelten Wüstengebiet als Feierabendverkehr bezeichnen konnte, die Straße freimachte. Die Männer sprachen nur wenig, während sie in Gedanken die eingeübten Abläufe für solche Rettungseinsätze durchgingen. Die Fahrt dauerte nur 35 Minuten, war aber äußerst gefährlich. Scharfe Kurven und ein unberechenbarer Nebel, der die Straßen oft mit einem unsichtbaren, glitschigen Wasserfilm überzog, sind zwei Gründe dafür, dass Mietwagen in dieser Region im Regelfall nicht nur mit einem

Doppel-Überrollbügel und zwei Ersatzreifen, sondern auch mit einem umfangreichen Erste-Hilfe-Kasten ausgestattet sind.

In der Mine wurde das GOPE-Team bereits von einem Geologen und einem Geophysiker erwartet, die den Rettern den Aufbau der Mine und den vermutlichen Aufenthaltsort der eingeschlossenen Bergleute erläuterten. Genaue Karten waren so kurzfristig nicht verfügbar, also waren die Retter bei der Einsatzplanung sehr stark auf Vermutungen angewiesen. Der Geologe war sehr besorgt. »Es ist eine komplizierte Operation«, sagte er zu den sechs GOPE-Männern. »Sie wird einige Zeit dauern.« Der Geologe wies auf einen Lüftungsschacht hin, der in einer Skizze der Mine ausgewiesen war, und schlug vor, dass die Polizisten zunächst diesen Schacht finden und sich dann, wenn möglich, auf diesem Weg ins Innere des Berges abseilen sollten. Kilometerlange Tunnelstrecken waren abzusuchen. Hatten die Männer den Schutzraum erreicht, der weit unten lag, in der Nähe der Sohle der Mine? Oder vielleicht die ein paar Hundert Meter höher gelegene Fahrzeugwerkstatt? In dem spiralförmig angelegten Hauptstollen steckten mehr als ein Dutzend Fahrzeuge fest. Das Einsatzkommando bereitete sich auch auf die Möglichkeit vor, dass die Männer zwar am Leben waren, aber aus zertrümmerten Lastwagen befreit werden mussten.

Wenn die Männer noch am Leben waren, konnten sie an jedem beliebigen Ort Schutz gesucht haben.

Die Verantwortlichen der Mine zeigten zunächst wenig Bereitschaft, das Ausmaß der Katastrophe anzuerkennen. Javier Castillo, ein für die Mine zuständiger Gewerkschaftsfunktionär, erklärte, er sei es gewesen, der mit einem Anruf als Erster die staatlichen Behörden alarmiert habe, während die Betriebsleitung die Männer zunächst daran gehindert habe, Telefone des Unternehmens für Hilferufe zu benutzen. Angelica Alvarez, die Ehefrau des eingeschlossenen Bergmanns Edison Peña, hatte Ähnliches zu berichten: »Die Männer wollten anrufen, und weil es oben auf dem Berg keinen Mobilfunkempfang gibt, wollten sie einen Festnetzanschluss benutzen. [...] Man untersagte ihnen strikt, Feuerwehr, Krankenwagen oder Polizei zu rufen. Das Unternehmen wollte diese Sache nach eigenen Vorstellungen regeln.« Eine wachsende Zahl von erfahrenen Bergleuten und die GOPE-Polizisten prüfte gemeinsam ihre Handlungsmöglichkeiten.

Mittlerweile wurde die Nachricht von dem Unglück über das Fernsehen verbreitet, die Namen der Verschütteten liefen über den Bildschirm.

1. Luis Alberto Urzúa Irribarren
2. Florencio Ávalos Silva
3. Renán Anselmo Ávalos Silva
4. Samuel Ávalos Acuña
5. Osman Isidro Araya
6. Carlos Bugueño Alfaro
7. Pedro Cortés Contreras
8. Carlos Alberto Barrios Contreras
9. Yonny Barrios Rojas
10. Victor Segovia Rojas
11. Darío Arturo Segovia Rojo
12. Mario Sepúlveda Espinaze
13. Franklin Lobos Ramirez
14. Roberto López Bordones
15. Jorge Galleguillos Orellana
16. Victor Zamora Bugueño
17. Jimmy Alejandro Sánchez Lagues
18. Omar Orlando Reygada Rojas
19. Ariel Ticona Yáñez
20. Claudio Yáñez Lagos
21. Pablo Rojas Villacorta
22. Juan Carlos Águilar Gaeta
23. Juan Andrés Illanes Palma
24. Richard Villarroel Godoy

25. Raúl Enrique Bustos Ibañez
26. José Henríquez González
27. Edison Peña Villarroel
28. Alex Richard Vega Salazar
29. Daniel Herrera Campos
30. Mario Gómez Heredia
31. Carlos Mamani
32. José Ojeda
33. William Órdenes

Die Fernsehnachrichten waren für viele Familien der erste Hinweis auf ein Grubenunglück gewesen. Die Minenbetreiber hatten sich bei der Benachrichtigung der Angehörigen der Bergleute Zeit gelassen, und die Namensliste war voller Fehler gewesen. Zwei Kumpel standen gar nicht auf der Liste – Esteban Rojas und Claudio Acuña. Ihre Familien erlebten Stunden der Ungewissheit und waren verzweifelt, als sie die Wahrheit herausfanden. Ähnliches galt für die Familien von William Órdenes und Roberto López, die beide auf der Liste der Opfer standen, aber, wie sich schließlich herausstellte, nicht im Bergwerk und in Sicherheit waren. Der in der Mine San José übliche nachlässige Umgang mit den Beschäftigungsverhältnissen, den Sicherheitsvorschriften und der Führung der Betriebsunterlagen wurde mit jeder Stunde, die verging, immer deutlicher.

Verwandte der Vermissten, die durch das Fernsehen von dem Einsturz erfahren hatten, trafen an der Mine ein und verlangten, dass etwas getan werde.

Sobald sich abzeichnete, welchen Umfang diese Rettungsaktion annehmen würde, stand das Rettungsteam vor neuen Herausforderungen. Wie sollten sie nach Verschütteten suchen, die sich in 700 Metern Tiefe aufhielten? War es überhaupt möglich, Verletzte unter den gegebenen Bedingungen über eine solche Entfernung hinweg zu bergen? Konnte man die Mine zu diesem Zeitpunkt gefahrlos betreten?

Sie planten gleichzeitig für zwei verschiedene Szenarien: Man fand die Bergleute lebend oder man fand sie tot vor. Regierungsvertreter entwarfen umgehend Notfallpläne zur Bergung der Leichen. Man wollte erhebliche Anstrengungen unternehmen, um den verzweifelten Familien die sterblichen Überreste übergeben zu können. Noch wirkte Chiles nationales Trauma aus den Jahren von 1973 bis 1990 nach, in denen während der Militärdiktatur unter Augusto Pinochet rund 3000 Menschen ermordet wurden und ihre Leichen »verschwanden«. Deshalb kam es zu keinem Zeitpunkt in Frage, die Leichen der Bergleute unter der Erde zu lassen.

In den letzten Stunden waren alle Versuche von Bergleuten, in die Mine vorzudringen – zunächst mit einem Lastwagen, dann zu Fuß –, gescheitert. Fahrzeug- und Suchscheinwerfer durchdrangen die dichten Staubwolken im Stollen nicht. Breite Risse im Gestein, aus denen in vielen Fällen Wasser floss, zeugten von den gewaltigen Kräften, die bei diesem Einsturz gewirkt hatten. Immer wieder krachten Felsbrocken herab, und das unheimliche Ächzen des Berges klang, als würde hier ein Ungeheuer zu Tode gewürgt. Der Berg weinte, und die Männer hatten mit den Tränen zu kämpfen. »Bergleute sagen immer, dass der Berg lebt, und das bedeutet, dass er sich bewegt«, sagte Leutnant José Luis Villegas, der Kommandeur der GOPE-Einheit in der Mine. »Sie sagen das, weil die Felsen ein Geräusch erzeugen, das wie ein Brüllen klingt. In diesem Fall brüllte der ganze Berg.«

Der Eingang zur Mine San José ist ein grob aus dem Felsen gehauenes, asymmetrisches, rechteckiges Loch, doppelt so hoch wie breit, das einem offenen Mund gleicht. Eine holprige Wegstrecke führt mit sanfter Neigung in den dunklen Abgrund hinab, wie ein Zugang zu einer verwunschenen Unterwelt. Hinter dem Eingang führt der Hauptstollen der Mine als riesige Wendelstrecke in die Tiefe, über mehr als sechs Kilometer windet er sich tief in die Erde hinein, wie eine verborgene Schlange.

In einer Seitenansicht gleicht die Mine einer Boa Constrictor: ein langer, massiger Körper, der in unregelmäßigen Abständen Ausbuchtungen aufweist.

Neben dem Eingang stehen ein ramponiertes grünes Schild mit dem Firmennamen – San Esteban Primera S.A. – und eine riesige Zeichnung, die einen Helm und Arbeitsstiefel sowie den Wahlspruch des Unternehmens enthält: »Arbeit ehrt. Sie sicher zu erledigen macht sie ehrenwert.« Die Retter mussten an diesem Schild vorbei, als sie die Mine betraten, und stießen dann auf Risse im Boden, Risse in der Decke und zerborstene Seitenwände. Es gab keinerlei Lebenszeichen.

Mario Segura war einer der Elitepolizisten, die in diesen chaotischen ersten Stunden, in denen aus dem Mundloch der Mine immer noch Staubwolken drangen und die winterlich kalte Luft den Männern zusetzte, ins Berginnere vordrangen. »Wir gingen in die Mine hinein und folgten dem Weg, so weit das möglich war, bis wir an eine Stelle kamen, an der der Stollen durch Gesteinstrümmer und Felsen blockiert war. Normalerweise findet man eine Möglichkeit, einen Einbruch an den Rändern zu umgehen. Aber das hier war ein glatter Fels, wie eine Tür, die den Schacht verschloss. Selbst die Bergbauexperten verstanden nicht, warum hier so viel Fels heruntergekommen und ein ganzer Berg auf diese Art eingebrochen war. Für sie war das unerklärlich.«

Der massive Felsklotz hatte nicht die Form eines Dolches, wie man zunächst annahm, sondern eher die Maße eines gewaltigen Schiffes, das rund 90 Meter lang, 30 Meter breit und 120 Meter hoch war. Spätere Schätzungen gaben der eingebrochenen Felsmasse ein Gewicht von 700 000 Tonnen, was fast dem doppelten Gewicht des Empire State Building oder, um in der Sprache der Katastrophen zu bleiben, dem 150-fachen Gewicht der *Titanic* entspricht. Die GOPE-Männer sahen keinerlei Möglichkeit, sich durch einen solchen Felsen zu bohren. Sie erkundeten die Anlage, bis sie den Lüftungsschacht fanden, den *chimenea,* und machten sich mithilfe ihrer Kletterausrüstung an den vorsichtigen Abstieg in einen immer noch einbrechenden und ächzenden Minenschacht.

Vier Polizisten behielten die einstürzende Decke im Auge und befestigten die Rettungsseile, zwei weitere ließen sich langsam in den kreisrunden Schacht hinab, der einen Durchmesser von etwa zwei Metern hatte. Ohne das für solche Fälle vorgesehene Dreibein, das für einen glatten Seillauf sorgte und verhinderte, dass das Seil an den scharfkantigen Schachtwänden durchgescheuert wurde, mussten die Männer improvisieren. Sie befestigten die Seile an einer Stoßstange ihres Geländewagens und hielten sie, so gut es ging, von den scharfen Felskanten fern. »Fünf Meter von uns entfernt ging ein Steinregen nieder. [...] Das klang zunächst wie ein Nieselregen. Dann gab es ein Krachen, und die ganze Decke kam herunter. Unmittelbar neben uns«, sagte Segovia. »Wenn dieser ›Regen‹ einsetzt, muss man aufpassen. Man kann nie sicher sein, wo dieser Felsen landet.«

Nach dem chilenischen Bergbaugesetz muss in jedem Rettungsschacht dieser Art eine Leiter vorhanden sein, aber die Mine San José war nie ein Ort, an dem die Sicherheitsbestimmungen streng eingehalten wurden. Der Bergmann Ivan Toro erinnert sich, dass 1985, als er in dieser Mine anfing, Sportschuhe das übliche Schuhwerk waren. Im September 2001 wartete Toro unter Tage auf einen Lastwagen, der ihn wieder nach oben bringen sollte, und hatte sich eben hingesetzt, als ein Stück der Decke einstürzte. »Wir hörten, wie sich auf der nächsthöheren Ebene die Maschinen in den Fels bohrten, als plötzlich ein Felsbrocken herunterkam. Ich war am stärksten betroffen, weil er auf meinem Bein landete. Es waren nur wenige Fasern übrig, und sie amputierten es. Als ich im Krankenhaus ankam, verlor ich das Bewusstsein«, erinnerte er sich. Das Unternehmen verweigerte ihm zunächst eine Entschädigung, weil er sich während der Arbeitszeit hingesetzt hatte. Toro gewann schließlich seinen Prozess, aber in Chiles freier Marktwirtschaft war der Preis für ein verlorenes Bein kaum dazu angetan, sein Trauma zu lindern. Die Gerichte sprachen Toro schließlich einen Betrag von 15 Millionen Pesos zu (das entspricht inflationsbereinigt etwa 45 000 Dollar).

Die Mine wirkte schon auf den ersten Blick ziemlich gefährlich, etwa wie ein Set aus einem Indiana-Jones-Film, es fehlten nur noch die Schlangen. Es gab Tümpel mit übel riechendem Wasser, verborgene Höhlen. Die Decke hing an manchen Stellen durch, und grobmaschige, an der Decke befestigte Netze hielten herabstürzende Gesteinsbrocken zurück. In der Mine roch es nach einer Mischung aus unangenehmer Feuchtigkeit und dem Gestank von Ammoniumnitrat-Sprengstoffen. Die Wolken blauen Dunstes, die die kettenrauchenden Bergleute produzierten, fielen dabei kaum auf. In dieser Umgebung wirkte die Fantasie, lange genug zu leben, um an Lungenkrebs sterben zu können, einfach nur lächerlich.

In der Mine San José missachtete man die im Bergbau übliche Praxis, die in den Fels getriebenen Hohlräume durchgehend durch Stützpfeiler abzusichern. Sie ähnelte mehr und mehr einem gewaltigen Stück Schweizer Käse, auf das sich gierige Ratten stürzen. Es gibt zwar nach wie vor keine vollkommene wissenschaftliche Erklärung für den Einsturz eines Berges, aber eine spätere Analyse sollte zu dem Schluss kommen, dass der planlose Abbau wertvollen Kupfers und Goldes der Mine das Rückgrat gebrochen hatte. »Sie bauten sogar die Stützpfeiler ab«, sagte Vincenot Tobar, der ehemalige Sicherheitschef der Mine San José. »Das darf nicht sein. Man muss alle 50 Meter abstützen. [...] Diese Stützpfeiler verhindern einen Einsturz.«

Was auch immer die genaue Ursache war, es handelte sich um einen gewaltigen Einsturz. Da die gesetzlich vorgeschriebenen Fluchtleitern nicht vorhanden waren, seilten sich die Männer langsam auf die Sohle des 15 Meter hohen Schachtes ab und fanden sich anschließend in der Hauptkammer wieder. Die Rettungskräfte staunten über den unwirklichen Anblick, der sich ihnen dort bot: Misstrauisch beäugten sie die unebene Decke, an der die Felsen wie an unsichtbaren Fäden zu hängen schienen. Der Stollen war knapp fünf Meter hoch und sechs Meter breit, groß genug für ein überdimensioniertes Abraumfahrzeug, mit dem Erze und Mineralien aus der Mine geschafft wurden. Bei einer konstanten Temperatur von 32 Grad Celsius und unter der Last ihrer Ausrüstung, die insgesamt knapp 120 Kilo wog, schwitzten die Männer unaufhörlich, während sie den Stollen erkundeten.

Segura und Villegas waren an grausige Anblicke gewöhnt: Bombenopfer, Autowracks, aufgedunsene Körper, die auf dem Meer trieben. Doch das hier war eine andere Dimension, wie ein gigantisches Verlies. Die Mine war ein Labyrinth unterirdischer Gänge, die zu immer noch größeren Rätseln führten. Die großen Räume und gekrümmten Stollen vermittelten den Eindruck, Leben oder irgendein Lebewesen sei gleich hinter der nächsten Ecke zu finden – außer Sichtweite. An der Decke angebrachte Netze waren voller Steine, ein kläglicher Versuch, herabstürzende Felsbrocken aufzufangen, die jetzt über den holprigen Fahrweg verstreut lagen.

Ein Gefühl, dass sie hier sterben würden, überkam sie, der Eindruck, dass die Mine ein godzillaähnliches Ungeheuer sei, das sie ohne Vorwarnung zerquetschen könnte.

»Ich wusste, dass wir weitersuchen mussten, aber da war dieses Geräusch des Berges, es klang, als würden die Felsen schreien und weinen«, berichtete Segura, der gemeinsam mit einem Kollegen einen zweiten Lüftungsschacht fand, über den sie auf die nächsttiefere Ebene abstiegen. Auf der Sohle des zweiten Schachts hielten die beiden Männer inne und riefen »Estaaaaaan?!« (»Ist da jemand?!«). Sie lauschten auf ein Lebenszeichen. Alles, was sie zu hören bekamen, war das Spritzen des Wassers, das durch die neu entstandenen Risse floss, und das Krachen herabstürzender Felsen. Durch den Einsturz waren stillstehende Wasservorkommen wieder ins Fließen geraten, und in der Mine war jetzt ein frischer Geruch von Staub und Felstrümmern, der sich mit einer Luftfeuchtigkeit von 85 Prozent verband. In der Bergmannssprache war die Mine *asentando,* die Felsmassen waren immer noch nicht ganz zur Ruhe gekommen.

»In jedem Schacht ist ein Drahtnetz angebracht, das herabstürzende Felsen auffangen soll«, erklärte Segura, »aber dieser Einsturz war so gewaltig, dass die Felstrümmer den Schacht regelrecht überfluteten. Wir stiegen durch den letzten Schacht ab, und kurz bevor wir die Sohle erreichten, war er voller Felsbrocken.«

»Wir waren alle sehr angespannt. Wir erreichten eine tiefere Ebene und waren irritiert, weil der Tunnel immer noch blockiert war, aber das trieb uns voran«, erzählte Leutnant Villegas. »Wir sagten: ›Nein …, das nächste Stück wird offen sein.‹ Und wir stiegen weiter hinab, aber es sah überall gleich aus. [kein Durchkommen.]« Als ein zweites Polizeiteam nach einer Umgehung für den versperrten Lüftungsschacht suchte, ging ein Hagel von Felsbrocken nieder. »Noch während des Abstiegs bewegte sich der Fels erneut und blockierte den Lüftungsschacht«, sagte Villegas. »Danach war ein Zugang auf diesem Weg nicht mehr möglich.«

***

Während die Elitepolizisten auf der Suche nach den eingeschlossenen Männern die Mine erkundeten, verbreitete sich die Unglücksnachricht – ein Einsturz in der Mine San José, 33 Männer verschüttet. Die Gerüchte blühten, unter anderem auch die Version, 22 Männer seien von Felstrümmern erschlagen worden. »Ich hörte, man habe das Fahrzeug meines Vaters gefunden, mit Blutspuren, und er sei tot. Danach weinte ich den ganzen Tag«, sagte Carolina Lobos (25), die Tochter von Franklin Lobos. »Ich hatte keine Tränen mehr und weinte dennoch.«

Dr. Jorge Díaz, Medizinischer Direktor der Asociación Chilena de Seguridad (ACHS), der Versicherung, die für Arbeitsunfälle in der Mine San José zuständig war hatte an diesem Tag in einem

Krankenhaus in Copiapó Notdienst. Als er von dem Einsturz der Mine San José hörte, machte er sofort Betten frei, rief seine Mitarbeiter zusammen und bereitete sich auf die Versorgung von Verletzten vor. Kein einziger wurde eingeliefert.

Lillian Gómez wartete nervös zu Hause, nachdem sie ihren Mann vergeblich davon zu überzeugen versucht hatte, im Bett zu bleiben. Als sie das Motorengeräusch des Lastwagens hörte, der ihren Mann nach Feierabend nach Hause brachte, stellte sie das Abendessen in die Mikrowelle. »Es war sehr seltsam, dass mein Mann so lange brauchte, um ins Haus zu kommen. Also zog ich die Vorhänge beiseite und sah den Chef meines Mannes. [...] Das war sehr merkwürdig. Ich schlug die Hände vors Gesicht und sagte: ›Mein Gott, es ist etwas passiert.‹« Der leitende Angestellte bat Lillian Gómez mitzukommen und sagte, es habe einen kleinen Unfall gegeben, dessen Folgen schon am nächsten Tag behoben sein würden. Er wollte keine Einzelheiten nennen, was Lillian Gómez in noch größere Panik versetzte. Sie benachrichtigte sofort ihren Neffen und fuhr zur Mine. Es sollte Monate dauern, bis sie wieder nach Hause zurückkehrte.

In der goldbraunen Wüstenlandschaft, die den Eingang zur Mine San José umgab, waren hektarweise grauer Abraum und scharfkantige Felsbrocken abgelagert worden, die von den Bergleuten als »steriles Material« bezeichnet wurden, da sie keinerlei Hinweise boten auf reiche Gold- oder Kupferadern: Schutt, der im Lauf der Jahrzehnte in unregelmäßigen Wellen in die Landschaft gekippt worden war und sich dort angesammelt hatte. Ein Satellitenfoto zeigte das Mundloch von San José umgeben von einem grauen See, als ob diese Schlange von einem Bergwerk einen unförmigen Strom von Felsbrocken ausgespien hätte.

Diese »sterilen« Felsen waren jetzt ein Windschutz und eine Zuflucht für die wachsende Zahl von Familien, die sich auf dem Berg einfanden. Zu den winzigen Altären mit einem einzelnen Foto und Kerzen gesellten sich jetzt noch Schilder: »Fuerza

Mineros – Los Estaban Esperando« (»Seid stark, Bergleute – Wir warten auf euch«). Das Gesicht von Jimmy Sánchez, ein grimmiges Porträt, das seinen Bewerbungsunterlagen entnommen worden war, starrte einem stumm entgegen, wie ein stiller Schrei. Auf einem benachbarten Felsen wurde ein orangefarbener Bergmannshelm platziert, darunter brannten an einem windgeschützten Ort zwei Kerzen.

Am Abend des 5. August und im Morgengrauen des 6. August, eines Freitags, eilten zunächst Dutzende, dann Hunderte Familienangehörige der vermissten Bergleute zur Mine. Sie brachten Schlafsäcke mit, Essen und Zigaretten, die sie pausenlos konsumierten, während sie sich aufgeregt in der Nähe des Mineneingangs versammelten.

»Ich weiß, dass er das überleben kann, einmal fuhr er als blinder Passagier auf einem Frachtschiff mit und hatte zwölf Tage lang nichts zu essen«, erzählt die 28 Jahre alte Rossana Gómez stolz über ihren Vater Mario Gómez, den ältesten der eingeschlossenen Männer. »Er überlebte *el accidente«,* sagt sie in verschlüsselter Anspielung auf einen Dynamitunfall, der ihrem Vater vor Jahren in einer Minen-Siedlung die linke Hand zerfetzte. »Ich schicke ihm Gelassenheit und Trost, das Schlimmste ist vorbei«, sagt sie im Vertrauen darauf, dass ihr Vater gerettet worden sei.

Gómez, der Mann mit den geschädigten Lungen, der erfahrene Bergmann, dem nur noch sieben Finger geblieben sind, war der Überlebende, der sich auf dieses düstere Gefängnis einstellte und die jüngeren, weniger willensstarken Bergleute unter seine Fittiche nahm. Gómez unterwies die jungen Hüpfer immer wieder in der Kunst des Überlebens. Rossana verweist stolz auf die Rolle ihres Vaters in der Untergrund-Gesellschaft und sagt: »Er gab seinen Kameraden Kraft.«

Wenn irgendjemand es nötig hatte, dass man ihm den Rücken stärkte, dann war das der gebürtige Bolivianer Carlos Mamani, der einzige Nicht-Chilene in der Gruppe. Der 5. August war

Mamanis erster Arbeitstag gewesen, eine einzige Schicht hatte er als Schwarzarbeiter gefahren, für ihn war es ein zusätzlicher Job gewesen, mit dem er Geld für den Unterhalt seiner erst elf Monate alten Tochter Emili verdienen wollte. Jetzt war Mamani eingeschlossen. Bedenkt man die seit über 100 Jahren anhaltende Feindseligkeit zwischen Chile und Bolivien, dann musste sich ein Bolivianer, der in einem Loch fast 700 Meter unter der Erdoberfläche eingeschlossen und dabei von 32 Chilenen umgeben war, ähnlich wie ein Serbe fühlen, der zwei Monate lang unter Kroaten festsaß.

24 der 33 Vermissten wohnten in Copiapó, einer nahen Bergarbeiterstadt mit 125 000 Einwohnern, in der geschätzte 70 Prozent der örtlichen Wirtschaftsleistung vom Bergbau abhingen. Die Nachricht von dem Grubenunglück überraschte nur wenige Einwohner, von denen viele bereits der dritten Bergmanns-Generation angehörten. *El Atacameño,* die Lokalzeitung von Copiapó, brachte immer wieder Titelgeschichten über zerquetschte und verstümmelte Bergleute. Aber diesmal war es anders. Die Tiefe, in der sich der Einsturz ereignet hatte, und die Zahl der Vermissten waren bemerkenswert, selbst in einem Gemeinwesen, das mit Bergbautragödien seine Erfahrung hatte.

***

Die Bergwüsten und Salzebenen Nordchiles enthalten so viele Reichtümer, dass etwas mehr als die Hälfte der chilenischen Exporterlöse auf den Bergbau entfällt. In einem guten Monat exportiert das Land Kupfer im Wert von nahezu vier Milliarden Dollar. Ein Drittel der weltweiten Kupferproduktion kommt aus Chile, das »grüne Gold« hat in der wirtschaftlichen Erfolgsgeschichte des Landes in den beiden letzten Jahrzehnten eine bedeutende Rolle gespielt. Der Kupferpreis hat sich in den letzten fünf Jahren nahezu verdreifacht, von 1,20 Dollar pro Pfund auf deutlich über drei Dollar, sodass alte Erzabfälle und bisher zweitrangige Minen einer Neubewertung unterzogen wurden. Was bei einem Preis von 1,20 Dollar noch als Abfall angesehen wurde, konnte bei 2,50 Dollar ohne Weiteres gewinnbringend sein. Aufgelassene Bergwerke und ältere, gefährlichere Betriebe wurden plötzlich wieder rentabel.

Die Atacama-Region ist der Standort bedeutender Bergbauanlagen und hat zugleich die zweithöchste Arbeitslosenquote in ganz Chile. Die Kupferunternehmen machten 2009 geschätzte Gewinne in Höhe von 20 Milliarden Dollar, zugleich wies die Statistik der Regierung nach, dass die Armut in dieser Gegend Chiles mit am schnellsten wuchs. »Mit anderen Worten: Eine der reichsten Regionen des Landes gehört zugleich auch zu den ärmsten«, hieß es in einem Artikel in *The Clinic,* einem in Santiago ansässigen und wöchentlich erscheinenden alternativen Nachrichten- und Satiremagazin.

Die verzweifelten Familien, die sich vor der Mine versammelten, teilten einen gemeinsamen Zorn – der Unfall war so oft vorhergesagt worden, er war überfällig. Yessica Chilla, die Partnerin von Darío Segovia (48), einem der eingeschlossenen Männer, erinnerte sich: »Er sagte mir am Tag vor dem Unglück, in der Mine werde schon bald etwas passieren und er wolle nicht auf Schicht sein, wenn es zum Einsturz komme. Aber wir brauchten das Geld. Seine Arbeitswoche war beendet, aber sie boten ihm Überstunden an. Das lehnt niemand ab, weil sie dafür das Doppelte zahlen. An jenem Tag sollte er 90 000 Pesos verdienen [175 Dollar]. Aber er wollte diese Arbeit aufgeben und ein Transportunternehmen gründen.«

Elvira Katty Valdivia erfuhr von dem Einsturz erst viele Stunden nach dem Unglück: »Eine Studienfreundin rief mich an und fragte, ›Katty, weißt du schon, was passiert ist? Anscheinend steht Mario auf der Liste der Bergleute, die in der Mine eingeschlossen wurden.‹ Sie sagte, ich solle den Fernseher einschalten, das tat ich auch und sah die Liste. Auf der war auch Mario Sepúlveda.« Valdivias dunkler Teint, ihr glattes schwarzes Haar und ihr durchdringender Blick unterstrichen eine Schönheit, die in den letzten Wochen einer harten Bewährungsprobe unterzogen worden war. Mit ihrem Laptop saß sie in einem Zelt in der Nähe des Mineneingangs und gab sich alle Mühe, dem Buchhaltungsunternehmen, für das sie arbeitete, die Kunden zu erhalten. Während sie die Bücher führte, hätte ihr Leben nicht gründlicher aus dem Gleichgewicht geraten sein können. Hätte man zu ihren Füßen ein Loch gebohrt, so wäre man mit etwas Glück genau an dem Ort herausgekommen, an dem ihr Ehemann Mario ums Überleben kämpfte und betete. »Er tut mir so leid. Ich bin hier, und er ist dort unten, in 700 Meter Tiefe«, sagte sie und zeigte dabei auf den Boden. »Ich wäre gerne bei ihm, würde ihn gerne berühren und ihm sagen, wie sehr ich ihn liebe.« Valdivia empfand Bitterkeit gegenüber den Minenbetreibern. »Sie sagten mir nie etwas. Sie sagten niemandem etwas. Sie sagten uns nicht, dass eines unserer Familienmitglieder dort unten in der Mine eingeschlossen war.«

Valdivias Arbeitgeber – das amerikanische Buchhaltungsunternehmen Price Waterhouse – sicherte ihr zu, dass sie während der Zeit, in der sie an diesem entlegenen Außenposten Wache hielt und auf Nachrichten über ihren Ehemann wartete, ihr volles Gehalt bekommen würde. Valdivia organisierte jetzt – mit zwei Kindern im Teenageralter im Schlepptau, Scarlette (18) und Francisco (13) – ihren Alltag aus einer provisorischen Unterkunft in einer Bergwerksanlage heraus, sie wohnte in einem soliden Plastikzelt aus den Beständen der chilenischen Armee. Die anfänglichen Gerüchte über Tod und Eingeschlossensein der Bergleute nahmen Valdivia, die zwei Tage nach dem Unglück am Ort des Geschehens eintraf, so mit, dass sie förmlich zusehen konnte, wie ihre Welt auseinanderfiel. »Die Leute rannten und schrien durcheinander«, berichtete sie, »mein Sohn weinte, und ich versuchte ihn zu trösten. Es war ein sehr schwieriger Augenblick, ich konnte nicht schlafen und fragte mich: Warum ich? Warum ich? Warum passiert das gerade uns?«

Präsident Piñera hielt sich zu einem Staatsbesuch in der ecuadorianischen Hauptstadt Quito auf, als er von dem Unglück erfuhr. Man könnte verstehen, wenn er wie Katty Valdivia denken würde:»Warum ich? Warum passiert das gerade uns?« Es war bereits die zweite Tragödie in seiner erst kurzen Amtszeit. Als er sein Amt am 11. März 2010 antrat, übernahm er ein Land, das von dem Erdbeben am 27. Februar 2010 schwer erschüttert worden war. Das Beben machte Hunderttausende obdachlos und forderte mehrere Hundert Todesopfer, als ein Tsunami die Küstenorte überflutete. Auch Piñeras ehrgeizige politische Pläne wurden von dem fünftstärksten jemals registrierten Erdbeben, das einen Wert von 8,8 auf der Richterskala erreichte, zunichtegemacht. Anstelle eines Neubeginns mit frischen Ideen musste sich Piñeras Team mit Tausenden eingestürzten Wohnhäusern und zerstörten Krankenhäusern beschäftigen und dafür sorgen, dass rund 1800 schwer beschädigte Fernstraßenkilometer wieder instand gesetzt wurden.

»Ich war bei Präsident Correa in Ecuador zu Besuch«, sagte Piñera.»Unsere Lagebeurteilung an jenem ersten Abend war klar. Wir wussten, dass es 33 Männer gab. Sie waren in einer Tiefe von 700 Metern eingeschlossen, und nach einer Untersuchung des betroffenen Unternehmens wurde dies als schwierige Situation bewertet. Die Verantwortlichen hatten keine Möglichkeit zu reagieren. Die Option war deshalb ganz einfach. Die Regierung würde die Verantwortung für die Rettungsmaßnahmen übernehmen, niemand sonst konnte das. Es war sehr viel einfacher, als die Leute denken.«

Piñera ließ das Protokoll fahren, sagte ein strategisch bedeutsames Treffen mit dem neu gewählten kolumbianischen Präsidenten Juan Manuel Santos ab und eilte nach Chile zurück. Noch am selben Abend schickte er hochrangige Berater an den Unglücksort. Die Regierung Piñera sah die Krise – mit einer Mischung aus Fürsorglichkeit und Selbstbezogenheit – als perfekte Bühne für die Stärkung des Macher-Images eines

Präsidenten, der als erster rechtsgerichteter Kandidat seit 50 Jahren aus freien Wahlen hervorgegangen war. Piñera setzte sein schwindendes politisches Kapital auf das Schicksal der 33 unbekannten Bergleute. Es war ein Glücksspiel, das später den Ruf des Geschäftsmannes und Milliardärs als Meister des kurzfristigen Aktienhandels stärken sollte.

2. Tag: Samstag, 7. August

Die Männer waren jetzt seit zwei Tagen eingeschlossen, und noch immer war man auf kein Lebenszeichen gestoßen. Die Retter wurden von grundlegenden, urtümlichen Ängsten geplagt. Hatten die Männer Luft zum Atmen? Waren sie verletzt und starben langsam? Hatten sie zu essen?

Die Rettungsanstrengungen unter Tage erlitten einen weiteren Rückschlag. Die Retter hatten nach einer Möglichkeit gesucht, die blockierten Lüftungsschächte zu umgehen, aber der Berg bewegte sich weiterhin, und die Schächte stürzten ein. Aus dem massiven Felsblock von der Größe eines Schlachtschiffes löste sich ein kleiner Teil, und weitere kleine Lawinen polterten durch die Mine. Der GOPE-Auftrag änderte sich jetzt: Statt um die Rettung der Bergleute ging es jetzt um die Evakuierung der Retter, weil man eine zweite Verschüttung vermeiden wollte. Die Polizisten mussten sich mit der Bergung der Kollegen, die von Felsbrocken bombardiert wurden, sehr beeilen, und das ohne das Dreibein für einen reibungslosen Seillauf. Zogen sie zu schnell oder einseitig, riskierten sie einen Seilriss und den Tod des Retters. Brauchten sie zu lange, wuchs das Risiko einer Verletzung durch einen herabstürzenden großen Felsbrocken mit jeder Sekunde.

»Wir üben so etwas. Wir müssen uns mit Geologie beschäftigen, und Bergwerksrettungen gehören zu unserem Ausbildungsplan«, sagte GOPE-Mitglied Hernan Puga, der dabei auch erwähnte, dass es in den Bergen der Region nach Schätzungen 2000 kleine Minen gab. Er verglich den vertikalen Ab- und Aufstieg in einer solchen Umgebung mit regelmäßigen Übungseinheiten, die die Polizei für Sondereinsätze in Gefängnissen absolvierte. Als alle Retter in Sicherheit waren, war den Polizisten trotz des geglückten Rückzugs unter Todesgefahr nicht nach Feiern zumute, sie waren äußerst frustriert. »Sie waren sehr traurig«, sagte Kommandeur Villegas. »Wir waren frustriert, aber das änderte sich, als wir Kontakt zu den Familienangehörigen bekamen. Ihre Hoffnung und ihr Glaube ermutigten uns.«

***

Der chilenische Bergbauminister Laurence Golborne traf am Samstagmorgen an der Mine ein. Er hatte Probleme mit Linienflügen zurück nach Chile, deshalb holte ihn die chilenische Luftwaffe in der peruanischen Hauptstadt Lima ab und brachte ihn zur Mine. Bei seiner Ankunft staunte Golborne über das Durcheinander, das er dort vorfand. Die für San José zuständigen Verantwortlichen der Betreibergesellschaft waren überfordert und verfügten auch nicht über die für eine Rettungsaktion dieses Umfangs nötigen materiellen Mittel. Golborne berichtete, nachdem er sich einen Überblick verschafft und die Dinge in die Hand genommen hatte, Präsident Piñera stolz, dass er die Anlieferung des ersten Bohrgeräts organisiert habe. Der ehrgeizige Präsident blieb unbeeindruckt. »In Ordnung, gut gemacht. Und jetzt beschaffen sie weitere zehn Bohrgeräte.«

Die Retter berichteten dem Minister, sie hätten die Hoffnung, dass die Männer noch am Leben sein könnten. Trotz aller Gerüchte habe man weder zertrümmerte Fahrzeuge noch zerschmetterte Körper gefunden, die die Angst bestätigt hätten, die Männer könnten durch einen einzigen vernichtenden Einsturz ausgelöscht worden sein. Der Tagesablauf in der Mine war vorhersagbar genug, um hoffen zu können, dass sich die Kumpel zum Zeitpunkt des Einsturzes auf den unteren Ebenen aufgehalten hatten und zumindest einige von ihnen in den blockierten Stollen noch am Leben sein könnten.

»Wir wussten, dass die Bergleute genug Wasser hatten, weil sie für die Bohrungen große Wassertanks brauchen. Das Problem war der Sauerstoff«, sagte Golborne. »Als der Schacht einstürzte, waren wir wütend und fühlten uns machtlos. Wir informierten die Angehörigen über diesen Einsturz und sagten ihnen, dass wir deshalb keine herkömmliche Rettungsaktion [über den Mineneingang] ausführen könnten. [...] Ich wollte ihnen keine falschen Hoffnungen machen und war fest entschlossen, ihnen nichts als die Wahrheit zu sagen. Ich wollte keine Gerüchte auslösen. In einer solchen Situation reden die Leute viel.«

Golbornes Informationen für die Familien waren ebenso brutal wie ehrlich. Er sagte ihnen, die Rettungsanstrengungen seien ausgesetzt. Er weinte im Angesicht der Familien, als er ausrief: »Das sind keine guten Nachrichten.« Dann packten die Retter ihre Ausrüstung ein und zogen ab. Die Feuerwehrleute, Kletterexperten und GOPE-Polizisten verließen den Berg. Segura und Ñancucheo waren entmutigt und fühlten sich gedemütigt. Sie waren sich sicher gewesen, die Männer retten zu können. »Als ich sah, dass die GOPE-Leute gingen, die Retter gingen, dachte ich, wenn sie abziehen, dann deshalb, weil die Bergleute alle tot sind«, sagte Carolina Lobos. »Ich weinte. Wir weinten alle.«

»Ich war hilflos und verzweifelt«, berichtete Lillian Gómez. »Die Familienangehörigen akzeptierten diese Situation nicht und wollten die Minenbetreiber zur Rede stellen, mit Stöcken, wie die Vandalen. Wir bildeten eine Menschenkette und sagten ihnen, dass wir niemanden vom Betriebsgelände lassen würden. Zorn und Verzweiflung brachten mich so weit, dass ich einen Polizisten schubste. [...] Dann erkannte ich, dass das, was wir da taten, falsch war, aber die Verzweiflung lässt einen viele

Dinge tun. Und das zu erkennen ist menschlich. Wir begriffen wirklich nicht, was da geschah.«

Pablo Ramirez protestierte. Als Schichtführer der Mine San José war er unter den ersten Freiwilligen für den gefährlichen Rettungsversuch gewesen, und er bestand auf weiteren Anstrengungen, mit denen man nach den Männern suchen müsse. Ramirez war sich sicher, dass er bei einem seiner Vorstöße tief ins Innere der Mine eine Lastwagenhupe gehört hatte. Seine Retterkollegen machten sich über ihn lustig. »Keiner glaubte mir«, berichtete er. »Sie sagten, es seien die Seelen der toten Bergleute, die mich heimsuchten.«

KAPITEL 3

In der Hölle

Donnerstag, 5. August

Pablo Rojas war an diesem Morgen mit einem Riesenkater zur Mine San José gekommen. Sobald seine Gruppe mit dem Verstärken der Wände und Abstützen der Decke fertig war, musste er sich erst einmal wieder im Schutzraum hinlegen, 688 Meter unter der Erde, fast die tiefste Stelle der Mine. Rojas Vater war fünf Tage zuvor gestorben, und schon vor der langen Kneipentour letzte Nacht hatte er Kopfschmerzen gehabt. Der gigantische Einsturz weckte den angeschlagenen Rojas, aber es dauerte eine Weile, bis ihm das Ausmaß der Katastrophe klar wurde.

Claudio Yáñez war gerade dabei, Sprengladungen vorzubereiten, als die Druckwelle von dem Einsturz ihn beinahe von den Füßen gerissen hätte. Yáñez zählte zu den Ersten, die den Schutzraum erreichten, und sah zu, wie sich die anderen Bergleute zu ihm vorkämpften, während der ganze Stollen immer noch bebte und wackelte. »Sie kamen nach und nach rein«, sagte er. »Die Jungs kamen runter und wollten das Telefon benutzen, aber es hat nicht funktioniert. Wir sahen uns zum ersten Mal völlig verzweifelt an. Wir konnten nicht glauben, was da gerade passierte.«

Raúl Bustos werkelte gerade in der Werkstatt, eine Ebene über dem Schutzraum, als es passierte. In einem Brief, den er später an seine Frau schrieb, schilderte er das Schauspiel: »Der Sog und die Luft warfen uns alle zu Boden.«

Im Schutzraum versuchten Freunde und Verwandte herauszufinden, wer von ihnen noch am Leben war. Florencio Ávalos, 31 Jahre, fand seinen 27-jährigen Bruder Renán. Florencio fühlte sich verantwortlich; er hatte damals seinen jüngeren Bruder dazu gedrängt, hier zu arbeiten. Nicht dass einer von ihnen große Aufstiegsmöglichkeiten gesehen hätte, aber verglichen mit der Alternative, als Saisonarbeiter in dem winzigen Pueblo in den Bergen nicht weit von der argentinischen Grenze Trauben zu lesen, war dieser Job buchstäblich eine Goldmine.

Esteban Rojas umarmte seine drei Vettern – zutiefst dankbar, dass sie noch am Leben waren. Die engen Freunde Pedro Cortés und Carlos Bugueño feierten ebenfalls ihr Überleben; die beiden, seit ihrer Kindheit Nachbarn, waren unzertrennlich und hatten am selben Tag in der Mine angefangen.

Franklin Lobos hingegen war ganz außer sich vor Sorge. Als er den letzten Laster in die Mine gefahren hatte, war er an »Guatón« Villegas vorbeigekommen, als der einen Abraumlaster polternd auf die Rampe lenkte. Wenn Lobos die Zeit bis zum Einsturz abschätzte und die Position ausrechnete, an der der Laster dann vermutlich stand, fürchtete er das Schlimmste und konnte das zerschmetterte Fahrzeug beinahe vor Augen sehen. Bei der gigantischen Felsmasse, die herabgestürzt war, zweifelte kaum jemand daran, dass *la mina maldita,* die verfluchte Mine, wieder das Leben eines Kumpels gefordert hatte.

Lobos kannte den Schutzraum gut; unter anderem hatte er die Aufgabe, ständig die Vorräte aufzufüllen. Die Arbeit in dem Bergwerk hatte ihm noch nie gefallen. An seiner vorherigen Stelle als Bergarbeiter hatte ihn einmal eine Rauchwolke überrascht. Er musste bis an den Grund der Mine zurückweichen, damit er nicht erstickte. Acht Stunden lang hatten sich Lobos und seine Kollegen gefragt, ob sie eine zweite Chance bekommen würden, während die Angehörigen draußen warteten. Jetzt hoffte Lobos auf eine dritte Chance.

Sie alle hatten den Einsturz mehr oder weniger unbeschadet überlebt. Ein paar hatten Kratzer abbekommen und manche bluteten, aber keiner hatte sich etwas gebrochen.

In ihrer Zuflucht bemühte sich Luis »Lucho« Urzúa, der höchste Mitarbeiter in der Mine, darum, die Männer unter Kontrolle zu bringen. Als Schichtführer brauchte Urzúa sich nicht an der körperlichen Arbeit zu beteiligen, sondern leitete die ihm unterstellten Männer, trieb sie an und motivierte sie. In der Hierarchie des chilenischen Bergbaus ist der Schichtführer der unumschränkte Boss, mit geradezu militärischer Disziplin gehorchte man ihm aufs Wort. Die Anweisung des Schichtführers in Frage zu stellen, war bereits ein ausreichender Grund für einen Verweis oder gar die Entlassung. »Die Welt der natürlichen Selektion funktioniert in diesem Umfeld hervorragend«, erklärte Jaime Mañalich, der chilenische Gesundheitsminister. »Für den Posten eines Schichtführers muss man unzählige Tests bestehen.«

Urzúa war ein stämmiger Mann mit sanften Augen und einem Führungsstil, der nicht auf Härte setzte, sondern darauf, dass er meistens recht hatte. Mit seiner über 20-jährigen Tätigkeit unter Tage hatte Lucho Urzúa genügend Erfahrung, um seine Leute zu kommandieren, aber er war erst vor Kurzem nach San José gekommen. Der Umstand, dass er dort erst seit knapp drei Monaten arbeitete, war jetzt deutlich in der dichten und staubigen Luft im Schutzraum zu spüren. Die Männer trauten ihm nicht zu, die Reaktion auf die Katastrophe richtig zu koordinieren. Wieso sollte ausgerechnet er die Führung übernehmen? Kannte er die Mine überhaupt? Urzúa machte sich keine neuen Freunde, als er den Männern riet, in dem engen Raum zu bleiben und darauf zu vertrauen, dass man sie in einer Rettungsaktion hier herausholen würde. In den ersten Stunden nach dem Einbruch stritten sich die Männer heftig. Ein Wort gab das andere, die Gemüter erhitzten sich. Urzúa verlor die Kontrolle.

Sepúlveda war ganz ruhig, während er im Schutzraum, in dem sie festsaßen, auf und ab schritt. Er hatte diesen Einbruch vorhergesehen. Wie oft hatte er schon mit den Arbeits- und Sicherheitsinspektoren in Copiapó gestritten? Immer wieder hatte er sie aufgefordert, gedrängt und angefleht, die Mine San José auf Verstöße gegen die Sicherheitsvorschriften hin zu untersuchen? Sepúlveda hatte versucht, mit seinen Kameraden eine Arbeitergewerkschaft zu gründen, hatte aber frustriert aufgegeben, als er zu der Ansicht gelangt war, dass die Repräsentanten der Central Unitaria de Trabajadores (CUT), der nationalen Arbeitergewerkschaft, eigennützig handelten. Sepúlveda und andere Kumpel glaubten nicht länger, dass die Gewerkschaft imstande war, für Ihre Rechte einzutreten.

Der kleine Sepúlveda mit seinen schütteren Haaren und schiefen Zähnen war ein Workaholic, der eine Begeisterung für körperliche Arbeit mit einer unerschütterlichen guten Laune verband. Für seine Kollegen war er entweder El Perry (chilenische Umgangssprache für »feiner Kerl«) oder El Loco (»der Verrückte«), der inoffizielle Stollennarr. Immer wieder ließ er spitze Bemerkungen über die Bergwerksverwaltung vom Stapel, aber stets mit einem so spontanen Humor gespickt, dass selbst die Angriffsziele seiner Sticheleien lachen mussten. Am Ende einer Tagesschicht, während die Bergleute 25 Minuten lang im Lastwagen mit einer Geschwindigkeit von 16 Stundenkilometern in Richtung Ausgang kurvten, hatte Sepúlveda immer ein begeistertes Publikum: seine erschöpften Kollegen. Sie klatschten und johlten, während er Monologe und Sketche improvisierte. Wer außer El Perry würde im Bus ein Tänzchen aufführen, während die Bergleute nach Hause fuhren? Der geborene Komiker mit seiner charismatischen Ausstrahlung befand sich in einer Situation, die seine hyperaktive Natur als beklemmend empfand: eingeschlossen. Er musste unbedingt einen Ausweg finden.

Sepúlveda und Mario Gómez teilten die Kumpels in den ersten Stunden nach dem Einbruch in drei Gruppen ein. Noch während der Berg ächzte und der Staub in der Luft hing, machten sich die Männer daran, die Mine nach Fluchtwegen abzusuchen. Lebensmittel, Luft und sauberes Wasser waren begrenzt, und die Mine rumorte immer noch und gab Signale von sich, die einen weiteren Einbruch vermuten ließen. Es lag auf der Hand, dass sie sterben würden, wenn sie nicht rasch handelten.

Der Hauptschacht der Mine war ein zerklüfteter Stollen mit unebenen Wänden, die nach allen Seiten Schatten warfen, wenn sie von den Scheinwerfern angestrahlt wurden. Es sah wie das Innere einer geheimnisvollen Welt aus. An scheinbar willkürlichen Stellen waren Seitenstollen, Höhlen und Vorratsräume in den Fels gehauen worden. Riesige Wassertanks waren über den ganzen Hügel verteilt. Sie enthielten jeweils 15 000 Liter Wasser, das für die Bohrapparate im Innern des Bergwerks verwendet wurde. Wenn die Männer die Mine im Querschnitt hätten betrachten können, wäre sie ihnen vermutlich wie ein von Gängen durchzogener Ameisenhügel vorgekommen. Und sie saßen ganz unten fest.

Die Ebenen der Mine wurden nach den Metern über dem Meeresspiegel gemessen. Der Eingang befand sich auf etwa 800 Metern. Der Schutzraum, in dem sich die Männer versammelten, war Level 90. Sie saßen fast am Boden eines riesigen Bergwerks fest.

Fest überzeugt, dass oben bereits Rettungsmannschaften mobilisiert worden waren, wollten die Männer unbedingt ein Lebenszeichen von sich geben. Einige Kumpel trugen Autoreifen und schmutzige Ölfilter zusammen. Richard Villarroel, ein 27-jähriger Mechaniker, der als Subunternehmer in der Mine arbeitete, wurde in einem Pick-up zur Einsturzstelle geschickt. Auf Level 350 fand er die Stelle, wo der Stollen von dem Felsblock versperrt war, und hielt nach Lücken und Rissen im Gestein Ausschau. Dann stopfte er in die Löcher Gummireifen und Ölfilter und zündete die Filter an. Dichte Rauchwolken füllten den Tunnel, Villarroel hoffte, dass genügend Rauch nach oben abziehen würde, um den Rettungsmannschaften ihren Aufenthaltsort anzuzeigen. Eine zweite Gruppe sammelte Dynamitstangen und ließ die Ladungen mit einer kurzen, aber typischen Explosion hochgehen, von der man hoffte, dass die Rettungskräfte sie hören würden. Wieder andere schickten sich an, den veränderten Bau der Mine zu erkunden, um Lufteinschlüsse zu finden. Der gelernte Topograf Urzúa fing an, eine Karte zu zeichnen, ein primitiver Versuch, die Dimensionen der neuen Realität zu erfassen. In einem weißen Pick-up als Arbeitszimmer fing Urzúa ernsthaft mit der Kartierung an.

Einige Männer respektierten zwar noch seine Führung, aber es gab bemerkenswerte Ausnahmen. Juan Illanes, ein 52-jähriger Subunternehmer, war durch seine Erfahrung als Soldat in Patagonien abgehärtet, wo er fast zwei Jahre lang in einem Schützenloch gelegen hatte. In seinen Augen unterstand er nicht Urzúas Befehl. Illanes und vier andere Arbeiter, die man mit der Wartung und Reparatur der Fahrzeuge in der Mine beauftragt hatte, zählten nicht zu den Beschäftigten des Bergwerks. Das bedeutete, dass Illanes und seine Gruppe nach den Normen eines chilenischen Bergwerks Bürger zweiter Klasse waren, eine Gruppe für sich.

Ohne Licht gab es weder Tag noch Nacht. Die gesamte Tagesroutine war aufgehoben, zunichtegemacht oder grundlegend verändert. Als die Batterien der Stirnlampen schwächer wurden, verwendeten die Männer sie nur noch sparsam. Sie betraten die unheimliche Welt des Entzugs der Sinnesreize oder Reizdeprivation, wie die Fachleute sagen. Nimmt man die emotionale Belastung einer Nahtoderfahrung hinzu, wird durchaus verständlich, dass die Kumpel jedes Zeitgefühl verloren. Den erfahrenen Bergleuten war sofort klar, mit welchen technischen Schwierigkeiten das Bohren durch Hunderte von Metern massiven Gesteins verbunden war. Für sie war die Rettung – falls sie überhaupt kam – eine hochkomplizierte und ungewisse Operation. Psychologen wissen, dass unter solchen Bedingungen der individuelle Überlebensinstinkt über das Gemeinwohl triumphiert. Adrenalin wird ins Gehirn gepumpt, und lebenswichtige Chemikalien werden im Körper ausgeschüttet und ermöglichen bemerkenswerte körperliche Leistungen, rufen aber auch einen Tatendrang hervor, der die Kumpel übersehen ließ, wie wichtig es gewesen wäre, einen Augenblick innezuhalten und einen Plan auszuarbeiten. In diesen ersten Stunden verhielten sich die 33 Bergleute wie ein umherstreunendes Rudel hungriger Wölfe und erledigten überall in ihrer beschränkten Welt ihre Notdurft. Sämtliche Aufrufe zur Einigkeit in den Wind schlagend, richteten sie sich in getrennten Höhlen in irgendeinem Winkel des Bergwerks ein. Kaum jemand schlief in dieser ersten Nacht.

1. Tag: Freitag, 6. August

Nach einer unruhigen Nacht auf Pappkartons – ein verzweifelter Versuch, trocken zu bleiben und sich gegen die spitzen Felsen zu schützen – wurden die Bergleute am 6. August feucht und voller Angst wieder munter. José Henríquez wollte den neuen Tag mit einem Hoffnungsschub beginnen: mit einem gemeinsamen Gebet. Der muntere 54-Jährige mit dem runden Gesicht hatte als sogenannter Jumbero, als Bediener schwerer Maschinen, einen der bestbezahlten Jobs. Aber das war nur seine Brotarbeit. Henríquez' wahre Leidenschaft war es, seiner Gemeinde in der südchilenischen Stadt Talca die Wunderkräfte Jesu Christi zu predigen. Als die Männer in dem Schutzraum versammelt waren, sprach Henríquez ein kurzes Gebet, das offenbar genügte, um die Männer ein wenig zu entspannen, sodass Lucho Urzúa und Mario Sepúlveda Aufgaben verteilen konnten. Claudio Yáñez hatte eine Armbanduhr, somit konnten die Männer ihren Tagesablauf neu ausrichten. »Ich brauchte dort unten keine Uhr«, sagte Sepúlveda. »Wissen Sie, was wie ein Uhrwerk funktioniert? Mein Magen. Ich merke einfach an dem, was ich essen will, wie viel Uhr es ist. Der Körper reagiert auf die Vorstellung von einem Steak um sieben Uhr morgens nicht genauso wie um sieben Uhr abends.«

Viele Kumpel waren überzeugt, dass sie in dem Schutzraum bleiben und ihre Rettung abwarten sollten. Sepúlveda fasste seine Meinung zu dieser Strategie laut und deutlich in einem prägnanten Satz zusammen: Das wäre Selbstmord. Sepúlveda wollte, brauchte und forderte Taten. Er war ein Energiebündel und Kämpfer, seit seiner Kindheit war sein Leben ein einziger Kampf ums Überleben gewesen. Seine Mutter war bei der Geburt gestorben, und sein Vater hatte ihn sitzen lassen. Der junge Mario schlief mit sechs Geschwistern in einem Bett. Manchmal legte er sich in den Stall neben das Vieh zum Schlafen und aß sogar ihr Futter auf, um zu überleben. »Ich war sehr, sehr arm, und sie behandelten mich schlechter als die Tiere«, sagte Sepúlveda. Für den 39-Jährigen, der inzwischen mit seiner Frau und zwei Kindern der Mittelschicht angehörte, war das Entkommen aus der Mine genau der Auftrag, auf den ihn sein Leben seiner Meinung nach vorbereitet hatte.

Die Kumpel teilten sich in mehrere Gruppen ein. Ein Team machte mit schwerem Werkzeug einen Höllenlärm. Trotz des Einsturzes stand den Männern noch eine ganze Flotte an Grubenfahrzeugen zur Verfügung, von mehreren Pick-ups bis hin zum »Jumbo«, einem neun Meter langen Laster mit einer Bohrplattform vorne, die dazu diente, die Decke zu durchlöchern und Sprenglöcher zu bohren. Die Männer bewegten alle Fahrzeuge zum höchsten Punkt des Stollens, den sie erreichen konnten. Unmittelbar vor der Blockade fingen sie an, Alarm zu schlagen: Sie hupten, zündeten eine Dynamitstange, schlugen riesige Metallplatten gegen den Bulldozer. Der Lärm hallte lange im Stollen nach, aber war er auch laut genug, dass er jenseits der Blockade gehört wurde? Würde auch nur ein Mitglied der Rettungsmannschaft alarmiert werden? Die Männer durchlöcherten weiter mit dem Jumbo die Decke – wie ein verrückt gewordener Specht hackte die Maschine wild drauf los und machte einen Höllenlärm.

»Wir fuhren mit den Lastern gegen die Wände«, sagte Samuel Ávalos. »Wir verbanden die Hupen in dem Lastwagen mit Röhren [die bis an die Oberfläche liefen], damit wir oben gehört wurden. Der Reihe nach brüllten wir in die Röhren... Wir waren verzweifelt.«

Alex Vega wollte aus dem Berg klettern, indem er einigen Spalten folgte, die, wie er meinte, bis an die Oberfläche führten. Er war überzeugt, dass es einen Fluchtweg gebe, aber die Männer hatten nur eine begrenzte Batteriekapazität in ihren Lampen und keine Möglichkeit, genügend Wasser für eine Expedition mitzunehmen, die ohne Weiteres einen ganzen Tag dauern konnte. »Wir hatten Angst, [von herabstürzenden Felsbrocken] erschlagen zu werden«, sagte er. »Außerdem bestand die Gefahr, dann irgendwo festzusitzen.«

Ein Team unter Führung von Sepúlveda und Raúl Bustos suchte nach einem Fluchtweg über einen Luftschacht. Dieser Kamin, einer von zwölf Luftschächten, die die Luft in der Mine einigermaßen erträglich machten, stieg senkrecht 24 Meter auf. »Wir hielten nach Alternativen Ausschau; wir kletterten auf einer Hängeleiter 30 Meter hoch. Wir erreichten Ebene 210 und sahen, dass sie ebenfalls blockiert war«, schrieb Bustos später seiner Frau in einem Brief. »Es gab noch einen Kamin, aber der hatte keine Leiter.«

In vielen chilenischen Bergwerken war jeder Kamin ein sauberer Kreis, der wie eine Dachluke in die nächste Ebene der Mine führte und mit Sicherheitsausrüstung vollgestopft war, von einer Leiter bis hin zu Taschenlampen. Die Kamine dienen als Ventil, damit die Luft im Stollen zirkuliert, und bieten darüber hinaus dazu, eine Rettungsmöglichkeit, wenn ein

Stollen einstürzt und einen sekundären Fluchtweg blockiert. In der Mine San José war der zweite Kamin nicht beleuchtet und die Leiter war lebensgefährlich. Überdies verlief der Kamin über dem Haupttunnel. Das bedeutete, dass bei einem einzigen Unfall gleichzeitig beide Fluchtwege versperrt werden konnten. Das war ein grundlegender Fehler, den die Gewerkschaft unter Führung Javier Castillos schon seit Jahren bemängelt hatte. Die eingeschlossenen Kumpel wussten jetzt, warum.

Sepúlveda untersuchte den Kamin und kam zu dem Schluss, dass ein Aufstieg zwar riskant, aber möglich war. Einige Steine polterten durch die Röhre, aber er hatte ja einen Helm. Er richtete die Lampe am Helm nach oben und stieg langsam hoch. Die Leiter war genau für so einen Fluchtversuch gedacht, aber über die Jahrzehnte hatte die ständige Feuchtigkeit die Sprossen angegriffen. Als Sepúlveda weiter nach oben kam, spürte er, wie sie nachgaben. Ein paar Sprossen fehlten. Wie ein verzweifelter Kletterer an der Bergwand fing er an zu improvisieren. Die Röhre war gut einen Meter breit, viel zu breit, um sich mit den Beinen an den Wänden abzustützen. Also packte er ein Plastikrohr, das durch den ganzen Kamin lief und versuchte, auf den schlüpfrigen Steinen einen Halt für die Hände und Füße zu finden. Unterdessen prasselte unablässig ein Steinhagel auf seinen Kopf. Der Berg weinte immer noch, Schicht für Schicht löste sich ab. Verbissen machte Sepúlveda weiter und zwang seine Muskeln, ihm zu gehorchen. Er streckte die Hand nach oben und fing an, seinen Körper hochzuziehen, in dem Moment rutschte er ab. Ein Stein traf ihn im Gesicht, riss ihm die Lippe auf und schlug ihm fast einen Zahn aus. Noch ein Stein, so groß wie ein Tennisball, sauste knapp an ihm vorbei. Sepúlveda war dem Tod um wenige Zentimeter entronnen. Als noch ein Stein vorbeifiel, ohne Schaden anzurichten, wertete Sepúlveda das als Omen und Hinweis, den Rückzug anzutreten.

»Ich fühlte mich wie ein Zwölfjähriger, so voller Energie. Ich wurde nie müde. Ich wollte nur eines, nämlich raus hier«, sagte

Sepúlveda, der sein Erlebnis mit geradezu mystischen Worten schildert. »Mitten in diesem Kamin spürte ich etwas Göttliches … die Haare standen mir zu Berge. Etwas gab mir zu verstehen: Ich bin bei dir.« Er empfand eine unbändige Freude und Zuversicht, als er die Leiter hinabstieg. »Ich kehrte zurück und sagte ihnen, dass keiner hier sterben wird, es bleibt euch überlassen, wer mir glauben möchte, aber wenn ihr glaubt, dann haltet Gottes Hand und meine, und wir werden hier herauskommen.«

Die Reaktion auf eine das Leben verändernde, traumatische Erfahrung hängt ganz von der Persönlichkeit des jeweiligen Kumpels ab. Bei so extremen Erlebnissen wie dem Einsturz der Mine San José – was die Psychologen eine »Situation extremer Abgeschiedenheit« nennen – geben manche Opfer innerlich auf. Andere hingegen blühen regelrecht auf. Mario Sepúlveda schien es so, als habe sein ganzes bisheriges Leben nur dazu gedient, ihn auf diese Herausforderung vorzubereiten. Er genoss die Rolle, die sich allmählich abzeichnete, geradezu: Anführer der Truppe.

2. Tag: Samstag, 7. August

Die Bergleute hatten immer noch keine Rückmeldung von einem Rettungsteam bekommen und verbrachten eine weitere unruhige und beklemmende Nacht. Am nächsten Morgen beteten die Männer wieder mit Henríquez. Dies war immerhin eine Art Routine, doch die Verzweiflung machte sich dennoch breit. Die Lebensmittel gingen zur Neige. Die zehn Liter Wasser in Flaschen reichten nicht annähernd aus, deshalb fingen die Männer an, aus den riesigen 5000-Liter-Tanks zu trinken, die eigentlich für die Bohrmaschinen gedacht waren. Das Wasser in den Tanks war Monate alt und voller Dreck und Ruß. »Wir haben es getrunken, aber es hat wie Öl geschmeckt«, sagte Richard Villarroel.

Claudio Yáñez trank das schmutzige Wasser in rauen Mengen – bis zu sieben Liter täglich. Der Geschmack erinnerte ihn an Dieseltreibstoff und Staub. Er wusste, dass das Wasser voller mineralischer Rückstände und seit fast einem halben Jahr abgestanden war, aber der Durst war einfach zu groß. Also trank Yáñez weiter.

»Die Hierarchie wurde fast augenblicklich aufgehoben«, sagte Alex Vega, der als Mechaniker arbeitete und die Mine nach einem knappen Jahrzehnt wie seine Westentasche kannte. »Wir waren alle Dreiunddreißig gleich, und wir führten ein demokratisches System ein.« Die Männer stimmten künftig über so gut wie jede wichtige Entscheidung ab. Täglich um die Mittagszeit hielten sie eine Versammlung ab, in der sie ganz demokratisch, dann und wann auch unterhaltsam, debattierten. Vorschläge wurden entweder sofort absolut lächerlich gemacht oder ganz offen diskutiert. Jeder hatte eine Stimme. Die Ideen wurden nach ihrem Wert beurteilt, völlig unabhängig davon, ob sie vom Schichtführer oder vom untersten Arbeiter stammten.

Sie waren jetzt fast drei Tage lang unter der Erde. Die Batterien in den Laternen ließen allmählich nach. Mobilfunkgeräte waren inzwischen tot. Im Schutzraum hatten sie zwar ohnehin nie ein Netz gehabt, aber die Männer hatten sie als Licht, Uhr und Radio benutzt und sich Musik angehört, um die furchtbare Stille erträglicher zu machen.

Jüngere, unerfahrenere Bergmänner gerieten allmählich in Panik. Der 19-jährige Jimmy Sánchez, der Jüngste von ihnen, fing an zu halluzinieren. Er bildete sich ein, seine Mutter komme ihn in der Mine besuchen und bringe ihm frische *empanadas* – eine chilenische Fleischpastete mit Zwiebeln, verziert mit einer schwarzen Olive. Als Brotzeit für die Pause konnte man sie eigentlich vergessen, aber Jimmy und seinen Kameraden kam in dieser Tiefe selbst die Erinnerung an eine *empanada* wie eine Götterspeise vor.

Manche Kumpels verfielen in eine regelrechte Starre, weil sie schlichtweg außerstande waren, die emotionale Wirkung ihrer Tortur zu ertragen. »Sie blieben den ganzen Tag auf ihrem Lager; sie standen nie auf«, sagte Villarroel. Die Zeit verging quälend langsam, eine bedrückende Stille erfüllte den Raum. Kein Bohren, keine Detonationen, kein einziger Laut von oben. Nur das qualvolle Trommeln der Wassertropfen und fallenden Steine.

Immer wieder liefen die Männer Hunderte von Metern den kurvenreichen Stollen aufwärts und starrten verzweifelt die riesigen Felsblöcke an. Obwohl sie sich sicher waren, dass oben Rettungsteams nach ihnen suchten, war die Stille beängstigend. Ein Gedanke setzte sich immer hartnäckiger fest: Werden wir jemals hier herauskommen? Sie verfluchten den Fels: »*Piedra maldita, concha de su madre!*« [Verdammter Berg, vögle doch deine Mutter!] Andere Kumpels rafften sich zu dem kurzen Jubelruf »*Viva, Chile*« auf, trotteten dann aber mit der gleichen Botschaft wieder in den Schutzraum zurück: keine Nachricht.

Die Männer brauchten ein Wunder und Lebensmittel. Ihre Haut fing bereits an zu schrumpeln, und die Gesichter fielen allmählich ein, als ihre Kraft nachließ. Ein Bartschatten bedeckte ihre Gesichter, und die fettigen Haare standen in alle Richtungen ab. Wenn sie sich direkt miteinander unterhielten, war der Verfall nicht zu übersehen. Der Schweiß- und Körpergeruch wurde so penetrant, dass die Männer den Schutzraum verließen und lieber auf dem steinigen Stollenboden schliefen.

Die Männer spalteten sich in Gruppen. Es brachen regelrechte Kämpfe um die Pappkartons aus. Verwandte und alte Bekannte schlossen sich zu Untergruppen zusammen. Die Führer, darunter Sepúlveda und Urzúa, richteten ihr Lager an einer Biegung des Tunnels ein, die 105 Meter über dem Meeresspiegel lag – prompt wurden sie die »105er-Gruppe« oder nur »105« getauft. Sie hatten hier die beste Luft, einen nicht ganz so feuchten Boden und ein wenig Ruhe von den anderen beiden Gruppen.

Ein Stück tiefer zog eine Gruppe in den Schutzraum ein und nannte sich »Refugio«. Auf dem harten Fliesenboden schlief man nicht besonders gut, aber das Dach war mit Bolzen und einem Drahtnetz für herabfallende Steine verstärkt.

Eine dritte Gruppe wurde im Wesentlichen sich selbst überlassen. Die Vettern Esteban Rojas und Pablo Rojas sowie der in die Familie eingeheiratete Ariel Ticona bildeten am wohl gefährlichsten Schlafplatz eine Clique. Die sogenannte Rampe lag mitten auf dem Fahrweg der Mine, gleich vor dem Refugio. Es war zwar ein nicht ganz so klaustrophobischer Ort und es ging ein leichter Luftzug, aber die Stelle hatte beträchtliche Nachteile: Hier war es ständig nass, trotz der Pappkartons drang die Feuchtigkeit durch. Einige legten sich zum Schlafen in die Lastwagen. »Wir hatten kaum Hoffnung auf eine schnelle Rettung«, sagte Alex Vega, »und die schwerste Wartezeit begann: in völliger Stille und ohne dass wir wussten, was aus uns werden würde.«

3. Tag: Sonntag, 8. August

Um 6.30 Uhr waren die Männer am dritten Tag wach und warteten auf das Gebet. Henríquez klang zuversichtlich und versprach, dass Gott ihre Gebete erhören werde. An jedem Tag, der verging, waren seine Andachten und Gebete eine Art Rettungsleine, ein Anker, an den man sich festklammern konnte. Ob die Rettung nun bald kam oder nicht, der Glaube der Männer half ihnen jedenfalls durchzuhalten. Sie fingen an, Jesus »den 34. Bergarbeiter« zu nennen.

Trotz der nachlassenden Körperkraft zeigten sich langsam individuelle Fertigkeiten. Raúl Bustos, der Überlebende des großen Erdbebens, schnappte sich Carlos Mamani, den jungen Bolivianer, und zog mit seiner Hilfe einige Kanäle, um das Wasser, das durch ihr Lager floss, abzuleiten. Edison Peña bastelte mithilfe der Autobatterien eine Notbeleuchtung. Die unablässig flackernden und blassen Laternen ersetzte Ticona mit seiner Arbeit durch eine Dauerbeleuchtung. Er erfand sogar ein System für das Aufladen der Stirnlampen, indem man sie an die Autobatterien anschloss. Wenn sie heißen Tee wollten, brachten die Männer Wasser zum Kochen, indem sie den Motor eines Lasters laufen ließen und Halbliterflaschen mit Wasser über den Auspuff steckten. Das Plastik war zwar so heiß, dass man es nicht mit bloßen Händen anfassen konnte, aber es schmolz nie, und das heiße Wasser mit ein paar Teebeuteln, die sie gefunden hatten, verschaffte den Männern zumindest ein kurzes Glücksgefühl. Nasse Stiefel und Klamotten legten die Männer auf die heiße Motorhaube, um sie so zu trocknen.

In einer Lehmgrube in der Nähe nahmen sie improvisierte Bäder. Seife gab es nicht, geschweige denn Shampoo oder Zahnpasta. Als Toilette benutzten sie ein leeres Ölfass. Wenn es fast voll war, schaufelten sie Dreck und Schotter auf die stinkende Masse, leerten sie in einem Bereich aus, der von ihrem Lager stromabwärts lag, und bedeckten den Unrat mit noch mehr Schotter. Dennoch drang der Gestank nach und nach in ekelerregenden Schwaden zu ihnen hoch. Victor Zamora hielt den Gestank nicht aus. Er zog aus dem Schutzraum aus und legte sich in dem Bereich, der Rampe genannt wurde, zum Schlafen hin. Hier war es zwar besonders feucht, aber man hatte wenigstens das Gefühl, dass ein frischer Luftzug wehte. Für Zamora war die Gefangenschaft »ein Albtraum ... Wir wussten nicht, ob wir hier jemals wieder herauskommen würden.« Um dem täglichen Schrecken zu entfliehen, fing Zamora an, ein Tagebuch zu führen und seine Eindrücke zu dokumentieren. Seine literarischen Interessen erwachten, als er anfing, Gedichte zu schreiben, kurze Strophen voller Optimismus und Leben, so lange, bis ihm die Tinte ausging.

Der Proviant im Schutzraum wurde mittlerweile streng überwacht. Nur Luis Urzúa und Mario Sepúlveda hatten Zugang. Sie schlugen eine strenge Rationierung vor, ein Vorhaben, das rasch nach einem simplen demokratischen Verfahren beschlossen wurde: Die Männer stimmten einfach ab. »Sechzehn plus eins war die Mehrheit«, erklärte Urzúa. »Wir stimmten über alles ab.« Die Männer einigten sich darauf, nur einmal täglich zu essen, kaum mehr als ein paar Krümel. »Wir bekamen einen Esslöffel Thunfisch, etwa einen halben Drehverschluss voll, das war unser ganzes Essen«, sagte Richard Villarroel. »Unsere Körper wurden nach und nach aufgezehrt.«

Die wenigen Vorräte im Schutzraum nahmen rasch ab. Die Hälfte der Milchkartons war längst abgelaufen. Die Hitze hatte den Inhalt zu Klumpen mit Bananengeschmack gerinnen lassen. Claudio Acuña schnupperte an dem Karton. »Riecht okay«, dachte er. Dann kaute er, ohne zu zögern, und schluckte einen ganzen Liter der geronnenen Milch.

Samuel Ávalos durchsuchte den ganzen Hügel nach etwas Essbarem. »Ich kippte die Mülltonnen aus, wühlte mich durch den Abfall, aber sie waren bis obenhin voll mit Papier, Berichten aus der Mine«. Am Boden der sechs Cola-Flaschen, die er fand, entdeckte er einen köstlichen Tropfen. Er fand Orangenschalen und aß sie genüsslich auf.

Mario Gómez, ein erfahrener Bergarbeiter und ehemaliger Matrose der Handelsmarine, spornte die Männer an durchzuhalten. Er erzählte von einer Reise, die er als junger Mann gemacht hatte, als er sich an Bord eines brasilianischen Frachtschiffes versteckte. Elf Tage lang hatte der junge Gómez als blinder Passagier in einem Rettungsboot gelegen und sich fast nur von Regenwasser ernährt. »Wir werden überleben«, ermahnte er seine Kumpels. Gómez war unumstritten der Dienstälteste. Im Jahr 1964 hatte er zum ersten Mal in der Mine San José gearbeitet, noch bevor einige seiner jetzigen Kollegen überhaupt geboren waren. Er hatte erlebt, wie die Mine von einem kleinen Betrieb mit Pickel und Schubkarre zur jetzigen Größe heranwuchs. Die Finger, die er verloren hatte, gehörten zu seinem Nimbus, und das war ihm nicht im Geringsten peinlich. Für ihn waren sie so etwas wie Narben von den Jahren des Kampfes mit der teuflischen Mine. Er betrachtete die Stummel als Beweis für seinen Einsatz. »Meine Orden«, pflegte er zu sagen.

»Unsere Moral war auf dem Tiefpunkt, und ab und zu verfluchten die Jungs sich auch gegenseitig. Wir wollten hier einfach raus«, sagte der Bergarbeiter Pablo Rojas, ein Kumpel der dritten Generation, der bekannt dafür war, dass er hart arbeitete und wenig Worte machte. »Jeder Mann hatte seinen eigenen Charakter.« Viele Männer waren starke Raucher, manche auch Trinker. Für sie bedeutete die Gefangenschaft darüber hinaus Zwangsentzug; die damit einhergehenden Stimmungsschwankungen und Verzweiflung machten die Tortur für sie nur noch schlimmer.

Die Männer waren seit 96 Stunden eingeschlossen. So lange war keiner von ihnen jemals unter der Erde gewesen. Trotz all ihrer Bemühungen, sich bemerkbar zu machen, hatten sie immer noch keinen Kontakt zu einer Rettungsmannschaft bekommen. Der Proviant ging zur Neige, das Wasser schmeckte furchtbar. Auf das unheimliche Echo des knackenden, bebenden Gesteins war eine Stille gefolgt – eine Mahnung, dass sie sich tief im Innern eines Ungeheuers befanden, vom Erdboden verschluckt und weit unterhalb jeder Zivilisation eingeschlossen.

Die Verzweiflung nahm allmählich zu. Sie vermieden zwar nach Möglichkeit die Frage, aber die einzigartige Lage ließ ihnen keine Ruhe: Werden wir lebend hier herauskommen?

KAPITEL 4

Geschwindigkeit contra Präzision

3. Tag: Sonntag, 8. August

Die chilenische Stadt Copiapó ist von unberührten Stränden, einer weiten Wüste und kahlen Bergen umgeben, in denen gewaltige Vorkommen an Gold, Silber und Kupfer schlummern – Millionen, in manchen Fällen Milliarden Dollar wert. Die verborgenen Schätze wurden erstmals im Jahr 1707 abgebaut, damals hatte die Stadt 990 Einwohner. Heute ist Copiapó immer noch vergleichsweise klein (mit Umfeld 125 000 Einwohner), aber auf dem lokalen Flughafen ist einiges los. Täglich werden 14 Flüge nach und von Santiago abgefertigt, die häufig komplett ausgebucht sind, weil unzählige Bergbauingenieure, Geologen und Landvermesser in Copiapó eintreffen. Sie sind Kundschafter für eine ganze Armee von Unternehmern, die möglichst von dem aktuellen, weltweiten Kupferboom profitieren wollen, der im Jahr 2002 eingesetzt hatte. Selbst im August 2010 war noch längst kein Ende abzusehen. Da die chinesische Industrie einen anscheinend unersättlichen Hunger nach Kupfer und Bodenschätzen hat, boomt der Bergbau in Chile weiter. Jeden Tag exportiert Chile Kupfer im Wert von ungefähr 70 Millionen Dollar, und alle paar Monate wird ein neues Millionen Dollar schweres Bergbauprojekt bekannt gegeben. Diese Region im Norden Chiles ist zugleich eine der weltweit größten Zusammenballungen an Hightechgeräten: Maschinen, die imstande sind, sich durch Hunderte von Metern massiven Fels zu hämmern, bohren und fräsen.

Vier Tage nach dem Einsturz der Mine San José mobilisierte der chilenische Staatspräsident Sebastián Piñera wie ein General die riesige Flotte der Bergbaumaschinen. Trotz aller Ratschläge, sich ein wenig zu bremsen, setzte er darauf, die Bergleute retten zu können, und präsentierte sich als Garant für eine erfolgreiche Bergungsaktion. In seinem engen Beraterkreis löste er damit eine regelrechte Panik aus. Ihnen kam es so vor, als hätte sich der Präsident soeben freiwillig zu einer Kamikazemission gemeldet und das an einem Ort, wo sich die Kumpel, die den Mut hatten, dort zu arbeiten, eben diesen Spitznamen gaben: »Kamikaze«.

Eine seiner ersten Aufgaben war, einen Chef der Rettungsoperation zu finden. Da er schon seit Langem in erster Linie multilinguale Wirtschaftsgenies in seinen Beraterkreis rief, hatte er keine Ahnung von der Welt des Bergbaus. Bergbauminister Laurence Golborne, den Piñera im März 2010 zu Beginn seiner Amtszeit ernannt hatte, war in der Welt des Bergbaus ebenfalls ein Neuling. Golborne war wegen seiner Führungsqualitäten als leitender Angestellter bei der südamerikanischen Einzelhandelskette Cencosud (Jahresumsatz elf Milliarden Dollar) auf den höchsten Posten im chilenischen Bergbau befördert worden. Die Führungskräfte der chilenischen Bergbauindustrie hielten wenig von dem forschen Minister mit einem Faible für dröhnende, jugendliche Rockbands auf dem iPhone. Seine unbekümmerten Antworten auf ihre Bedenken trugen nicht gerade dazu bei, ihnen Mut zu machen. Auf die Frage, wie er seine mangelnde Erfahrung wettmachen wolle, hatte Golborne knapp erwidert: »Ich lerne schnell.«

Piñera und Golborne hatten beide nur eine oberflächliche Vorstellung von den Mechanismen des Untertagebaus; noch weniger Ahnung hatten sie davon, wie man die Rettung von Männern organisierte, die unter der Erde eingeschlossen waren. Die beiden wandten sich an Codelco, den staatlichen Bergbauriesen, der allein elf Prozent des weltweiten Kupfers produziert. Nach etlichen Telefonaten und eilends arrangierten

Konferenzschaltungen auf höchster Ebene zwischen Codelco und der Regierung fand Piñera am 9. August endlich seinen Leiter der Rettungsoperation. Allerdings machte sich vorerst niemand die Mühe, den Kandidaten davon in Kenntnis zu setzen.

Als der Anruf spät in der Nacht am 9. August endlich einging, lag André Sougarret bereits in seinem Haus in Rancagua im Bett. »Der Aufsichtsrat hat beschlossen, Sie und ein Team zu beauftragen ... den Menschen zu helfen, die auf ihre Rettung warten«, sagte sein Vorgesetzter bei Codelco. Der 46-jährige Ingenieur Sougarret, dem stets ein Lächeln um die Lippen spielt, hörte aufmerksam zu, ließ sich aber von der Nachricht nicht aus der Ruhe bringen. Er erzählte seiner Frau von dem Anruf und legte sich wieder schlafen.

Sougarret war seit über 20 Jahren im Bergbau tätig, sein Spezialgebiet war der Untertagebau. Derzeit leitete er die Minen von El Teniente mit Stollen von insgesamt 2400 Kilometern Länge und einer Belegschaft von 15 000 Mann, das weltweit größte Untertagebergwerk. Jährlich produziert diese Mine 400 000 Tonnen Kupfer. Wenn El Teniente ein unabhängiges Land wäre, läge es auf Platz zwölf der weltweiten Kupferproduktion.

Sougarret hatte von dem Einsturz in dem Bergwerk San José gehört, war aber nicht davon ausgegangen, dass diese Angelegenheit den staatlichen Kupfergiganten betreffen könnte. Das Unglück hatte sich in einer privaten Mine rund 950 Kilometer nördlich ereignet – eine Katastrophe, keine Frage, aber nicht seine Sache. Um zehn Uhr am nächsten Morgen klingelte erneut das Telefon, Sougarret erhielt den dringenden Befehl, sich unverzüglich zum Präsidentenpalast zu begeben. »Ich dachte, das müsse ein Irrtum sein«, sagte Sougarret. »Warum sollten sie ausgerechnet mich nach La Moneda rufen?« Sougarret packte einen kleinen Tornister, schnappte sich seinen Schutzhelm und fuhr 90 Minuten nach La Moneda. Er war schon Hunderte Male daran vorbeigefahren, hatte den Palast aber noch nie betreten. Nachdem man Sougarret eilends in den ersten Stock (dem Sitz des Büros des Präsidenten) geführt hatte, bekam er keine weitere Auskunft, sondern wurde einfach angewiesen zu warten.

Der Präsidentenpalast ist bereits Schauplatz etlicher historischer Ereignisse gewesen, und vielleicht hat Sougarret ja bemerkt, dass die Mauern von Hunderten inzwischen verputzter Einschusslöcher übersät sind – ein bleibendes Vermächtnis des 11. September 1973, dem Tag des Militärputsches gegen den amtierenden Präsidenten Salvador Allende. Der aristokratische Arzt und überzeugte Anhänger der sozialistischen Revolution wehrte sich gegen den Angriff der Armee und erwiderte aus einem Fenster des ersten Stocks mit einem Maschinengewehr das Feuer, angeblich ein Geschenk Fidel Castros. Allendes Leichnam wurde nach der Belagerung mit einer einzigen Kugel im Kopf gefunden. Die meisten Historiker sind sich einig, dass er Selbstmord begangen hatte. 17 Jahre lang regierte danach General Augusto Pinochet Chile mit einer Kombination aus Foltermethoden nach dem Vorbild der spanischen Inquisition und einer hochmodernen Wirtschaftsreform. In den Händen des Militärs starben 3000 Chilenen, doch mit einem stetigen Wachstum etablierte sich Chile als stabilste Volkswirtschaft Lateinamerikas – ein Gegensatz, der in den folgenden Jahrzehnten ebenso fanatische Gegner wie Anhänger des inzwischen verstorbenen Generals hervorbrachte.

Nach Pinochets Herrschaft wurde das Land bis 2009 von einer Reihe fortschrittlicher Präsidenten regiert, die den Kampf gegen Armut aufnahmen, in die Infrastruktur investierten, die persönliche Freiheit förderten und Freihandelsabkommen mit Dutzenden von Ländern unterzeichneten. Mit der Wahl Piñeras von der rechtsliberalen Renovación Nacional im Jahr 2010 wurde der Geist Pinochets endgültig begraben und eine neue Form der Regierung berufen: Technokraten, die erst noch ihre Kompetenz beweisen mussten. Der Kreis um Piñera wusste genau, dass man als rechter Politiker in Chile ständig argwöhnisch beäugt wurde – und dass es bei einem Scheitern ihrer Regierung durchaus wieder eine Generation dauern könnte, ehe einer von ihnen eine zweite Chance bekam.

Im Präsidentenpalast fühlte sich Sougarret unbehaglich. Mit seinen Bluejeans mitsamt Schutzhelm und Tornister bildete er einen krassen Gegensatz zu den hin- und hereilenden, adrett in Anzug und Krawatte gekleideten Männern. Eine Phalanx an Reportern trieb sich in den Korridoren herum, ein sicheres Anzeichen, dass in Kürze etwas Wichtiges passieren würde. Aber Sougarret wurde immer verwirrter; zwei Stunden lang redete kaum jemand ein Wort mit ihm. Dann endlich kam die Meldung: »Auf geht's!«, und Sougarret wurde in die Garage im Untergeschoss geführt, wo er in die Autokolonne des Präsidenten einstieg. Flankiert von Limousinen mit muskulösen Bodyguards durchquerte Sougarret die Hauptstadt Santiago in rasendem Tempo. Bei der Einfahrt auf den Flughafen ignorierte die Kolonne die üblichen Terminals und hielt direkt auf Air Force Group 10 zu, die Basis des Präsidentenjets. Sougarret war immer noch nicht genau instruiert worden und hatte weder seine Mission noch seinen Bestimmungsort erfahren. Erst an Bord des Flugzeugs rief Präsident Piñera Sougarret in seine Privatkabine, zog einen Notizblock heraus, zeichnete eine grobe Skizze der Mine und des Schutzraums und erteilte eine klare Anweisung: Hol sie da raus! Piñera forderte den immer noch sprachlosen Ingenieur auf, den Erfolg versprechendsten Rettungsplan auszuarbeiten. Er betonte, dass die Operation auf volle Unterstützung und sämtliche Ressourcen der Regierung zählen könne. Erst in diesem Moment wurde Sougarret klar, dass man ihn dazu auserwählt hatte, die Mission zu leiten. Das Schicksal von 33 Menschen lag in seiner Hand, und niemand hatte gefragt, ob er überhaupt abkömmlich sei, geschweige denn sich der Aufgabe gewachsen fühle. Sougarret verglich dieses Erlebnis später mit einer Entführung.

Bei der Ankunft im verdunkelten Lager wurde Sougarret noch stärker verunsichert. Er war noch nie in der Mine San José gewesen, und einmal mehr wuchs die ihm auferlegte Verantwortung, ohne jede Vorwarnung. Präsident Piñera verkündete vor den versammelten Medienvertretern, dass er einen »Experten« mitgebracht habe, der die Verantwortung für die Rettung übernehme.

»Okay«, dachte ich, »das wird nicht einfach«, sagte Sougarret. »Anschließend gingen wir einige Schritte zum Lagerplatz zu den Familienmitgliedern. Ich war von den verängstigten Gesichtern schockiert ... Es waren 50 Personen. Ich bemerkte viele besorgte Gesichter und in manchen Fällen Verzweiflung. Und Unmut. Sie warfen dem Präsidenten einige unschöne Worte an den Kopf, weil er zuerst mit der Presse und dann mit ihnen gesprochen hatte. Das war eine Regel, an die wir uns von nun an stets hielten: Zuerst mit den Angehörigen sprechen und dann mit den Reportern. Dann erklärte der Präsident, er sei mit den Experten gekommen, die versuchen würden, das Problem zu lösen, und dafür alle verfügbaren Ressourcen einsetzen würden. Das war ein Schlüsselmoment für mich, der Anfang von allem«, sagte Sougarret. »Mir wurde bewusst, dass ich jetzt die Verantwortung für die Operation trug. Der Präsident fuhr ab, und ich stand da, allein.«

Sougarret brauchte keine verzweifelten Angehörigen, um sich die Konsequenzen eines Minenunglücks vor Augen zu führen. Sein Arbeitsplatz El Teniente war der Schauplatz des tödlichsten Minenunglücks in Chile gewesen. Die »*Tragedia del Humo*« [Rauchtragödie] von 1945 in El Teniente war von einem Brand in einem Vorratsraum ausgelöst worden. Brennende Ölfässer schlossen rasch fast 1000 Bergarbeiter hinter einer undurchdringlichen Rauchwand ein. Der Rauch drang in sämtliche Risse und Winkel von Stollen C. Stundenlang hielten sich die Kumpel nasse Tücher vors Gesicht, eine primitive Maßnahme, die sich schon bald als wirkungslos entpuppte, als die ersten

Kumpel zusammenbrachen. Die Sicherheitssysteme der Mine entsprachen nicht dem Standard; die Fluchtwege waren nicht eindeutig gekennzeichnet.

Als dichte Rauchwolken aus der Mine drangen, wurde eine tollkühne Rettungsaktion gestartet. Bergleute rannten in die Flammen und trugen die halb ohnmächtigen Kollegen nach oben. 600 Männer wurden gerettet, aber 355 kamen bei dem Brand um.

Die Tragödie löste eine landesweite Diskussion über die Sicherheit der Bergwerke aus und führte zur Gründung der Behörde für Bergbausicherheit Sernageomin. Das Konzept der Risikovermeidung wurde anschließend so erfolgreich umgesetzt, dass El Teniente 14 Jahre lang nacheinander international für die Sicherheitsvorkehrungen ausgezeichnet wurde. Es war kein Zufall, dass die Berater des Präsidenten, als sie erkannten, dass die Eigentümer von San José mit einer schwierigen Rettungsoperation völlig überfordert waren, ausgerechnet das professionellste und sicherheitsbewussteste Team in ganz Chile mobilisierte: die Crew von El Teniente, mit Sougarret an der Spitze.

Die erste große Herausforderung für Sougarret war die Koordination der Bohrungen. In den vier Tagen seit dem Einsturz war die gesamte chilenische Bergbaugemeinde mobilisiert worden und hatte Konvois mit Ausrüstung an den Schauplatz geschickt: schwere Bulldozer, Wasserlastwagen, Kräne und Bohrmaschinen, die imstande waren, sich durch Hunderte Meter massiven Fels zu fressen. Die Ingenieure vor Ort hatten rasch entschieden, dass ein Rettungsversuch über den Mineneingang extrem riskant wäre und dass Bohrungen die geeignetste Option für die Kontaktaufnahme mit den eingeschlossenen Männern wären.

Die Maschinen, die für das Bohren der Löcher verwendet wurden, kamen gebündelt zum Einsatz – eine Traube dampfender und zischender Türme, die wie ein Ölfeld aussahen, übersät von wehenden chilenischen Flaggen. Diese mobilen Bohrapparate waren nicht mehr die neuesten – seit den Fünfzigerjahren waren sie immer wieder überholt und an die entlegensten Winkel des Planeten transportiert worden, um die äußersten Schichten der Erdkruste zu durchlöchern.

Mit diesen Apparaten wurden für gewöhnlich Vorkommen von Bodenschätzen geortet, die das Rohmaterial für einen 50-jährigen Industrieboom lieferten: vom Aquifer (eine Grundwasser führende Schicht) bis hin zu Zinklagerstätten. Diese Bohrer wurden nunmehr zu einer gemeinsamen Sondierungsmission gekoppelt, zu einer tollkühnen Such- und Rettungsoperation. Die Apparate sollten mit einem 9 cm starken Bohrkopf einen der sich schlängelnden Stollen in 700 Meter Tiefe treffen: eine endlos lange Nadel auf der Suche nach einem Minenschacht.

Zu dem Zeitpunkt, als Sougarret eintraf, waren in aller Eile – und unkoordiniert – bereits sechs verschiedene Bohrungen versucht worden. »Sie machten mehrere Löcher, hatten aber keine Strategie«, sagte Sougarret. »Wir beschlossen, es mit drei Bohrtechniken zu versuchen ... drei parallele Pläne mit unterschiedlichen Konzepten: manche sollten sich möglichst schnell vorarbeiten, andere möglichst präzise. Uns lief die Zeit davon. Wenn wir präzise arbeiten wollten, kamen wir erheblich langsamer voran. Wenn wir aber rasch vorgingen, konnte die Bohrung daneben liegen.« Sougarret rechnete aus, dass die Bohrer 97 Meter täglich schaffen konnten; um die erforderliche Präzision zu gewährleisten, damit die Bohrungen zumindest in der Nähe der Männer ankamen, brauchten sie mindestens eine volle Woche.

Anhand von groben Karten mussten die Bohrleute die exakte Lage des unterirdischen Schutzraums bestimmen – jenes Ortes, an dem noch lebende Bergleute mit der größten Wahrscheinlichkeit zu finden waren. Hatten die Männer tatsächlich den Schutzraum erreicht? Oder die Werkstatt? Oder waren sie alle von Felsbrocken verschüttet? Das gigantische Ausmaß der Unwägbarkeiten war eine beängstigende Variable für Ingenieure, die präzise Anweisungen gewohnt sind.

In der Regel wird mit einer Bohrung ein riesiges Ölvorkommen oder eine unterirdische Grundwasserschicht gesucht. Hier handelte es sich um ein winziges Ziel: Der Schutzraum war allenfalls so groß wie ein Swimmingpool im Garten. Wenn die Ingenieure die Spitze des Bohrkopfes nur um fünf Zentimeter falsch ausrichteten, betrüge die Abweichung nach knapp 700 Metern, auf dem Niveau des Schutzraums, weit über 60 Meter. »Als wir beim Bergwerk ankamen, hieß es, wir sollten unsere Bohrung direkt über dem Schutzraum ansetzen«, sagte Eduardo Hurtado, ein Bohrmeister bei Terraservice, einem chilenischen Unternehmen, das sich auf Bohrungen spezialisiert hat. »Die Planierraupe ebnete das Gelände ein, um die Plattform für die Bohrvorrichtung vorzubereiten, und der Topograf nahm Messungen vor. Dann traf José Toro, ein Geologe aus der Mine El Salvador ein. Er kannte das Gelände gut und wies uns an, die Maschine ein wenig zu versetzen; sie hatten Angst, dass der ganze Berg einstürzen könnte.«

5. Tag: Dienstag, 10. August

Trotz der enorm schwierigen Aufgabe, die Männer zu finden, wurde das Hämmern der Bohrer von allen im Camp Esperanza als positives Zeichen gewertet. Wenn von den Männern noch jemand am Leben war, würde dieses Geräusch ihnen signalisieren, dass die Rettungsbemühungen begonnen hatten. »Ich weiß, dass sie jeden Schlag der Bohrer spüren, die den Fels durchlöchern und ihnen das bringen werden, was sie zum Leben brauchen: Sauerstoff, Nahrung und Wasser«, sagte Präsident Piñera. »Ich hoffe, dass die sechs Bohrlochapparate, die pausenlos arbeiten, ein glückliches Ende ermöglichen werden. Aber ich muss auch zugeben, dass es nicht einfach ist; die Lage ist sehr komplex, und die Mine stürzt immer noch ein, weil eine geologische Störung vorliegt. Wie die Bergleute sagen, die Mine ist noch am Leben, und das macht die Rettung enorm schwierig.« Während sich der Präsident und sein Team noch über die Komplexität des Rettungsplans den Kopf zerbrachen, strömten Hunderte Einheimische auf das Bergwerksgelände.

Der 10. August ist in Chile der »*Dia del Minero«,* der Tag des Bergarbeiters. Angehörige, Freunde und Kollegen der eingeschlossenen Männer versammelten sich an der Mine San José zu einer düsteren Zeremonie. Unter normalen Umständen ist der Tag des Bergarbeiters ein Festtag, der mit gemeinsamen *asados* [ein Picknick mit Grill], Tänzen, Segenssprüchen und einer Würdigung des Berufsstandes gefeiert wird, der Chile in die Weltwirtschaft katapultierte und nach wie vor dazu beiträgt, den relativen Wohlstand des Landes zu wahren.

Im Jahr 2010 wurden alle Feste abgesagt. An der Mine wurde eine feierliche Prozession organisiert. Schätzungsweise 2000 Menschen bildeten einen kurzen und schmerzlichen Pilgerzug. Das chilenische Staatsfernsehen TVN brachte einen Live-Bericht aus der abgelegenen Region. Das ganze Land sah, wie die Angehörigen langsam vorüberschritten, die Tränen liefen ihnen übers Gesicht. Eine Gruppe Männer schleppte schwer an einer Statue des Heiligen Lorenzo, des Schutzheiligen der Bergarbeiter, nach dem die Rettungsaktion benannt wurde. Andere Männer trugen die Jungfrau von Candelaria auf ihren Schultern, ein Symbol für den Schutz der Kumpel in der nahe gelegenen Mine La Candelaria. Nach einem Bittgesuch der Familien in San José wurde die Jungfrau nicht nach Candelaria zurückgebracht, ihre Kräfte wurden hier dringender gebraucht. Von einem improvisierten Altar auf der Ladefläche eines Tiefladers aus ermahnte Bischof Gaspar Quintana die Familien, stark zu bleiben, geißelte Regierungsvertreter wegen der unzureichenden Sicherheitsvorkehrungen und wandte sich mit der flehentlichen Bitte an Gott, ihnen gute Nachrichten über die gefangenen Männer zu schicken: »Sende uns ein Signal – bald.«

Die Gouverneurin Ximena Matas würdigte zunächst die allgemeine Trauer, um den Angehörigen anschließend ein Team von Psychologen ans Herz zu legen, das lokale Regierungsvertreter eilig zusammengestellt hatten. Sie hatten kurzerhand die psychiatrische Abteilung der lokalen Drogenberatung geplündert und Psychologen aus Santiago eingeflogen, um die Angehörigen zu betreuen. »Uns ist zweifellos klar, dass das sehr schwere Tage und Nächte für euch sind. Wir haben alle gesehen, wie schwer es ist, so zu leben, aber wir haben auch die Unterstützung untereinander gesehen und die Stärke, die ihr bislang bewiesen habt«, sagte Matas. Anschließend erklärte sie, wie wichtig es für jeden sei, diese Gefühle mit den Psychologen zu teilen.

6. Tag: Mittwoch, 11. August

Die 200 Familienangehörigen wurden von einer weiteren Überraschung in der Wüste geweckt: von heftigem Regen. Ein ungewöhnlicher Gewittersturm tobte über der Atacama-Wüste und verwandelte die mit Staub bedeckte Zeltstadt in ein eiskaltes und glitschiges Schlammloch. Manche Familien verbrachten den ganzen Tag im Innern der Autos, bei eingeschalteter Heizung und geschlossenen Fenstern. »Wir werden meinen Bruder nicht im Stich lassen«, sagte Jeanette Vega, deren Bruder Alex unter der Erde eingeschlossen war. »Solange er nicht herauskommt, geht hier keiner weg, trotz Regen, Kälte oder Sonne.« Den ganzen Tag über kauerten sich Angehörige in Schlafsäcke, tranken Tee und Kaffee aus Thermoskannen und schirmten die Zelte mit durchsichtigen Plastikplanen gegen den Regen ab. Truppen der Armee rückten an und begannen, einen flachen, geschützteren Bereich für einige Zelte vorzubereiten – einen Bereich, wo die Familienangehörigen etwas weiter von dem ständigen Kommen und Gehen der Lastwagen und Baufahrzeuge entfernt waren. Am Abend fiel die Temperatur unter Null Grad Celsius, und die Familien wärmten sich an Lagerfeuern. Die hiesigen Winzer hatten die Reben gestiftet, die sie von alten Weinstöcken ausgeschnitten hatten; das harte, gekrümmte Holz brannte langsam und wärmte gut – die Glut hielt sich bis Tagesanbruch. Schlafen konnte ohnehin kaum jemand.

7. Tag: Donnerstag, 12. August

Eine Woche war vergangen ohne ein Lebenszeichen von den Eingeschlossenen. Die Rettungskräfte gaben ihnen nur noch wenig Chancen, weil die Mine immer noch bebte, Luftschächte zerstörte und damit die Hoffnung auf eine baldige Rettung begrub. Die chilenische Bergbaugemeinde schickte so schnell wie möglich Rettungsmannschaften, Hightech-Suchgeräte und so viele Bohrer, wie benötigt wurden, aber von den Vermissten war nach wie vor nichts zu hören.

»Das ist nicht der Moment, den Mut zu verlieren. Wahrscheinlich hören meine Kollegen das Bohrgeräusch, und das wird ihnen Kraft geben«, sagte Gino Cortés, ein Arbeiter im Bergwerk San José, der fünf Wochen zuvor sein Bein verloren hatte, als ihn im Innern derselben Mine ein herabstürzender Fels getroffen hatte. »Das sind harte Kumpel«, sagte Cortés. »Wir kennen die Gefahren, denen wir ausgesetzt sind, wir halten einiges aus.«

Um 14 Uhr (der mutmaßliche Zeitpunkt des Einsturzes eine Woche zuvor) heulten die Sirenen und Signalhörner und die Kirchenglocken läuteten, aber die Stille, die sofort danach einsetzte, sagte viel mehr aus. Eine Woche und immer noch keine Nachricht. Angehörige pilgerten unablässig den Hügel hoch, schmückten den Hang mit Aufnahmen und bemalten Steine mit den Namen der Geliebten und Vermissten. Sie richteten sich ein, stellten Zelte auf und flehten die Rettungsleute an, die Eingeschlossenen nicht aufzugeben. Das Camp Esperanza, das »Lager der Hoffnung«, wurde zu einem wimmelnden Wallfahrtsort.

Das ließ ein spontanes Gemeinschaftsgefühl aufkommen – kein Wunder, waren doch die meisten der vermissten Bergleute Einheimische, Nachbarn, Vettern und, im Fall von Renán und Florencio Ávalos, sogar Brüder. Diese Kumpel waren die Söhne von Bergarbeiterfamilien mit sechs, acht oder zehn Kindern, häufig von verschiedenen Vätern. Jorge Galleguillos und Darío Segovia stammten zum Beispiel beide aus einer Familie mit 13 Geschwistern. Bei einem Durchschnitt von acht Geschwistern kamen die Bergleute aus Familien, die zwei bis drei Mal so groß waren wie die chilenische Durchschnittsfamilie. Nicht umsonst stieg die Zahl der Campierenden unablässig.

Als Reaktion auf die rasch wachsende Bevölkerung des Camps Esperanza wurde die chilenische Armee mobilisiert, um tragbare Toiletten und Lebensmittel zu beschaffen. Eine Feldküche wurde eingerichtet, mit vier Mahlzeiten am Tag, wobei die vierte Mahlzeit »once« war, die chilenische 18-Uhr-Version des britischen Fünf-Uhr-Tees. Ivan Viveros Aranas, ein chilenischer Polizist, der am Camp Esperanza arbeitete, war tief bewegt von den reichlichen Hilfsleistungen. »Das Land hat eine Einigkeit bewiesen, die nichts mit Religion oder gesellschaftlicher Schicht zu tun hat«, sagte Aranas, der im Camp nicht mehr auf Patrouille ging, sondern die meiste Zeit mit den Angehörigen redete oder mit der wachsenden Schar junger Kinder auf dem Gelände Fußball spielte. »Es kommen Menschen hierher, die sich einfach freiwillig gemeldet haben; sie haben keinen Bezug zu den eingeschlossenen Bergleuten.«

Als Sougarrets Operation sich ausweitete, füllte sich der ganze Hang um den Eingang der Mine San José mit provisorischen Bauten: Schiffscontainer wurden zu Büroräumen umgewandelt, primitive Sonnensegel wurden gespannt, um die Ingenieure vor der sengenden Wüstensonne zu schützen, Wohnmobile beherbergten das kleine, aber wachsende Häuflein Journalisten vor Ort. Dutzende von Männern mit Helmen und in neonfarbenen Overalls warteten auf Anweisungen. Eine Kolonne aus Feuerwehrautos, Planierraupen und Krankenwagen traf ein. Sattelzüge plagten sich den Berg hoch, eine endlose Parade der neuesten Hightechausrüstung, bestellt von den Ingenieurteams, die fieberhaft nach einer Lösung suchten. Trotz der düsteren Aussichten war das Lager von dem Geist des Lebens erfüllt, und alle paar Stunden kündigte eine ferne Hupe die Ankunft einer weiteren Ladung gespendeter Vorräte oder Rettungsausrüstung an.

Und über dem Lager blinkten am Himmel Tausende Sterne, ein unwiderlegbarer Beweis dafür, dass die weltweit führenden Astronomen eine gute Wahl trafen, als sie Milliarden Dollar in Observatorien in diesem Winkel Südamerikas investierten. Sternkundler halten die Atacama-Region für die geeignetste Linse des Planeten zur Erforschung anderer Welten. Was die Bewohner vom Camp Esperanza betraf, so schickten sie ihre Gebete zwar zum Himmel, doch ihre ganze Sorge galt den Menschen tief unter der Erde.

Minister Laurence Golborne kam aufgrund der Flut von Befehlen des Präsidenten kaum noch zur Ruhe. Seine einzige Sorge galt nunmehr dem Schicksal der 33 Männer. Aber nach einwöchigen Rettungsbemühungen war er besorgt. Von der Regierung in Auftrag gegebene, interne Studien waren pessimistisch; eine Studie schätzte die Wahrscheinlichkeit, dass die Männer noch am Leben waren, auf zwei Prozent. In seiner Verzweiflung zog Golborne heimlich ein Medium zurate. Die Frau sagte dem Minister, dass sie eine Vision der Männer habe: 16 Männer seien am Leben, und einer sei am Bein schwer verletzt. Danach wusste Golborne nicht recht, was unglaubwürdiger war: die Wahrscheinlichkeit, dass die Männer noch am Leben waren, oder die Tatsache, dass ein Staatsminister einer Wahrsagerin einen Besuch abgestattet hatte.

Golbornes Büro wurde mit gut gemeinten Vorschlägen geradezu überschüttet: Ideen, Spenden und Theorien. Ein Unternehmen schlug vor, über ein Bohrloch tausend Ratten in den Gängen auszusetzen. An jeder Ratte sollte ein Alarmknopf befestigt werden. Sie würden, sobald man sie freiließ, ausschwärmen und sich über das ganze Bergesinnere verstreuen, sodass einer der eingeschlossenen Kumpel möglicherweise einen Nager zu fassen bekam und dann den Knopf drücken konnte. Beim Ertönen des Alarmsignals wüssten die Helfer zumindest, dass es noch Überlebende gab.

Am 12. August ging Golborne mit seinen Zweifeln an die Öffentlichkeit. »Die Aussichten, sie lebend zu bergen, sind gering.« Nach seinen Äußerungen wurde Golborne von einer Woge der Kritik überschwemmt. Familienangehörige waren am Boden zerstört; den Glauben zu bewahren war ein Grundpfeiler für ihre emotionale Stabilität. Der geringste Zweifel kam einem Verrat gleich. Am Tag danach war Präsident Piñera gezwungen, seinen Minister zu korrigieren. Er erklärte: »Die Hoffnungen der Regierung sind größer als je zuvor.« Sein Optimismus gründete sich auf Insiderwissen: Die Bohrung kam doppelt so schnell voran wie erwartet. In nicht einmal zwei Tagen hatte sich ein Bohrloch knapp 300 Meter tief ins Gestein gefressen. Mit diesem Tempo könnte schon in 48 Stunden, am 14. August, der Kontakt hergestellt werden. Doch die Öffnung war nicht größer als ein Apfel, und was dann?

8. Tag: Freitag, 13. August

Ingenieure von Codelco hielten auf der ganzen Welt nach Technologien Ausschau, die die Bohrung verbessern konnten und mit deren Hilfe man den Bergleuten, falls sie lebend gefunden wurden, Lebensmittel und Medikamente schicken konnte. Die Lösung lieferte Miguel Fortt, ein lokaler Physikprofessor an der Universidad del Mar in Copiapó. Bereits bei zwölf früheren Rettungsversuchen in Chile und im Ausland hatte Fortt an vorderster Front um das Leben verunglückter Bergleute gekämpft. Als ehemaliger Kumpel kombinierte Fortt das praktische Wissen des Lebens im Innern der Mine mit der technischen Erfahrung, die er über verschiedene Rettungsaktionen gewann. Mit drei Meter langen PVC-Röhren als Grundbaustein dachte sich Fortt ein System aus, durch das die Röhren mit Wasserflaschen und abgepackten Lebensmitteln gefüllt und anschließend mit einem Seil ins Innere der Mine hinabgelassen werden konnte. Es war ein kühner und optimistischer Plan. Die Testphase begann sofort. Die chilenische Erfindung wurde *»paloma mensajera«*, Brieftaube, genannt, später einfach *»la paloma«*. Die geniale Konstruktion sollten schon bald Zuschauer auf der ganzen Welt zu sehen bekommen.

Während sich die Regierung hektisch bemühte, die nötigen Geräte und Experten für die komplexe Rettungsaktion zu beschaffen, waren zwei Stimmen auffällig still: die der beiden Eigentümer. Von dem Tag des Einsturzes, als sie es versäumten, die Familien sofort zu informieren, bis hin zur Unfähigkeit, genaues Kartenmaterial zur Verfügung zu stellen, wurde die Haltung von Marcelo Kemeny und Alejandro Bohn allgemein kritisiert. In den Augen der Angehörigen war die Weigerung von Kemeny und Bohn, die Verantwortung für das Unglück zu übernehmen, kriminell. Eine Gefängnisstrafe wurde gemeinhin als viel zu milde angesehen. Laut Gerüchten im Camp Esperanza wäre die einzig richtige Strafe für die Besitzer der gefährlichen Mine, sie zu »Minenhaft« zu verurteilen. Es kursierten Gerüchte, dass ein Bergwerksbetreiber in China, dem man die Vernachlässigung von Sicherheitsvorschriften nachgewiesen habe, dazu verurteilt worden sei, eine Zeitlang unter der Erde in einem Bergwerk zu arbeiten und eben jene Sicherheitsprobleme zu beheben, die etlichen Arbeitern das Leben gekostet hätten.

Schon vor dem Unglück hatten die Minenbesitzer der chilenischen Regierung über zwei Millionen Dollar geschuldet. Das ganze Unternehmen stand finanziell auf wackligen Beinen und hatte mit einer erdrückenden Schuldenlast sowie schweren Verstößen gegen Sicherheitsvorschriften zu kämpfen. Obwohl das Bergwerk schätzungsweise 3000 Kilogramm Kupfer täglich (mit einem Wert von 22 000 Dollar) förderte und über Goldreserven von mehr als 600 000 Unzen verfügte (2010 fast eine Milliarde Dollar wert), befanden sich die Besitzer eindeutig in einer verzweifelten Lage. Auf der letzten Seite des Jahresberichts von 2009 stand in fetten Großbuchstaben:

SITUATION
PROBLEME MINE WEITER ZU BETREIBEN
MINE SCHLIESSEN
VERKAUFEN

Die chilenische Justiz arbeitet in der Regel langsam und wird ständig von Verfahrensanträgen der Verteidigung behindert. Die geballte Medienaufmerksamkeit auf den Einsturz der Mine San José hatte jedoch zur Folge, dass mindestens drei voneinander unabhängige Ermittlungsverfahren eingeleitet wurden: der chilenische Kongress, die Staatsanwaltschaft sowie ein Team privater Anwälte, die im Namen der Familien ermittelten. Präsident Piñera warnte: »Es wird keine Straffreiheit geben« für die Verantwortlichen. Anschließend setzte er die Führung von Sernageomin, der staatlichen Behörde für Bergwerksicherheit, ab und entließ drei führende Beamte. Dokumente, die in den Büroräumen von San Esteban Primera, dem Bergbauunternehmen, dem die Mine San José gehört, in Santiago beschlagnahmt wurden sowie Ermittlungen der Regierung führten unweigerlich zu der Frage, wie es denn möglich war, dass die unselige Mine nach etlichen tödlichen Unfällen wiedereröffnet worden war. Unter der Annahme, dass mindestens einer der vermissten Bergmänner tot war, arbeiteten die Staatsanwälte eine Anklagestrategie aus, die den Vorwurf des Totschlags enthielt.

9. Tag: Samstag, 14. August

Sougarret fürchtete, dass er letztlich den Kopf hinhalten musste für eine »Rettung«, die mit einer Zählung der Toten endete, und ordnete deshalb einen Wechsel der Technologie an. Die beiden am tiefsten vorgedrungenen Bohrungen wurden gestoppt und der gesamte Bohrkopf aus dem Boden herausgezogen. Wie er befürchtet hatte, war die Geschwindigkeit der größte Feind der Präzision und die schnellsten Bohrer waren vom Kurs abgekommen. Mit neuen Bohrteilen, die man eigens aus den Vereinigten Staaten und Australien eingeflogen hatte, war Sougarret zuversichtlich, dass die Bohrung die Richtung halten würde, allerdings mit einer deutlich niedrigeren Geschwindigkeit. Nachdem die Bohrer neu ausgerichtet und mit den neuen Technologien ausgestattet worden waren, wurde die Bohrung wieder gestartet.

Auf dem Gelände entwickelte sich eine positive Rivalität unter den neun verschiedenen Bohrmannschaften. Bei den Männern handelte es sich um alte Hasen des Geschäfts, eine Gruppe herumziehender Bohrleute, die im ganzen Norden Chiles unterwegs waren und ihre Dienste der Anglo American, Codelco und anderen Milliarden-Dollar-Unternehmen anboten. Die Bedingungen an der Mine San José kamen, gemessen am heutigen Standard des Bergbaus, fast schon dem Stand vor der Industrialisierung gleich. Während sie miteinander aßen, entwickelte sich das Kantinenzelt zu einer Art unternehmerischem Informationsaustausch; die Bohrmannschaften waren sich der historischen und einzigartigen Natur ihrer Mission bewusst. Die Methoden, die sich für die Suche nach Öl, Gas und Wasser eigneten, waren bei der Suche nach den Verschütteten nur zum Teil hilfreich. »Wenn wir nach Bodenschätzen bohren, geht man davon aus, dass die Bohrung um bis zu sieben Prozent abweichen wird; das ist normal und wird beinahe erwartet«, sagte Eduardo Hurtado von Terraservice, dem Bohrunternehmen, das Ausrüstung und Personal für die Suche nach den Bergleuten zur Verfügung stellte.

12. Tag: Dienstag, 17. August

Zum ersten Mal überquerte eine Bohrsonde die 600-Meter-Marke, allerdings verlor sie wegen eines Öllecks an Druck. »Diese Bohrung kann nicht korrigiert werden; sie zielt auf drei Stollen«, erklärte Minister Golborne den Medienvertretern. »Sie hat drei Chancen, Stollen zu finden; sie kann treffen oder fehlgehen.« Ähnlich einem Golfschlag über eine lange Strecke wurden die Bohrungen in einer sanften Parabel angelegt. Mit der Sonde sollte einer der auf dem Weg liegenden Stollen angebohrt werden. Auf die Verantwortung der Minenbetreiber angesprochen, sagte Golborne, diese Fragen könnten warten. »Hier konzentrieren wir uns auf das allerwichtigste Ziel: Kontakt zu den Männern aufzunehmen. Für uns hat es Priorität, sie zu finden. Viele Menschen melden sich freiwillig und arbeiten hier fleißig mit. Konzentrieren wir uns auf das Positive«, sagte Golborne. »Die Kosten und Zuständigkeiten haben Zeit. Unsere *Compañeros* unter der Erde nicht.«

13. Tag: Mittwoch, 18. August

Golbornes Warnung erwies sich als weitsichtig. Das Bohrloch, das dem mutmaßlichen Aufenthaltsort der Männer am nächsten lag, passierte alle drei Stollen – und verfehlte alle drei. Während die Ingenieure besorgt die Anzeigen verfolgten, fraß sich die Bohrsonde mit einer gleichmäßigen Geschwindigkeit immer tiefer vor. Sobald die Sonde auf einen Hohlraum stieß, würde man das sofort merken – doch die Bohrer fraßen sich pausenlos durch massives Gestein. In einer Tiefe von 720 Metern wurde die Bohrung gestoppt. Die Vorbereitungen für den blindlings vermuteten, ersten Kontakt wurden abgesagt. Stattdessen machte sich Verzweiflung breit, als Sougarret die Angehörigen über den aktuellen Stand informierte. »Diese Mine erfüllte nicht die entsprechenden Standards, auf die wir die Bohrarbeit hätten stützen können«, sagte er. »Ein Bergwerk muss die monatlichen Aktualisierungen abheften, über Pläne sämtlicher Arbeitsbereiche verfügen; hier waren sie nicht vorhanden. Deshalb entsprachen die Pläne nicht der Realität; die topografischen Informationen waren nicht präzise.«

Für Sougarret war es eine Qual, vor die verzweifelten Frauen zu treten. Er wusste, dass die Frauen, die ihn um Lösungen anflehten, kurz davor waren, Witwen zu werden. Die Rettung von 33 Männern aus einer Tiefe von 700 Metern war etwas völlig Neuartiges. Eine derartige Rettungsoperation war noch nie versucht worden. Tag für Tag mussten die Rettungshelfer sich etwas Neues einfallen lassen, entsprechend umsetzen und gegebenenfalls improvisieren. Viele Bergleute hielten die ganze Bohraktion für überflüssig; sie schlugen vor, die Kumpel mit der bewährten Technik zu retten: sich einen Weg durch den blockierten Stollen zu hacken und frei zu sprengen. Sie ließen sich auch von PowerPoint-Demonstrationen der Regierungsvertreter über die Breite und Stärke der Felsmasse, die den Mineneingang blockierte, nicht von ihrem Vorhaben abbringen.

Von den ungeduldigen Familienangehörigen angespornt, protestierte eine Gruppe lokaler Kumpel – lauter gestandene Männer, die ohne Weiteres einen ganzen Tag lang den Pickel schwingen konnten. »Lasst es uns versuchen«, forderten sie. Die Angehörigen standen hinter ihnen. Vor lauter Frust über die Verzögerungen und Fehlschläge war selbst eine halb ausgegorene Idee einen Versuch wert. Aber Golborne war dagegen. Die aufmüpfigen Kumpel schlossen sich zusammen und marschierten in Richtung Eingang, doch ein Polizeikontingent verstellte ihnen den Weg. Da man Schwierigkeiten befürchtete, wurden eilends 30 weitere Polizisten angefordert. Sie brachten einen gepanzerten Wasserwerfer mit. Das Gefährt mit dem Spitznamen »El Guanaco« nach dem Lama-ähnlichen Tier, das in dieser Wüste heimisch ist und bekanntlich spuckt, war allen Chilenen wohlbekannt. Der Wasserdruck konnte einen Erwachsenen zu Boden werfen; an dem Tränengas konnten kleine Kinder ersticken. Die Seiten des Wasserwerfers waren mit Dellen und Kratzern aus früheren Schlachten übersät.

Regierungsvertreter drängten Sougarret, die abtrünnige Gruppe gehen zu lassen, entweder ganz offiziell, oder er sollte einfach darüber hinwegsehen, was sie taten. Doch Sougarret blieb standhaft – jede Option, die mit hoher Wahrscheinlichkeit zur Folge hatte, dass einer der Helfer eingeschlossen wurde oder umkam, würde ihn vermutlich seinen Job kosten. Ein alter Kumpel trat an Sougarret heran. Er erklärte ihm, dass sein Sohn in der Mine eingeschlossen sei. Wenn er sein eigenes Leben riskieren wolle, um seinen Sohn zu retten, könne er nicht einsehen, wo hier ein Problem liege.

»Er kam zu mir und fragte mich, was ich getan hätte, wenn es mein Sohn wäre«, sagte Sougarret. »Das saß. Das wollte mir nicht mehr aus dem Kopf.«

KAPITEL 5

17 Tage Stille

4. Tag: Montag, 9. August

Wie jeder Kommandeur eines Zugs wusste Mario Sepúlveda genau, dass die Loyalität zu einer Gruppe beim eigenen Magen anfängt und dann in die bewussteren Zonen des Gehirns wandert. Da seine *Compañeros* Hunger litten, angespannt und gespalten waren, machte sich Sepúlveda auf die Suche nach Essbarem. Er nahm den Deckel eines Ölfilters und drehte ihn um – schon hatte er einen Kochtopf! Mit Thunfisch aus der Dose und Wasser bereitete er eine dünne Brühe zu. Ein Mahl wäre zu viel gesagt, aber die Kumpel bekamen immerhin etwas zwischen die Zähne, das nach Fisch schmeckte und entfernt an etwas Essbares erinnerte. Die Männer aßen gemeinsam, beteten, fotografierten sich gegenseitig mit José Henríquez' Handy (dem einzigen, das noch funktionierte) und ruhten sich aus. Es war eine kurze Atempause von dem Wahnsinn. Mehrere Kumpel bezeichneten dies später als einen Schlüsselmoment beim Aufstieg Sepúlvedas zum Chef.

Nach vier Tagen, als der Staub sich gelegt hatte und ihnen immer noch der Kopf schwirrte, fingen die Kumpel an, jeden Winkel des Bergwerks zu erkunden. Sie suchten nach Fluchtwegen und untersuchten das Wasser, das in der Mine aufbewahrt wurde. Seit man die Behälter gefüllt hatte, waren jedoch Monate vergangen, und José Ojeda, ein dicklicher Mann mit schütterem Haar und einer schweren Diabetes, bezeichnete die abgestandene Flüssigkeit als so ekelerregend, dass er eine andere Variante vorzog: Er trank den eigenen Urin. »Ich sagte es den anderen, und sie hielten mich für verrückt«, sagte er. »Ich wusste, dass die ›Uruguayos‹ es genauso gemacht hatten.«

Wenn die Kumpel von »Los Uruguayos« sprachen, verwendeten sie eine Art Code, um eine direkte Auseinandersetzung mit ihrer größten Angst zu vermeiden: dass sie nämlich schon bald gezwungen wären, einander aufzuessen. Im Jahr 1972 war ein Flug von Montevideo, Uruguay, nach Santiago, Chile, in einer abgelegenen Gegend der Anden, an der Grenze zwischen Argentinien und Chile, abgestürzt. Eine Gruppe junger Uruguayer, die zu einem Rugbyspiel wollten, überlebte auf wundersame Weise. Nach tagelangem Hungern fingen die Männer an, die beim Absturz und der darauffolgenden Lawine umgekommenen Mannschaftskameraden zu essen. Anfangs kauten sie auf dem zähen, rohen Fleisch herum, später tauten sie die gefrorenen Leichname auf und bereiteten das Fleisch auf erhitzten Wrackteilen aus dem Rumpf zu. Nando Parrado und Roberto Canessa, zwei Überlebende, irrten zehn Tage lang durch die Berge, bis sie endlich von einem chilenischen Rancher gefunden wurden. Ihre Story schockierte die ganze Welt. Für Chilenen war »Los Uruguayos« nicht nur eine Fußnote der Geschichte, sondern eine grausame Realität, die sich an der Grenze ihres Landes ereignet hatte. In der Mine begleitete das Schreckgespenst des Kannibalismus die Männer vom ersten Tag des Hungers an.

Victor Zamora, ein Mann mit buschigen Haaren und Bob Marley im Kopf, hatte sich ein Marihuanablatt an die Innenseite des Arms tätowieren lassen. Vom ersten Moment an, als er in der Mine eingeschlossen wurde, war er überzeugt, dass er in der Hölle gelandet sei. Zamora, der nie ein religiöser Mensch gewesen war, fügte sich in die neuen Gegebenheiten, indem er sein Schicksal in Gottes Hand legte. Er riss einen Witz nach dem anderen und hatte nur den Wunsch, dass es ein friedliches Finale werde, wenn dies schon das Ende sei. »Unsere einzigen Möglichkeiten waren warten [auf die Rettung] oder sterben«, sagte Zamora.

Der Schichtführer Urzúa verbrachte zwar viele Stunden damit, die täglichen Aufgaben zu organisieren, war aber in seiner Schicksalsergebenheit ähnlich passiv. Er sagte den Kameraden: »Wenn sie uns finden, ist es gut, wenn nicht, dann war's das.« Urzúa hatte unter den eingeschlossenen Bergleuten zwar den höchsten Rang, aber der wohlerzogene Mann mit der leisen Stimme zeichnete sich nicht durch die Qualitäten eines Kommandeurs aus. Diese Haltung und sein Status eines Neuankömmlings standen in einem krassen Gegensatz zu Sepúlvedas wild entschlossener, hyperaktiver Führung.

Sepúlveda und Urzúa erhielten schon bald die wichtigste Aufgabe: die Kontrolle über die rasch schwindenden Lebensmittelvorräte. Sie gingen ganz richtig davon aus, dass sie tagelang eingeschlossen bleiben würden. Anfangs nahmen die Männer ihre winzige Portion alle zwölf Stunden zu sich. Aber schon vor Ende der ersten Woche wurden die Mahlzeiten auf alle 24 Stunden beschränkt. Ihre Notration wurde in winzige Portionen aufgeteilt: ein Esslöffel Thunfisch, dazu ein halbes Glas Milch oder Saft und ein Kräcker. Nachdem sie sich versammelt hatten, warteten die 33 Männer ab, bis jeder seine Portion bekommen hatte, und nahmen dann die karge Mahlzeit zu sich.

Die Entscheidungen wurden nicht von Urzúa, Sepúlveda oder Mario Gómez diktiert, auch wenn Gómez wegen seiner klugen Ratschläge und langjährigen Erfahrung großen Respekt genoss. Als die Tage verstrichen, diskutierten die Kumpel weiterhin alle Entscheidungen gemeinsam und stimmten ab, wenn sie nach Anhörung der Meinungen zu einem Konsens oder einer Einigung gelangt waren. Sepúlveda übernahm inoffiziell die Rolle des Moderators – indem er sich als ständiger Ansprechpartner präsentierte, spielte er jedem Einzelnen und der ganzen Gruppe etwas vor. »Ich hielt mich vor den anderen gerade«, sagte Sepúlveda, »aber wenn sie schliefen, weinte ich. Ich wünschte, ich hätte einen Zauberstab, mit dem ich ein Bett oder Essen herbeizaubern könnte.«

Mit der Einführung eines demokratischen Systems etablierten die Kumpel einen rudimentären Ordnungssinn, indem sie die täglichen Routineabläufe und Aufgaben regelten. Sepúlveda übernahm die Verantwortung und wies jedem Einzelnen eine spezielle Aufgabe zu. Bei den Elektromechanikern, Elektrikern, Ingenieuren und Bedienern schwerer Maschinen wusste Sepúlveda genau, wie man sich deren Wissensschatz zunutze machen konnte. »Ich sagte einfach zu Ariel Ticona und Pedro Cortés: ›Du und du, ihr seid für die Technik zuständig‹. Ich gab allen hier unten etwas zu tun. Das war meine Idee.«

Ungeachtet der Führungsrolle Sepúlvedas erwiesen die Kumpel Urzúa den Respekt, der einem Vorgesetzten gebührte, und entthronten den Schichtführer nie. »[Urzúa] ist auf seinem Gebiet eine Führungsperson, und das schon seit Jahren. Er wird von seinen Kollegen anerkannt«, sagte Andrés Llarena von der chilenischen Marine. »Für einen Bergarbeiter ist der Schichtführer sakrosankt. Sie kämen nie auf den Gedanken, ihn abzusetzen. Das ist in Stein gemeißelt; es ist eines der Gebote im Leben eines Bergarbeiters.«

Die Männer überlebten, indem sie einen strengen Tagesablauf einhielten, zu dem Gebete und Versammlungen zählten, und indem sie die körperliche Betätigung auf ein Minimum beschränkten, auf das absolut Notwendige. Eine Aufgabe, die für notwendig erachtet wurde, war es, die Decke zu richten. Das hieß, dass eine Gruppe nach losen Felsen an der Decke Ausschau hielt und sie gezielt auf den Boden krachen ließ, um die Wahrscheinlichkeit zu verringern, dass ein Kollege von herabstürzenden Felsen getroffen wurde. Je mehr die Männer arbeiteten, desto mehr Anzeichen für einen zivilisierten Umgang miteinander traten zutage, weil sie in einem Team zusammenfanden. Mithilfe einer rudimentären Beleuchtung, die Edison Peña erfunden hatte, und mit aufgeladenen Stirnlampen waren die Männer imstande, den Wechsel von Tag und Nacht zu simulieren, indem sie alle zwölf Stunden das Licht ausschalteten.

Das Licht ließ ihre Lage nicht mehr ganz so düster erscheinen und sorgte für den schwachen Anschein einer Normalität in ihrer fast schon außerirdischen Umgebung.

Das Licht gestattete es ihnen außerdem, sich zu gemeinsamen Aktionen zu versammeln, etwa zu der Versammlung um 13 Uhr, wo sie Entscheidungen beschlossen, die alle betrafen. Nach dieser »Ratssitzung« beteten die Männer. Katholiken, Protestanten und Atheisten vereinigten sich zu einer einzigartigen Vision der Hoffnung, die von José Henríquez vorgegeben wurde. Die Männer nannten ihn sofort »den Pastor«. Henríquez' evangelische Predigten wurden von Victor Segovia notiert, dem designierten »Chronisten« der täglichen Pflichten der Männer. »Ich war Fahrer einer Planierraupe, und in der Fahrerkabine hatte ich Papier und einen Kugelschreiber, die trocken blieben, und deshalb wurde ich der Schreiber«, erklärte Segovia, der einige Jahre zuvor fast von einem Felsblock zerschmettert worden wäre. Nach dem Unfall musste er wochenlang in einem Ganzkörpergips verbringen. Jetzt wurde Segovias Notizblock zu einer Art Logbuch dieses unterirdischen »Schiffes«.

»Diese Männer waren an ihrem Arbeitsplatz eingeschlossen – sie waren keine Touristen, die kamen, um eine Höhle zu besichtigen. Sie wussten, wie man sich in dieser Umgebung durchschlägt«, sagte Dr. Llarena. »Sie hatten regelmäßig zehn bis zwölf Stunden in der Hitze und Feuchtigkeit dort unten verbracht, und genau das taten sie jetzt auch. Es war eine lange Schicht, gewiss, eine sehr lange Schicht, aber dennoch eine Schicht.«

Miguel Fortt betonte, dass die Kumpel schon vor dem Einsturz als Team organisiert waren. »Das ist so ähnlich wie ein Schiffbruch«, sagte Fortt. »Sie [die Bergleute] mussten sich in einer Weise organisieren, die das Überleben der größtmöglichen Zahl an Menschen förderte – das ist etwas, das wir in den Genen haben. Der Überlebensinstinkt ist unglaublich stark.«

Mit einem riesigen Wasservorrat und einer begrenzten, aber ausreichenden Luftzufuhr bereitete vor allem die Ernährung Kopfzerbrechen. Die winzigen Tagesrationen (grob geschätzt 25 Kalorien über den Thunfisch und 75 Kalorien über die Milch) waren bei Weitem nicht ausreichend. In Anbetracht des so gut wie unbegrenzten Wasservorrats hatten die Männer eine Lebenserwartung von vier bis sechs Wochen – möglicherweise weniger, weil Menschen häufig schon früher an Infektionen sterben, die bei der geschwächten körperlichen Verfassung einen weit schwereren Verlauf nehmen konnten. Die ununterbrochene Hitze zwang ihren Körper, bei dem Versuch, sich abzukühlen, Kalorien zu verbrennen. Gleichzeitig wurden dem Körper über den andauernd fließenden Schweiß Elektrolyte entzogen.

Viele Kumpel waren übergewichtig gewesen – ein Vorteil, wenn der Körper gezwungen wird, jedes Pfund Fett in schätzungsweise 3600 Kalorien umzuwandeln. Die stämmigeren Männer könnte man mit Seehunden in einer mageren Jagdsaison vergleichen: Ihr Körper zehrte das gespeicherte Fett auf. Die ersten Tage waren jedoch absolut brutal, weil der Hunger sie erbarmungslos quälte. Bei den Dünneren hingegen ging die Umwandlung von Fett rasch zum nächsten Energiespender über: zur Muskelmasse.

Während ihre Muskeln abnahmen, bemerkten die Männer eine ungewöhnliche Wucherung: Leicht pelzige Flecken bildeten sich auf ihrer Haut an Brust und Beinen. Die Schweiß treibende Hitze und die ständige Luftfeuchtigkeit erwiesen sich als idealer Dünger für einen widerstandsfähigen Pilz, der in der Umgebung keimte und sich dann über den ganzen Körper ausbreitete. Lippengeschwüre und offenes Fleisch fingen in den Mundhöhlen der Männer an zu eitern – ein Indiz, dass diese für Menschen unerträgliche Umgebung der ideale Nährboden für Infektionen war.

Yonni Barrios, genannt »Chico Yonni«, wurde gewissermaßen der »Notarzt« der Gruppe. Der kleine, zerbrechlich wirkende Mann, der jahrelang medizinische Texte überflogen oder Aquarelle gemalt hatte, hätte am Tag des Einsturzes eigentlich gar nicht in der Mine sein müssen. Er hatte bereits seine Siebentagewoche hinter sich und hätte planmäßig einen Tag freigehabt. Aber er hatte es sich anders überlegt, als ihm der doppelte Tageslohn angeboten worden war, wenn er blieb. In der Mine hatte Barrios kaum Zeit, sein Los zu beklagen; unablässig fragten die Männer ihn wegen irgendwelcher Beschwerden um Rat.

»Er wollte immer Arzt werden, er liest so viel, und er weiß wirklich alles über Medizin«, sagte Marta Salinas, seine Frau. »Er verabreichte seiner Mutter Injektionen und las unablässig weiter.« Während er die Männer untersuchte, Ratschläge gab und versuchte, sie aufzumuntern, gaben die Kumpel Barrios einen neuen Spitznamen. In der Mine war er jetzt »Dr. House«.

Nicht alle Männer waren imstande, langfristige Aufgaben zu übernehmen. Nachdem sich Pablo Rojas am ersten Tag der Gefangenschaft von einem fürchterlichen Kater erholt hatte, war er nunmehr vollauf damit beschäftigt, die Dämonen in seinem Kopf los zu werden. Der Mann mit dem Mondgesicht und einer gemächlichen Art, die Ruhe ausstrahlte, hatte seinen kranken, alkoholsüchtigen Vater ein Jahrzehnt lang bis zu seinem Tod eine Woche vor dem Einsturz gepflegt. Nicht genug damit, dass er den Tod seines Vaters, zeit seines Lebens ein Bergarbeiter, noch nicht überwunden hatte, auch der ganze Papierkram, der nach einem Todesfall in der Familie anstand, war noch nicht erledigt. Er konnte das Bild von seinem Vater nicht aus seinem Kopf vertreiben. Es war die reinste Folter für Rojas, in der Mine eingeschlossen zu sein.

Rojas suchte die Höhle nach etwas Essbarem ab. »Es gab weder Käfer noch Ratten in der Mine«, sagte er. »Sonst hätten wir sie gegessen, mit Sicherheit.« Rojas hatte sich in dem Bergwerk nie sicher gefühlt. Er hatte immer das Gefühl gehabt, dass eine Tragödie unmittelbar bevorstünde. Im Jahr 2005 hatte er seinen Job in der Mine San José sogar aus diesem Grund gekündigt. Aber im Jahr 2010 war er zurückgekehrt, weil der hohe Lohn ihn angelockt hatte. Jetzt war er empört, über die Betreiber, über die Mine und über sich selbst – wie konnte das nur passieren? Wie konnte er so dumm sein, sich ausgerechnet zu dem Zeitpunkt, als der längst angekündigte Unfall eintrat, in der Mine aufzuhalten?

5. Tag: Dienstag, 10. August

Am fünften Tag ihrer Gefangenschaft war ein schwaches Grollen bis zu den Männern zu hören. Das ferne Echo war unbestreitbar ein Geräusch, das jeder Bergarbeiter wiedererkannte: Eine Bohrung näherte sich ihnen. Einige schrieben später, sie hätten die Vibrationen bereits am 9. August, also dem vierten Tag ihrer Gefangenschaft gespürt; andere bestehen jedoch darauf, dass es der 10. August war. Da so gut wie alle Bezugspunkte wie Sonne, Mond und Sterne hinter Hunderten von Metern massiven Gesteins verborgen waren, ist das zeitliche Erinnerungsvermögen der Männer alles andere als exakt – und im Grunde irrelevant, verglichen mit dem einmütigen Gefühl der Hoffnung, das alle bei dem fernen Bohrgeräusch durchströmte.

Alex Vega hielt ein Bambusrohr an die Wand, verstärkte so das Geräusch und lieferte den eindeutigen Beweis, dass eine Bohrung in ihre Richtung zielte. Vegas Begeisterung ließ jedoch deutlich nach, als er schon bald feststellte, dass das Rohr von jedem Punkt des fast zwei Kilometer langen Tunnels aus ein ähnliches Gefühl der Nähe vermittelte. Nur zwei Männer hatten jemals mit Bohrsonden gearbeitet und wussten, dass die Wahrscheinlichkeit eines Scheiterns bei diesem Verfahren hoch war. »Ich sagte ihnen, dass es die ersten 50 Meter schnell gehen würde, aber danach kommt die Bohrung langsamer voran«, sagte Jorge Galleguillos, der neben José Ojeda bereits eigene Erfahrungen mit Langstreckenbohrungen gemacht hatte.

Da die Warnung Galleguillos den Männern wenigstens ebenso laut in den Ohren hallte wie das Bohrgeräusch, wurde das Grollen für sie Ermutigung und Albtraum zugleich. Eine Rettung war inzwischen eingeleitet worden, doch das Geräusch war so schwach und fern, den Männern wurde klar, dass es bei einer Tiefe von 700 Metern Wochen dauern würde, bis ein Tunnel gebohrt war. Überdies war eine extrem hohe Präzision nötig, um sie zu finden. Selbst in weichem Gestein drangen die Maschinen selten mehr als 90 Meter täglich vor, und die Kumpel wussten, dass dieser Berg aus einem der härtesten Gesteine bestand, dem sie je begegnet waren: einem Gestein, das doppelt so hart wie Granit war. Für kurze Zeit waren die Männer in Hochstimmung, aber Hunger und Angst wurden nicht von einer Bohrung gelindert, die so klang, als komme sie von einem anderen Planeten.

Nachts schreckten manche Männer aus dem Schlaf auf und brüllten die Bohrer an: »Macht schon, ihr Hurensöhne, wann brecht ihr endlich durch? Verdammte Arschlöcher!« Die Männer fielen dann in einen unruhigen Schlaf und wachten zwei Stunden danach wieder auf und verfluchten die Wände.

Die Essensrationen wurden nochmals verkleinert. Nach dem 24-Stunden-Rhythmus beschlossen die Männer, künftig nur noch einmal alle 36 Stunden zu essen – eine winzige Nahrungszufuhr, die dem Körper kaum das Gefühl vermittelte, dass er genährt wurde. Wegen Hunger und Erschöpfung beschränkten sich die Kumpel auf minimale Bewegungen. Sie verbrachten den Tag im Schlaf auf Pappkartons und sparten den letzten Rest von Energie, den sie noch hatten. Sie nahmen so wenig feste Nahrung zu sich, dass sich der Dünndarm der Männer zusammenzog. »Gott gab mir die Kraft, die Angst und den Hunger, die wir erlitten, zu besiegen«, schrieb Raúl Bustos später in einem Brief an seine Frau Carolina. »Hier unten wurden wir beinahe bewusstlos. Ich betete und bat für uns alle, dass wir, wenn der Tod kam, es gut aufnehmen würden.«

Am elften Tag brach Sepúlveda zusammen. Der Druck und die Belastung der extrem großen Verantwortung, die er sich auferlegt hatte, waren zu viel. Er weinte, lag nur im Bett. Der Kapitän der Mission hatte nunmehr selbst Schiffbruch erlitten.

Die anderen Männer eilten ihm zu Hilfe. Es war für die ganze Gruppe lebenswichtig, Sepúlveda wieder zu beruhigen.

»Du darfst nicht gehen, Mario. Ohne dich schaffen wir es nicht«, flehte Victor Zamora.

»Wir waren wie eine Familie«, sagte Samuel Ávalos. »Wenn einer fiel, dann half man ihm wieder auf die Beine. Aber er gab auf. Er brach einfach zusammen, warf das Handtuch. Als Gruppe hatten wir Verständnis dafür, welch großem Druck er ausgesetzt war, aber wir gaben ihm auch zu verstehen, dass er nicht einfach das Schiff im Stich lassen konnte. Wir hatten ihm diese Führungsrolle übertragen.«

Die Gruppe schaffte es, Sepúlveda wieder aufzurichten. Zamora erzählte ihm Witze. Ávalos machte lange Spaziergänge mit ihm. »Ich sagte zu ihm: ›Mach uns keinen Kummer, Perry. Wir müssen hier wieder raus.‹«

Als Sepúlveda schließlich neuen Mut fand, wuchs die Gruppe noch mehr zusammen. Mehr denn ja achteten sie ihren exzentrischen Führer. Alex Vega sagte: »Mario hatte uns selbst mit seinem Wahnsinn gerettet.«

Die 33 Bergleute wurden ungewollt Objekte eines grausamen Versuchs, einer einzigartigen psychischen Herausforderung, die kaum ein Mensch jemals durchgemacht hatte. Von der Erdoberfläche abgeschnitten lebten sie in einem Tunnel, ohne natürliches Licht und ohne natürlichen Laut (abgesehen von dem Plätschern des Wassers). Stattdessen waren sie einer unberechenbaren, aber anhaltenden Geräuschkulisse ausgesetzt, vor allem dem Kreischen, Ächzen und Krachen von Gestein.

Genau wie die Mine standen auch die Männer unter einer enormen Belastung. »Zu dem, was sich dort unten in der Mine abspielte, gehören etliche Dinge, die zusammengenommen einer Folter gleichkamen. Sie waren unter der Erde eingeschlossen, das ist das Erste, in der Finsternis, das Zweite, keine Nahrung, drei, schlechtes Wasser … Diese Dinge summierten sich, die für sich genommen belanglos sind, aber alles zusammen ergibt das Rezept für einen potenziellen Nervenzusammenbruch«, sagt Dominic Streatfield, der Autor von *Brainwash,* einer umfassenden Studie zu Gehirnwäsche und Verhörmethoden. »Die bewährte Standardmethode eines Verhörbeamten ist Verunsicherung, Angst vor dem bevorstehenden Tod, Verlust des Zeitgefühls, Reizdeprivation, keine Routine. Diese Faktoren bringen Menschen völlig durcheinander und machen ihre Überzeugungen zunichte, und in der Mine waren viele von diesen Faktoren gegeben.«

Der junge Jimmy Sánchez halluzinierte immer noch und litt unter Albträumen. Er bildete sich ein, die Geister toter Kumpel würden in den Höhlen spuken. Halluzinationen kommen so häufig unter Alleinseglern, verirrten Forschern und einsamen Anglern vor, dass sie zu einer Legende oder einem Mythos wurden. Die verführerische Vision einer Meerjungfrau auf dem Meer ist die fantastische Erfüllung eines sehnlichen Wunsches. Der Geist eines toten Kumpels könnte durchaus der gleichen zerbrechlichen Denkart entsprungen sein. Während die Hitze ihrem Körper Wasser und Energie entzog, fingen viele Männer an, Gott zu suchen.

Mario Sepúlveda führte einmal eine Unterhaltung mit dem Teufel. »Ich ging zum Beten an einen Ort, der sehr abgeschieden war, an denselben Ort, wo Gino Cortés sein Bein verlor. Bei einem der Gebete betete ich sehr laut, und ein riesiger Felsbrocken fiel neben mich. Ich wusste, dass es nicht Gott war, sondern der Teufel. Er kam mich holen. Mir standen alle Haare zu Berge.« Sepúlveda fing an, den Stein anzuschreien: »Wie lange dauert es noch, bis du es endlich kapierst? Auch du bist ein Sohn Gottes, sei demütig!« Nach dieser Konfrontation ließ der Teufel Sepúlveda in Frieden.

Überall in der Mine sahen die Männer Schatten, Gestalten und Wesen, die sich kurz danach in Luft auflösten. »*Mineros chicos*« oder »kleine Kumpel« nannten sie die Erscheinungen. »Es gibt viele paranormale Dinge in dieser Mine«, sagte Sepúlveda mit dem Brustton der Überzeugung eines wahren Gläubigen. Statt sich selbst die 33 Männer zu nennen, gingen sie allmählich dazu über, von 34 zu sprechen – Gott war bei ihnen, er war der 34. Kumpel. Selbst die Nichtgläubigen fingen an zu beten.

Victor Zamora fing an, üppige Speisen zu beschreiben, von denen er nur träumen konnte: Steaks mit Tomaten und einem kühlen Bier. Nur Alex Vega lehnte sich einigermaßen bequem zurück, er zählte zu den wenigen, die ein Bett hatten, weil er die Sitze aus einem Lastwagen ausgebaut und sie zu der wohl bequemsten Schlafgelegenheit in der Höhle umgewandelt hatte. Ein anderer Kumpel stellte Dominosteine her, indem er das Warndreieck zerschnitt, das er in einem der Fahrzeuge gefunden hatte. Andere Männer trafen sich in kleinen Gruppen und erzählten sich gegenseitig ihre Ängste und Träume, unternahmen lange Spaziergänge, wie Pärchen im Dunkeln.

Ariel Ticona stand eine ganz besondere Todesangst aus: Er war im Begriff, Vater zu werden – seine erste Tochter sollte in Kürze geboren werden, oder war sie es bereits? War die Geburt gut verlaufen? Und wie ging es der Mutter? Die meisten Männer lebten nur für den Tag der Rettung aus diesem Loch, aber Ariel Ticuna hatte ein anderes Datum im Kopf: den 20. September, der Tag, an dem seine Tochter geboren werden sollte. »Es machte mir nichts aus, 15 Tage lang ohne Essen auszukommen, mit genügend Wasser kann man den Bauch füllen«, sagte er. »Ich war auch zu einem weiteren Monat bereit.«

»Ich gab mich auf«, sagte hingegen Richard Villarroel, der in weniger als einem Monat zum ersten Mal Vater werden sollte. »Ich verlor 28 Pfund und hatte Angst, mein Baby nie zu Gesicht zu bekommen. Wir waren so abgemagert … Ich schaute mich um und sah meine *Compañeros,* die in einem so schlechten Zustand waren, das machte mir große Angst.«

Dennoch kämpfte Villarroel weiter. »Ich weiß nicht, woher ich die Kraft nahm. Mein Kopf war klar. Aber wenn ich vom Bett aufstand, wurde mir schwindlig. Ganz benommen taumelte ich vor und zurück … Aber ich ging hinunter zu Level 90, fand ein paar Rohrreste, stieg dann zu den anderen Ebenen hoch und goss Öl auf die Reste und verbrannte sie, weil ich Rauchzeichen nach oben schicken wollte.

Als Villarroel in höhere Ebenen gelangte, konnte er die primitive Botschaft »Los 33« an der Wand lesen sowie einen orangefarbenen Pfeil mit dem Wort »*refugio*«. In den ersten verzweifelten Tagen, als die Männer sich noch vorstellten, dass Rettungshelfer kommen würden, hatten sie mit Sprühfarbe den Weg zu ihrem Schutzraum markiert. Inzwischen wirkten die Botschaften wie Hieroglyphen aus einer anderen Zeit.

Während sie auf dem Boden lagen, unablässig miteinander redeten und langsam dahinsiechten, fiel Sepúlveda allmählich auf, dass die Männer einen kollektiven Traum lebten, eine utopische Vision, wie sie leben würden, wenn Gott und die Bohrmannschaften miteinander zusammenarbeiten und ihnen eine zweite Chance im Leben gewähren würden. Das Bohrgeräusch kam immer näher, aber in ihrem Delirium waren sie außerstande sich vorzustellen, was das bedeuten konnte.

»Wir hatten viele angenehme Momente, Scherze, hatten viel Spaß miteinander«, sagte Sepúlveda. »Einmal sagte wir: ›Wenn wir hier herauskommen, wird man uns zu einer Flugreise einladen, das Flugzeug wird abstürzen, und wir werden alle überleben: Die 33 Kumpel überleben wiederum.‹ Wir lachten alle über die Vorstellung.«

Da die Männer als Opfer einer absoluten Ungerechtigkeit vereint waren, fing Franklin Lobos, der Fußballspieler, an, über die Gründung einer gemeinnützigen Stiftung zu reden – ein kollektives Projekt, für das sie ihre Einkünfte zusammenlegen wollten. Auf der ganzen Welt wollten sie damit das Konzept menschenwürdiger Löhne und gesunder Arbeitsbedingungen fördern. Sie träumten von einem ewigen Pakt, sahen sich sozusagen als die 33 Musketiere: Einer für alle und alle für einen.

Das Phänomen, dass Extremsituationen eine positive, das Leben verändernde Haltung hervorrufen können, ist unter religiösen Lehrern längst bekannt, die zum Teil ganz bewusst fasten. Den eingeschlossenen Kumpeln fiel es nicht schwer, von Frieden und Einheit zu träumen, doch die Realität war viel instabiler. Die 33 Männer versammelten sich zwar zu wichtigen Entscheidungen, zum Gebet und zum Essen, aber eine Gruppe von fünf Bergleuten, ausnahmslos Subunternehmer und nicht direkt von den Minenbesitzern beschäftigt, wurde an den Rand gedrängt, »wie Bürger zweiter Klasse behandelt«, sagte ein Regierungsvertreter. Die langjährigen Bergleute hatten sowohl kulturell als auch sprachlich kaum etwas mit den Neuankömmlingen gemeinsam. Mehrere Sippen waren miteinander verwandt, Onkel, Vettern und Brüder waren über Blutsbande und eine Familientradition im Bergbau verbunden. Von den Verschütteten lebten 25 Männer keine zwei Stunden von der Mine entfernt, das hieß, dass sie alle den Dialekt der Wüste sprachen – einen harten Jargon des Überlebenskampfes, der mit seinem Wortschatz, Akzent und seinen Wertvorstellungen einen kulturellen Graben zu den Außenseitern schuf.

Der Schutzraum war zwar ein sicherer Ort zum Schlafen, aber es war dort auch brütend heiß und es roch wie in einem Umkleideraum, in dem wochenlang benutzte, feuchte Handtücher hingen. Der Gestank war so unerträglich, dass Omar Reygada eine schwere Planierraupe startete und die Tür eindrückte. Was die Männer einst gegen Staub und Schmutz geschützt hatte, wurde jetzt nicht mehr gebraucht. Reygada riss die ganze Vorderwand ein und kippte den Schutt weiter unten in den Tunnel. In dem Schutzraum hing immer noch der Gestank von zehn schmutzigen, schwitzenden Männern, aber hier und da machte wenigstens eine frische Brise die Luft erträglich.

14. Tag: Donnerstag, 19. August

Jeder Schlafplatz fing an, autonome Regeln und Regeln für das Zusammenleben aufzustellen. In Krisenmomenten wurden diese feinen Unterschiede jedoch von dem noch stärkeren Überlebensinstinkt überdeckt. Am 14. Tag waren die Kumpel sicher, dass die Bohrung sie finden würde – aber kam sie noch rechtzeitig? Die Männer arbeiteten einen ausgeklügelten Aktionsplan aus: Wenn die Bohrung kurz davor war, durch die Decke durchzubrechen, würden sie sich in alle Winkel des Stollens verteilen. Jeder hatte eine handschriftliche Notiz bei sich und klare Anweisungen, den Brief an der Bohrsonde zu befestigen. Zudem waren die Kumpel mit Sprühdosen (die in der Regel von Topografen verwendet wurden) bewaffnet, um den Bohrerschaft orange zu färben und so der Rettungsmannschaft zu signalisieren, dass hier zumindest ein Mann noch am Leben war. Schweres Gerät wurde vorbereitet. Die Kumpel stellten sich darauf ein, mithilfe der Fräsmaschine, meist Jumbo genannt, den Stollen zu erweitern und so zu dem Bohrschacht zu gelangen. Ein Planierraupen-ähnliches Fahrzeug, das sie nur »Schaufel« nannten, sollte den Schutt wegräumen.

Als der Bohrkopf Zentimeter für Zentimeter näher kam, erreichte die Begeisterung in der Mine ihren Höhepunkt.

Die Männer liebten das Geräusch der Bohrung. Seit 24 Stunden hatten sie nunmehr aufgeregt über ihre Zettel und

Pläne diskutiert, um den Rettungshelfern zu signalisieren, dass sie noch am Leben waren. Die Männer spürten das Hämmern der Meißel direkt über ihnen. Die Rettung war nahe. Dann lief es allen eiskalt den Rücken runter, als ihnen klar wurde: Der Bohrer arbeitete zwar weiter, aber inzwischen befand er sich unter ihnen. Die Sonde hatte sich 700 Meter durch den Fels in Richtung der Männer durchgefressen und sie verfehlt. Die Männer rannten zu einer tieferen Ebene und erlebten dort noch einmal die gespannte Erwartung und erneut die Enttäuschung. Gut 25 Meter unter ihnen stoppte die Bohrung. Die Männer gerieten in Panik, als das Geräusch plötzlich abbrach. Die Stille war ohrenbetäubend. Edison Peña schrie los, sie würden alle sterben. José Henríquez sagte den Männern, sie sollten auf Gott vertrauen.

»Die Männer verloren allmählich jedes Zeitgefühl, Verzweiflung machte sich breit. Sie konnten nichts anderes tun als schlafen, Männer wie Claudio Yáñez. Ich spürte allmählich, dass drei Viertel der Männer von diesem Gefühl angesteckt waren. Ich weinte und weinte, aber ließ es nie die anderen sehen. Der Kreis sollte sich in Kürze schließen. Der Kreis des Todes«, sagte Samuel Ávalos. »Es brach mir das Herz, Richard Villarroel zu sehen – seine Frau war schwanger. Osman Araya hatte kleine Kinder. Ich dachte, ich habe immerhin nur ein kleines Kind, die anderen sind wenigstens schon älter. Ich stellte mir vor, dass ich nie wieder die Oberfläche sehen würde. Ich machte mir Sorgen um meine Gefährten. Sie hatten kleine Babys, schwangere Frauen. Das brach mir das Herz … Meine Gefährten weinen sehen, das war so verdammt hart. Jeder würde zusammenbrechen, wenn er das mit ansehen muss, jeder.«

»Das war der finsterste Moment, als wir zur tiefsten Ebene des Bergwerks gingen und spüren konnten, dass die Bohrung fehlgegangen war«, sagte Alex Vega. »Viele Männer beschlossen zu sterben. Sie fingen an, Abschiedsbriefe zu schreiben, Victor [Zamora] als Erster, dann Victor Segovia und Mario Sepúlveda.«

»Wir saßen im Wartezimmer des Todes: Ich wartete auf den Tod und war ganz ruhig. Ich wusste, dass jeden Moment das Licht ausgehen würde und es wäre ein würdevoller Tod«, sagte Mario Sepúlveda. »Ich richtete meinen Schutzhelm, meine Sachen, rollte meinen Gürtel auf und stellte meine Arbeitsschuhe ordentlich hin. Ich wollte als Kumpel sterben. Wenn sie mich fanden, sollten sie mich voller Würde finden.«

Für Claudio Yáñez barg der Gedanke an den bevorstehenden Tod keinen ähnlichen Frieden. Seit Tagen hatten die Kameraden Andeutungen fallen lassen, dass es an der Zeit sei, zu drastischen Maßnahmen zu greifen, an der Zeit, den mageren Neuling Yáñez aufzuessen, der erst seit drei Tagen in der Mine gewesen war. Von Zeit zu Zeit meinte Yáñez, dass sie im Spaß redeten, aber das reichte nie aus, um die harte Wahrheit zu verdrängen: Der erste Tote wurde aller Wahrscheinlichkeit nach zu Nahrung für die übrigen umgewandelt.

Daniel Sanderson, ein junger Kumpel, der in der Mine San José arbeitete, aber nicht zu dieser Schicht gehörte, wurde später ein Vertrauter von mehreren Eingeschlossenen. Sie schrieben ihm Briefe, in denen sie den Hunger schilderten. »Sie glaubten tatsächlich, dass sie sich gegenseitig aufessen würden«, sagte er.

Am 15. Tag nahmen sie ihre letzte Essensration zu sich. Der Prediger José Henríquez drängte alle, sich bei den Händen zu halten und darum zu beten, dass sich die beiden Dosen Thunfisch auf wundersame Weise verdoppelten. Die Männer gehorchten und legten gemeinsam ihre Hände auf die Proviantkiste. Sie hatten nichts zu verlieren, und alle waren sich einig, dass Henríquez ein Retter und eine alle einigende Kraft gewesen war. Manche Männer schmunzelten und machten Witze, während sie Gott anflehten, Thunfisch zu schicken.

Am 16. Tag, dem 21. August, war Mario Sepúlveda sich sicher, dass er sterben würde. Mittlerweile erbrach er sogar das verunreinigte Wasser. Er schrieb einen letzten Brief, einen Ratschlag an Francisco, seinen 13-jährigen Sohn. »Denke an Tapferes Herz, den Krieger, der seinen Stamm beschützte. Genau das musst du jetzt tun, kümmere dich um deine Mutter, deine Schwester und beschütze sie … du bist jetzt der Mann im Haus.«

KAPITEL 6

Eine Quelle des Glücks auf der Sohle der Mine

16. Tag: Samstag, 21. August

An einem öden, von Felsbrocken übersäten Hang etwa einen Kilometer oberhalb des Eingangs zur Mine San José arbeiteten Eduardo Hurtado und sein sechs Mann starker Bohrtrupp ohne Pause. Von der Bohrstelle aus konnten sie die verlassenen Büros der Mine sehen, zwei schlichte Holzhütten, die wie eine plötzlich verlassene Geisterstadt anmuteten – Schubladen standen offen, Akten lagen auf den Schreibtischen. Auf den Fußböden hatte sich in den Tagen seit dem Unglück Wüstensand angesammelt, und die offenen Fensterflügel bewegten sich träge, sobald der Wind etwas auffrischte, was aus der Sicht Hurtados und seines Teams, die unter der heißen Wüstensonne schufteten, nicht oft genug geschah. Wind kam erst bei Nacht auf, wenn die Sterne am Himmel leuchteten und die Temperatur unter den Gefrierpunkt sank. Im Morgengrauen zog vom Pazifik her eine dichte Nebelwand das Tal herauf; sie sorgte für eine weitere, durchdringende Kälteschicht. Aber niemand beklagte sich. Das Wetter war die geringste Sorge dieser Männer, als sie eine Bohrspitze auf das 700 Meter tiefer liegende Ziel ausrichteten.

Der Bohrtrupp arbeitete rund um die Uhr, nur für Wartungsarbeiten, bei denen jeden halben Tag, um acht Uhr morgens und abends, Öl nachgefüllt und die Hydraulikflüssigkeit überprüft wurde, gab es eine kurze Pause. Dieser Versuch war eine von insgesamt neun Bohrungen, die unter der Gesamtleitung Sougarrets in Richtung des vermuteten Aufenthaltsorts der eingeschlossenen Bergleute vorangetrieben wurden. An jeder Bohrstelle arbeitete ein Team von sieben Leuten, aber die Vorgehensweisen und die verwendeten Bohrer variierten. André Sougarret, der Chefingenieur und Leiter der Rettungsarbeiten, hatte auf unterschiedliche Bohrtechniken gesetzt. Das Bohrloch 10B wurde mit einer sogenannten Lufthebebohrung (»reverse air technology«) vorangetrieben, mit der sich im günstigsten Fall Bohrfortschritte von bis zu 240 Metern pro Tag erzielen lassen. Wird das Ziel verfehlt, ist eine Richtungsänderung jedoch nur unter Schwierigkeiten möglich. Die langsamere, aber präzisere Diamantbohrung lässt dagegen Korrekturen im Verlauf des Bohrvorgangs zu.

Die neun Bohrlöcher wurden wie Sonnenstrahlen angesetzt, es sollten lange, diagonale Schächte vorangetrieben werden, in der Hoffnung, dabei auf einen Tunnel, die Fahrzeugwerkstatt oder sogar direkt auf den Schutzraum zu stoßen. Kartendarstellungen der Mine hatten die Ingenieure wiederholt in die Irre geführt, weil sie zum einen Dinge enthielten, die es gar nicht gab, andererseits aber Metallstützen, die einen Bohrkopf in Sekundenbruchteilen brechen ließen, einfach nicht anzeigten, was die Arbeit einer ganzen Woche zunichtemachen konnte. Bei einer normalen, auf eine Tiefe von 700 Meter angelegten Bohrung, bei der die Geschwindigkeit keine Rolle spielte, betrug die durchschnittliche Abweichung rund sieben Prozent, sodass man in weniger als 80 Metern Entfernung vom Zielpunkt anlangte. Bei diesem Vorhaben war das Ziel allerdings ein Schutzraum, der nur zehn Meter lang war und nicht mehr als 50 Quadratmeter einnahm.

Die Zeit für Essenspausen war knapp bemessen, und ein Gang zum Essensraum unten bei der Mine war eine unnötige Unterbrechung. Alle paar Tage brachte man ihnen eine Essenskiste mit 100 Sandwiches und Mineralwasserflaschen, die von den Besitzern von Santa Fé, einer benachbarten Eisenerzmine, gespendet worden war. Sie verfütterten die Reste ihrer Mahlzeiten an eine blaugrüne Eidechse, die in der Felslandschaft lebte.

»Normalerweise hätten wir einen Grill dabei gehabt und Fleisch oder Hühnchen braten«, sagte Hurtado. »Aber das war nicht die richtige Zeit zum Grillen, wir standen zu sehr unter Druck.« Hurtado, ein 53-jähriger Mann mit 20 Jahren Berufserfahrung als Bohringenieur, war außerordentlich zeitbewusst. Während er um weitere Bohrfortschritte kämpfte, vergingen die Tage wie im Flug. War es fünf Tage her, seit sie diese letzte Bohrung begonnen hatten? Sieben Tage? Jede Sekunde, die verging, brachte die Bergleute dem Tod näher – falls sie überhaupt noch lebten. Für viele Retter weiter unten am Berg waren die technischen Anforderungen, die sich mit einer 700 Meter tiefen Bohrung verbanden, eine einschüchternde, letztlich unbegreifliche Idee. Hurtados Team jedoch hatte eine präzise Vorstellung von dieser Aufgabe. Die Männer waren nach dem Einsturz der Mine innerhalb von 48 Stunden am Unglücksort eingetroffen und hatten in den darauffolgenden Wochen kaum geschlafen. »Wir alle pflegten einen obsessiven, fast gewalttätigen Umgang mit der Zeit«, sagte Hurtado. »Ich dachte, wir würden nur noch Tote vorfinden, wenn wir es nicht innerhalb der nächsten ein, zwei Tage schafften.«

16. Tag – in der Mine

Die Eingeschlossenen waren inzwischen so erschöpft, dass selbst der nur 30 Meter lange, die Rampe hinaufführende Gang zum Bad eine große Anstrengung bedeutete. Die zähen Bergleute, Männer, die regelmäßig Zehn-Stunden-Schichten absolvierten, bei denen sie heftig schwitzten, rauchten und auf den Berg einhackten, waren jetzt teilnahmslos geworden. Ihr Überlebenswille war vom Nahrungsmangel und einem Gefühl des Im-Stich-gelassen-Seins zermürbt worden. Das Einsparen von Energie war zu einer grundlegenden Körperfunktion geworden. Alex Vega lag auf dem feuchten, felsigen Boden und sah sich um. Seine *Compañeros* lagen auf dem Bauch und unterhielten sich, sie standen nur selten auf. »Wir legten uns einfach hin«, sagte er, »Gehen war zu anstrengend.«

Der Gesundheitszustand der Männer verschlechterte sich rapide, sie standen kurz vor einer Entwicklung, die Jean Romagnoli, ein mit der Überwachung der körperlichen Verfassung und Ernährung der Männer beauftragter chilenischer Arzt, als Todesspirale bezeichnet. »Wenn ihr Zustand noch auf diesem Niveau war«, sagte er und hielt dabei seine Hand hoch, »wären sie innerhalb von zwei Tagen so weit abgestürzt…«, worauf die Hand wie eine Guillotine nach unten fuhr. Selbst eine einfache Infektion, die Durchfall auslöste, war jetzt ein potenzielles Todesurteil.

»Ich halte das nicht mehr lange durch«, schrieb Victor Zamora am 21. August in seinem Abschiedsbrief. »Ich kann meiner Frau und meinen Kindern nur sagen, dass es mir leidtut.«

Das vielfache Bohrgeräusch, das auf die Männer zukam, riss nicht ab. Aber die Echos und akustischen Sinnestäuschungen in der Mine ließen es nicht zu, dass die Eingeschlossenen die genauen Bohrrichtungen erkannten. Was so klang, als würde es genau auf sie zukommen, konnte das Ziel in Wirklichkeit Dutzende von Metern verfehlen. Der Optimismus war gedämpft angesichts des vor zwei Tagen erlebten Fehlschlags. Dennoch waren die Männer äußerst wachsam. Sie wussten, was zu tun war, wenn ein Bohrer durchbrach – sie hatten das oft geübt und entsprechende Strategien entwickelt. Sie hatten schon zweimal alles vorbereitet. Würden sie jetzt eine letzte Chance bekommen?

16. Tag – Rettungsaktion über Tage

»Sonde 10B« hatte am Samstag, 21. August, zur Nachmittagszeit eine Tiefe von 644 Metern erreicht und war weniger als 50 Meter vom Ziel entfernt. Dass die Bohrtechniker sich dem Ziel so verlockend nah fühlten, ist den Dimensionen dieses Vorhabens geschuldet. Bei vielen anderen Rettungsaktionen wäre eine Bohrung durch eine 50 Meter dicke massive Felsdecke eine große Aufgabe gewesen, hier war das nur die Endphase. Hurtado und sein Team wussten, dass das Bohrloch 10B innerhalb von weiteren zwölf Stunden die Zieltiefe erreichen würde. Sie wussten allerdings auch, dass die Bohrung ein kleines Stück von der vorausberechneten Linie abgewichen war.

Nelson Flores, der Cheftechniker, steuerte die Bohrung hochkonzentriert mithilfe eines präzisen Datensatzes von GPS-Koordinaten, der aus einer Software namens Vulcan übernommen wurde, einem Weltklasse-Arbeitsmittel, das es erlaubt, den Bohrverlauf präzise in digitale Karten zu projizieren. Die genaue Darstellung der durch Bohrlochsonden ermittelten Abweichung von der Vertikalen ermöglichte den Ingenieuren die genaue Steuerung der Bohrlöcher zum Zielort. Flores bat außerdem um Hilfe von oben. Jeden Tag zog er, sobald er an der Bohrstelle angekommen war, vorsichtig einen Rosenkranz aus der Jackentasche und platzierte ihn sanft auf den Bedienungselementen. Der Rosenkranz hatte seiner 16-jährigen Tochter gehört, die im Vorjahr gestorben war. Sobald Flores bohrte, wackelte der Rosenkranz ein bisschen.

Sougarret brauchte jetzt ein Wunder der besonderen Art. Das Team unter Hurtados Leitung hatte die Bohrung rasch und fast nach den Berechnungen vorangetrieben. Die Abweichung war nur gering, aber das Bohrloch würde, wenn man den bisherigen Verlauf auf die verbleibenden Meter projizierte, die Zielkoordinaten verfehlen. »Wir hatten kein großes Vertrauen, dass es ein Treffer werden würde. Jetzt brauchten wir einen stärker vertikalen Verlauf, einen Richtungswechsel. Und genau das passierte auf dem letzten Stück, als es am schwierigsten war«, sagte Sougarret.

17. Tag – über Tage

Bei einer Tiefe von 660 Metern verlangsamte Flores die Bohrung, von den bisher 20 Umdrehungen pro Minute ging er auf fünf Umdrehungen zurück. Das Ziel war, die Wände eines Tunnels nicht einfach zu durchstoßen, sondern ganz sanft ein sauberes Loch herauszuschneiden. Ließ man den Bohrer in vollem Tempo arbeiten, könnte er beim Durchbruch Gesteinsbrocken in alle Richtungen schleudern und so einen Geschosshagel auslösen, der einen Bergmann verwunden, ja sogar töten konnte.

Um vier Uhr morgens hatte sich am Bohrloch 10B eine kleine Menschenmenge versammelt. Die Nacht war ruhig, der sonst übliche Nebel und der Wind waren freundlicherweise ausgeblieben. Die Anspannung war enorm, trotz einiger knapper Fehlschläge mit anderen Bohrungen in den vorhergehenden Tagen. Scheinwerfer leuchteten das Geschehen wie ein Filmset aus und warfen lange Schatten über die benachbarten Felshaufen. Das Rumoren des Bohrgeräts wurde von häufigen Pausen unterbrochen.

Wie bei einer Wünschelrute, die eine Wasserader anzeigt, neigte sich der Bohrwinkel auf diesen letzten Metern kaum wahrnehmbar. Sougarret und Hurtado wurden, nachdem die Natur zwei Wochen lang all ihre Bemühungen durchkreuzt hatte, positiv überrascht. Die Bohrung korrigierte irgendwie ihre Richtung.

»Bei dieser Bohrung geschahen Dinge, die keiner technischen Logik folgten. Ich glaube, dass da irgendetwas passiert ist«, erklärte Sougarret, der offensichtlich Mühe hatte, die Korrektur in letzter Minute zu erklären. Auf die Frage, ob er damit ein

Wunder meine, antwortete er vorsichtig: »Wir hatten Glück da unten … oder Hilfe.« Um 5.50 Uhr, als der Bohrer eine Tiefe von 688 Metern erreicht hatte, spürte Flores, wie der gesamte Schacht kurz in einen freien Fall überging. Es gab keinen Widerstand mehr; der Bohrer war in einen 3,80 Meter hohen Hohlraum durchgebrochen.

17. Tag – in der Mine

Die Bergleute, die so gut wie keine Energie mehr aufbrachten, hatten den Gedanken, die ganze Nacht aufzubleiben und auf den Durchbruch des Bohrers zu warten, schon längst aufgegeben. Das Schlafen war ihnen in dieser ganzen Zeit niemals leichtgefallen. Feuchte Luft, ein nasser Untergrund und die allgemeine Anspannung hatten stets zusammengewirkt und einen tiefen Schlaf verhindert. Die ganze Nacht lang linderten Dominospiele die Schlaflosigkeit und halfen beim Kampf gegen das grauenhafte Gefühl, langsam zu verhungern.

Um 5.50 Uhr setzten der Lärm eines sich drehenden Bohrers, herabfallende Felsen und ein mahlendes Geräusch der Ruhe im nassen, glitschigen Stollen ein Ende. »Ich war wach und spielte Domino«, berichtete Richard Villarroel, der sich im Schutzraum aufhielt. »Als der Bohrer durchbrach, war das für uns der wundervollste Augenblick. Wir schauten den Bohrer an und staunten. Es dauerte ein paar Augenblicke, bis wir begriffen, was da geschehen war. Erst dann fielen wir uns in die Arme und jubelten. Und wir verstanden, was geschah. Sie würden uns retten.« Dann brach das Chaos los. »Die Jungs drehten richtig auf und rannten wild durcheinander«, sagte Villarroel. »Ich sah mich nach etwas um, mit dem ich auf das Bohrgestänge klopfen konnte.«

17. Tag – Rettungsaktion

Im frühen Morgengrauen vollführten die Arbeiter an der Bohrstelle Luftsprünge, sie umarmten sich, stießen Jubelschreie aus und warteten auf Hurtados Anweisungen. Flores stoppte die Bohrung sofort.

Die Mannschaft versammelte sich schweigend rund um das Bohrloch, und Gabriel Díaz, ein Mitglied des Bohrteams, stand mit einem sieben Kilo schweren Vorschlaghammer bereit. Er schlug dreimal auf das Bohrgestänge, und Hurtado lauschte sofort auf eine Antwort. Er hörte zunächst einen schwachen, rhythmischen Klang, der aus der Tiefe zurückkam – »als ob jemand mit einem Löffel auf das Gestänge klopfen würde«. Nur wenige Augenblicke später folgte eine Serie dumpfer metallischer Schläge, ein unmissverständliches Lebenszeichen.

Das Echo aus der Tiefe war eindeutig, wie konnte es jetzt noch einen Zweifel daran geben, dass dort unten jemand auf das Bohrgestänge einschlug? Aber Hurtado und sein Team waren hin- und hergerissen. Bereits vor einer Woche hatte man an einem Bohrloch in San José Ähnliches erlebt. Als das Bohrteam in 500 Metern Tiefe auf einen Tunnel gestoßen war, hatte man ein rhythmisches Klopfen gehört. Dann wurde eine Videokamera in die Tiefe hinabgelassen, und die Männer verfielen in ungläubiges Staunen: keinerlei Lebenszeichen. Keine Bergleute. Hatten sie sich das Leben dort unten nur eingebildet? Hielt die Mine sie zum Narren?

Minister Golborne und Sougarret eilten zum Bohrloch. Sougarret benutzte – wie ein Arzt bei der Pulsmessung – ein Stethoskop, um das weit entfernte Klopfen zu verstärken. Das eindeutige Ergebnis: Irgendjemand gab dort unten Klopfzeichen. Golborne umarmte die Rettungshelfer, dann nahm der von dieser Entwicklung überraschte Politiker seinen Bergmannshelm ab und lief den Berg hinunter, weil er der Erste sein wollte, der den Familien diese Nachricht überbrachte. Der

Minister eilte von Zelt zu Zelt, um seine vorsichtige Botschaft weiterzugeben. *Heute noch werden wir mehr wissen. Seid bereit.* Das ganze Zeltlager geriet in Aufregung, gespannte Erwartung machte sich breit. Die Journalisten bedrängten den Minister mit Fragen. Der blieb zurückhaltend und räumte nur ein, dass man den Staatspräsidenten erwarte. Die aus dem Schlaf gerissenen Familienangehörigen schwenkten die chilenische Fahne und riefen: »Viva Chile!«

17. Tag – in der Mine

Die Bergleute kamen aus allen Richtungen angelaufen, um sich den Bohrer anzusehen, ein Schwarm von Männern mit Farbsprühdosen, mit denen sie das Gerät farblich markieren wollten. »Wir hatten Angst, dass der Bohrer zurückgezogen und woanders neu angesetzt werden würde, deshalb mussten wir schnell sein«, sagte Alex Vega, der erklärte, wie die Männer ihr lange geübtes Szenario für diesen Augenblick vergaßen. »Wir sollten eigentlich zuerst diesen Bereich stabilisieren, sicherstellen, dass der lose Fels an der Decke weggeklopft wurde, und dann die Botschaften am Bohrer befestigen, aber es ging alles so schnell, dass wir die Reihenfolge umkehrten, alle arbeiteten am Bohrer, und die Durchbruchstelle war noch nicht gesichert.«

Villarroel schlug mit einem schweren Schraubenschlüssel, der so groß wie ein Baseballschläger war, gegen das Bohrgestänge. Die Schläge hallten im Tunnel als dröhnendes Echo wider. Aber reichte das Echo bis nach oben? Villarroel griff sich jetzt ein Eisenrohr, das von einer der Abbaumaschinen stammte. Eisen traf auf Eisen, die Kombination klang wie ein Gong. Die Bergleute wechselten sich bei dieser Aufgabe ab.

Die Männer befestigten Briefe und Notizzettel an der Bohrerspitze, ohne auf die losen Felsbrocken zu achten, die über ihren Köpfen hingen. Mario Gómez und José Ojeda brachten ihre

Nachrichten an, die für die Ehefrauen und die Verantwortlichen der Rettungsaktion bestimmt waren. Andere Männer banden mit ungeschickten Bewegungen ihre Mitteilungen an den jetzt bewegungslosen Bohrer. Mario Sepúlveda riss das elastische Gummiband aus seiner Unterhose und befestigte damit die Nachrichten am Bohrer.

Eine Stunde lang schlugen die Männer gegen das Gestänge. Sie versprühten den gesamten Inhalt der Farbdosen. Dann wurde der Bohrer langsam zurückgezogen. Die Männer waren wieder allein. In den Tunnels herrschte jetzt ein wunderbares Gefühl der Auferstehung. Die Männer hatten sich am Rand des Verhungerns, des Kannibalismus und eines qualvollen, langsamen Todes bewegt, und jetzt waren es plötzlich nur noch Stunden bis zu einer himmlischen Antwort auf ihre Gebete: etwas zu essen.

17. Tag – Rettungsaktion

Oben am Bohrloch 10B machten sich Hurtado und sein Team an die mühsame Aufgabe, die 114 Rohre wieder zu entfernen, die zusammen das fast 700 Meter lange Bohrgestänge bildeten. Das Zerlegen des Gestänges, dessen sechs Meter lange Teilstücke jeweils 180 Kilo wogen, würde sechs Stunden dauern.

Staatspräsident Piñera ließ sich von seinen Mitarbeitern den ganzen Morgen über auf dem Laufenden halten, wurde dabei aber von einer anderen dringenderen Verpflichtung in Anspruch genommen. Sein 87 Jahre alter Schwiegervater Eduardo Morel Chaigneau lag im Sterben. Gemeinsam mit seiner Frau Cecilia Morel stand Piñera am Krankenbett und sagte dem Sterbenden, dass die Bergleute Lebenszeichen nach oben geschickt hätten. Die Luftwaffe machte die Maschine des Präsidenten startklar. Morel starb zur Mittagszeit. Piñera wurde eine Stunde später zum Flughafen gebracht und flog in Begleitung seines Innenministers Rodrigo Hinzpeter mit einer kleinen Maschine nach Copiapó.

Das letzte Stück des Bohrgestänges wurde noch vor Piñeras Ankunft entfernt. Eduardo Hurtado musterte das mit Erde verschmierte Rohrstück genau und entdeckte dabei einen orangefarbenen Fleck, direkt über der Bohrkrone. War das eine Botschaft? Hurtado wischte die Erde beiseite, griff sich eine Fünfliterflasche mit Wasser, goss sie über den Bohrer und erwischte dabei auch Golborne. »Entschuldigung, Herr Minister«, sagte Hurtado und legte eine grobe orangefarbene Markierung frei. »Dieses Zeichen stammt nicht von uns«, sagte Hurtado. »Herr Minister, das ist ein Lebenszeichen.«

Golborne inspizierte um 14 Uhr das Bohrgerät. Das ferne Klopfen hatte dem Minister bereits Mut gemacht, aber das hier war ein von Hand gefertigter Hinweis auf Überlebende. Wenige Sekunden später, als die Bohrkrone vollständig aus dem Bohrloch auftauchte, sahen die Männer eine gelbe Plastiktüte, die mit Kabeln und dem Gummiband von Sepúlvedas Unterhose an der Bohrerspitze befestigt worden war. Die Arbeiter entfernten die Kabel und befreiten das durchweichte Paket von mehreren schmutzverkrusteten Plastikschichten. Golborne entfaltete die kleinen Papierfetzen vorsichtig, als wären sie zerbrechliche Geschenke. Er las laut vor, was auf den aus einem Notizbuch herausgerissenen Seiten stand. Eine Nachricht aus der Tiefe: »Der Bohrer brach auf (Ebene) 44 durch, […] am Deckenrand, auf der rechten Seite, etwas Wasser kam herunter. Wir sind im Schutzraum, […] möge Gott Euch Licht bringen, Grüße, Mario Gómez.«

Auf der anderen Seite war noch mehr geschrieben. Golborne las der still lauschenden Menge auch diese Worte laut vor. »Liebe Lily, hab Geduld, ich möchte bald hier herauskommen. […]« Er las schweigend weiter und erklärte dann: »Das hier ist privat.« Golborne packte die Briefschnipsel sorgfältig zusammen und schickte sich an, gemeinsam mit Sougarret in einen Pick-up zu steigen und den Berg hinunterzufahren. Beide Männer achteten sehr genau auf einen korrekten Ablauf. Sie waren entschlossen, die Familienangehörigen zu unterrichten, bevor die Nachricht durchsickerte.

Francisco Poyanco stapelte das Bohrgestänge, das man aus der Erde gezogen hatte. Das allerletzte Stück, an dem Golborne die Nachricht gefunden hatte, troff von Schmutz aus der Tiefe des Berges. Poyanco sammelte die Plastiktüten und Kabel zusammen, mit denen Gómez Nachricht befestigt worden war. Halb unter dem Schmutz verborgen, war noch ein Klebeband-Klumpen zu erkennen. Poyanco griff danach und hielt ein kleines, fest verschnürtes Päckchen in der Hand – eine weitere Nachricht von den eingeschlossenen Männern. Poyanco war begeistert, er hielt dieses Päckchen für ein Souvenir, das er mit nach Hause nehmen konnte. Als er den Zettel auseinanderfaltete, lief es ihm kalt den Rücken hinunter: »Estamos Bien En El Refugio, Los 33« [»Es geht uns gut im Refugium, die 33«], stand da geschrieben, mit deutlichen, roten Buchstaben, in gleichmäßiger und ruhiger Schrift. Das war der Beweis für die Rettung. Die Männer lebten alle noch.

Poyanco rannte zu Golborne. Das Stück Papier, das er gefunden hatte, hielt er in der Hand. Er schrie, dass alle Männer noch am Leben seien. Hurtado hörte die Rufe. Golborne hielt inne, sah dann, dass Poyanco eine Nachricht in der Hand hielt, und forderte ihn auf, sie laut vorzulesen. Der 30 Jahre alte Techniker entfaltete den Zettel und las laut vor: »Estamos Bien En El Refugio, Los 33.« Der Jubel an der Bohrstelle kannte keine Grenzen. Behelmte Ingenieure rissen die Arme hoch, wie Fußballfans nach einem spektakulären Tor, sie vollführten Luftsprünge und umarmten sich.

Christian González (22), ein Bergbautechniker, der in der Mine San José für seinen Vater arbeitete, reagierte sofort: Er rannte den Berg hinunter ins Camp Esperanza und rief: »Sie leben! Sie leben! Sie haben eine Nachricht geschickt, dass alle wohlauf sind, aber eine direkte Verbindung haben wir noch nicht!« González verteidigte später seinen Verstoß gegen das Protokoll:

»Ich kenne diese Bergleute. Ich arbeitete sieben Monate in der Mine und bin mit Claudio Acuña und José Ojeda eng befreundet. Ich hatte ihren Familien versprochen, sofort Bescheid zu sagen, wenn ich irgendetwas höre.«

17. Tag – in der Mine

Nachdem der Bohrer wieder abgezogen worden war, kümmerte sich Zamora um die Verstärkung der Decke. Es war dieselbe Aufgabe, der er auch noch in den letzten, nervenaufreibenden Stunden am 5. August nachgekommen war, als er spürte, dass ein Einsturz unmittelbar bevorstand, aber auf Anordnung von oben weiterarbeiten musste. Zamora räumte mit wiedererwachtem Eifer Felstrümmer beiseite, die von der Decke gefallen waren. Ihre Rettung hing von der Stabilität dieses einen Bohrlochs ab. Ein Erdbeben könnte sie abermals verschütten. Jedem Mann im Tunnel wie auch den Rettern über Tage war klar, dass die Eingeschlossenen noch lange nicht gerettet waren. Der dringendste Auftrag lautete jetzt, Nährstoffe und Medikamente in die Tiefe hinabzulassen.

17. Tag – Rettungsaktion

Präsident Piñera traf um 14.30 Uhr im Camp Esperanza ein und hob das ohnehin sehr hektische Geschehen auf eine noch höhere Dringlichkeits- und Erwartungsstufe. Nach einer kurzen Besprechung mit den Familienangehörigen stellte sich Piñera der wartenden Journalistenschar. Flankiert von Angehörigen und der Senatorin Isabel Allende, der Tochter des ehemaligen Präsidenten Salvador Allende, hielt Piñera einen durchsichtigen Plastikbeutel mit der gut lesbaren Nachricht des eingeschlossenen Bergmanns José Ojeda hoch und trug den Text laut vor:

»Estamos Bien En El Refugio, Los 33.« Der Präsident sagte: »Das kam heute nach oben, aus dem Innern des Berges, dem tiefsten Teil der Mine.« Von der stechenden Wüstensonne geblendet, hatte er Mühe, die Augen offenzuhalten. »Es ist eine Nachricht von unseren Bergleuten, aus der hervorgeht, dass sie leben, sie halten zusammen und sehnen sich danach, das Tageslicht wiederzusehen und ihre Familien in die Arme zu schließen.«

Carolina Lobos, die zum Schlafen 17 Tage lang das schwarzweiße Nike-T-Shirt ihres Vaters getragen hatte, sagte: »Ich weinte, als ich hörte, dass es ihnen gut ging. […] Alle riefen nur: ›Sie leben, sie leben‹. Ich war im Schockzustand. Ich rief meine Mutter an und sagte ihr: ›Mama, sie leben! Tschüs.‹ […] Ich weinte vor Glück und umarmte Kristian Jahn [einen Regierungsbeamten, der die Arbeit der Psychologen organisierte]. Er war das Taschentuch für all meine Tränen.« Camp Esperanza wurde zum freudetrunkenen Schauplatz für Tränen, Lächeln, Umarmungen und Flaggenschwenken. Hunderte von Familienangehörigen stürmten in einem spontanen Freudenausbruch den Berg hinauf und gruppierten sich um die 33 Flaggen, die während dieser langen Wartezeit ihre treue Wache symbolisiert hatten. Jede Flagge trug den von Hand geschriebenen Namen eines der Bergleute. Jeder Fahnenmast war von einem Kranz aus geschmolzenem Kerzenwachs umgeben. Als die Menge die chilenische Nationalhymne anstimmte, sang auch Präsident Piñera mit, der mittendrin stand. Die Nachricht verbreitete sich innerhalb von Minuten im ganzen Land. Wildfremde Menschen umarmten sich in der U-Bahn, auf offener Straße. Die Bergleute leben! Alle! Die Autofahrer hupten. In Santiago gingen Tausende Menschen auf die Straße und eilten zur Plaza Italia, dem üblichen Versammlungsort für Fußballfeierlichkeiten. Es herrschte eine Stimmung, als hätte das Land die Fußball-WM gewonnen – ein freudiger patriotischer Aufruhr.

Während die Nation feierte, arbeitete das Rettungsteam fieberhaft an einem Konzept für die kommenden Prioritäten.

Niemand war mit einer einzigen Paloma-Röhre als Verbindung zu den Bergleuten zufrieden. Es wurden drei voneinander unabhängige Bohrlöcher gebraucht, vielleicht sogar mehr. Ein Erdbeben oder ein neuerlicher Einsturz konnte schnell die einzige Verbindung unterbrechen, über die sie jetzt verfügten. Ein solches Unglück konnte die Rettungsaktion wieder auf den Ausgangspunkt zurückwerfen und würde für die Bergleute, die keine Nahrungsreserven mehr hatten, den nahezu sicheren Tod bedeuten. Paloma I wurde umgehend zum Versorgungsschacht für Nahrungsmittel und Wasser bestimmt. Über das zweite Loch sollten angereicherter Sauerstoff, Wasser und Strom in die Tiefe geschickt werden. Über die Sauerstoffleitung wollte man kühle Luft in den Hohlraum pumpen, um die dort herrschende mörderische Hitze zu lindern. Durch dieses zweite Loch sollte außerdem mithilfe eines Glasfaserkabels eine Videoverbindung eingerichtet werden, damit die Männer mit ihren Angehörigen von Angesicht zu Angesicht sprechen konnten. Das dritte Bohrloch sollte weit entfernt vom Aufenthaltsort der Männer angelegt werden. Dies sollte der Weg für eine mögliche Rettung sein. Zu diesem Zeitpunkt war noch nicht klar, wie man die Männer herausholen würde, aber eine Idee sah vor, dass ein erstes Loch gebohrt wurde, dessen Durchmesser man dann später so sehr erweitern konnte, dass die Männer hindurchpassten. Das Rettungsteam zielte mit dem Rettungsschacht auf die Decke der Fahrzeug-Reparaturwerkstatt, die etwa 380 Meter über dem Schutzraum lag, in dem sich die Männer aufhielten. Die Werkstatt war ein größeres Ziel und würde eine gute Ausgangsbasis für die Rettung bieten. Alle Beteiligten wussten allerdings, dass sie von jenem fantastischen Augenblick noch weit entfernt waren. Zum gegenwärtigen Zeitpunkt brauchten die Männer zunächst einmal Medikamente, Nahrung und einen Überlebensplan.

Noch vor einer Generation war die Verständigung eingeschlossener Bergleute mit der Außenwelt auf handgeschriebene Briefe und eine Telefonleitung beschränkt. Jetzt senkten die Ingenieure vorsichtig eine Videokamera auf die Schachtsohle ab. Auf diese Weise wollte man weitere Aufschlüsse zu den Lebensumständen und zum Gesundheitszustand der Männer gewinnen.

17. Tag – in der Mine

Die Männer starrten in den Schacht und warteten auf weitere Zeichen von oben. Ihre Lampen erhellten einen feuchten Tunnel, der das Licht rasch verschluckte. Sie sahen nur etwa zehn Meter weit. Wasser tropfte auf sie herunter, während sie sich um das Bohrloch drängten und nach oben schauten. Durch das Loch drang ein kühlerer Luftstrom, ein zweiter willkommener Ankömmling von oben. Die Männer waren jetzt eine Einheit. Sie umarmten sich, wischten sich den Schweiß ab, Panik und Schrecken der vergangenen Tage waren plötzlich weit weg. Die Männer empfanden eine freudige Erwartung, sie hatten eine Antwort auf ihre Gebete erhalten, und ihr Glaube an ein zweites Leben war erneuert worden.

Die Männer begannen zu spekulieren: Was würde man ihnen zuerst schicken? Eine warme Mahlzeit? Seife und Shampoo? Eine neue Zahnbürste? Ein Handbuch zu Überlebenstechniken? Jeder ließ seiner Vorstellungskraft freien Lauf – auch die Fähigkeit, über einfache Freuden, kleine Leckereien und Lieferungen von oben zu fantasieren, hatte den Gemeinschaftsgeist der Männer gestärkt. Drei Stunden später kam ein kleines Licht herunter, man schickte ihnen einen winzigen Gegenstand. Die Männer drängten sich um das Bohrloch, starrten nach oben und staunten hörbar über diese historische erste Hilfslieferung. »Ich dachte zuerst, das sei eine Dusche«, sagte Pablo Rojas über das Rohr, von dessen Endstück ein knollenartiges Gebilde herabhing. Als dieser Gegenstand durch die Decke kam, war allen Männern klar, dass es sich hier um Hightech-Elektronik handelte, aber keiner von ihnen hatte jemals so etwas gesehen. Die Minikamera wurde sofort auf den Boden abgesenkt. Wie bei einem Roboter-Insekt öffnete sich eine Linsenabdeckung und die Kamera drehte und hob sich. Es war eine ferngesteuerte Videokamera, aber wie stand es um den Ton? Konnte diese Maschine auch Töne und Geräusche aufzeichnen?

Pablo Rojas näherte sich der Kamera. ›Was ist das für ein verdammtes Ding?‹, dachte er und kam dem Gerät mit dem Gesicht ganz nahe. Er musterte die sich drehende Kamera, die sich jetzt vom Boden hob. Luis Urzúa, der Schichtführer, sprach mit der Maschine: »Hebt die Kamera an, wenn ihr mich hören könnt«, sagte er.

Die Männer warteten. Die Kamera senkte sich. Das löste ein allgemeines Gelächter aus, Adrenalin und Aufregung kamen hier zusammen. Zwanzig Minuten lang wirbelte die Kamera herum und machte Aufzeichnungen, dann stieg sie langsam wieder auf. Pablo Rojas beobachtete, wie das Gerät verschwand. »Ich wollte mich dranhängen und mich hinaufziehen lassen, aber das Loch war zu eng.«

17. Tag – Rettungsaktion über Tage

Die ganze Welt erfuhr die Geschichte von der Entdeckung der eingeschlossenen chilenischen Bergleute, während die Techniker fieberhaft versuchten, das Tonaufnahmesystem der Videokamera zu reparieren. Das empfindliche Gerät war durch den Kontakt mit Wasser beschädigt worden. Die Audiofunktion war ausgefallen.

Die Bilder, die bei den Männern in der Kommunikations-zentrale eintrafen, waren unheimlich, es war kaum etwas zu erkennen. Im Hintergrund sah man schwache Lichter, offen-sichtlich die Stirnlampen von Bergleuten, die sich um die Kamera herum aufgestellt hatten. Aber das matte Licht machte die Bildauflösung so grobkörnig, dass die Retter nur raten konnten, welche Gesichter sie da sahen. Die Männer standen offensichtlich und bewegten sich auch, trotz der Enttäuschung über den fehlenden Ton. Für jede beantwortete Frage tat sich für die Betrachter ein Dutzend weiterer ungeklärter Punkte auf. Welche Verletzungen lagen vor? Gab es Schwerverletzte? Waren nach 17 Tagen schwerer Unterernährung lebensbedrohliche Krankheiten aufgetreten?

Das Video wurde zwei Stunden später gezeigt. Die ersten Zuschauer waren die Familienangehörigen im Camp Esperanza, denen eine Zeltwand als Projektionsfläche diente. Auf den Schwarzweißbildern war allerdings kaum etwas zu erkennen. Ein Augenpaar trat ins schief stehende Bild, das aber nur einen Teil des dazugehörigen Gesichtes zeigte. Die neugierigen und unvergesslichen Augen von Florencio Ávalos. Oder war es Luis Urzúa? Oder Estaban Rojas? Mehrere Familien behaupteten, diese Augen gehörten ihrem vermissten Bergmann. Die unscharfen, dunklen Bilder ließen der Fantasie viel Spielraum. Es war ein Rohrschach-Test mit Bildern aus 700 Metern Tiefe.

Camp Esperanza war plötzlich voller Leben, Freudenfeuer prasselten, Musik dröhnte, und bis lange nach Mitternacht wurde getanzt. Freiwillige Helfer verteilten um zwei Uhr nachts hartgekochte Eier, Würstchen und Grillhühnchen. Paul Vásquez, ein landesweit als »El Flaco« (»Der Dürre«) bekannter Komiker, gab eine improvisierte Vorstellung, während Juan Barraza, ein Priester aus dieser Gegend, in einem benachbarten Zelt zum Gebet einlud.

Barraza gab dieses Geschehen neuen Mut. »Das Wissen, dass sie am Leben waren, ermöglichte es allen Angehörigen, Gefühlen, die bislang zurückgehalten worden waren, freien Lauf zu lassen. Als ob man den Deckel eines Dampfdrucktopfs geöffnet hätte, jetzt sagten alle: ›Wir gehen nicht ohne sie nach Hause.‹«

Die Mine San José liegt in einem abgelegenen Winkel der Atacama-Wüste im Norden Chiles, wie auf der Aufnahme der NASA (unten) deutlich zu sehen ist. Das Bergwerk war so unbekannt, dass für Rettungshelfer eilends angefertigte Straßenschilder aufgestellt wurden, wie dieses hand-geschriebene Schild, das »Stärke« bedeutet. Bis zum Einsturz der Gold- und Kupfermine am 5. August 2010 kannte so gut wie niemand diesen Teil der Wüste. Wie gefährlich der Straßenzustand ist, zeigen die kleinen Schreine (Mitte links), die »Animatas«, die die Seelen der Opfer leiten sollen.

Oben: Das Mundloch der Mine San José war so Furcht einflößend, dass die Bergleute oft darum gebetet haben, die Schicht zu überleben.

RICHARD VILLARROEL

ALEX VEGA

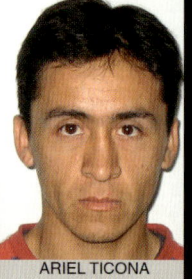

ARIEL TICONA

CARLOS BARRIOS

SAMUEL AVALOS

DANIEL HERRERA

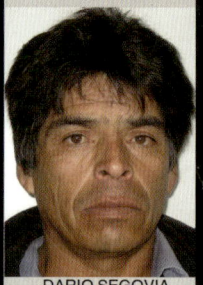

DARIO SEGOVIA

EDISON PENA

Die 33 Bergleute sind zwischen 19 (wie Jimmy Sánchez) und 64 (wie Mario Gómez) Jahre alt. Am Tag des Einsturzes hat der Schichtführer Luis Urzúa offiziell das Sagen, aber Mario Sepúlveda, so charismatisch wie humorvoll, übernimmt bald das Ruder. Yonni Barrios erlangt schon bald Berühmtheit, weil sowohl seine Geliebte als auch seine Frau seiner Rettung harrten. Er wird zum Arzt der Eingeschlossenen. Die Männer haben den Einsturz überlebt, weil sie in den kleinen Schutzraum fliehen konnten *(Rettungsschild unten links)*.

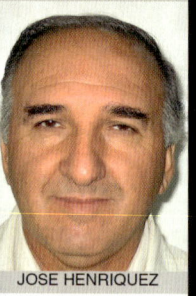

JOSE HENRIQUEZ

JOSE OJEDA

JUAN AGUILAR

MARIO SEPULVEDA

OMAR REYGADA

OSMAN ARAYA

REFUGIO DE EMERGENCI

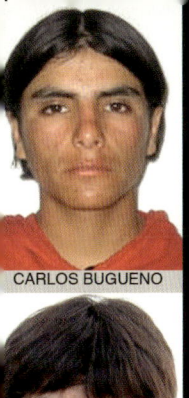
CARLOS BUGUENO

CARLOS MAMANI

CLAUDIO ACUNA

CLAUDIO YANEZ

ESTEBAN ROJAS

FLORENCIO AVALOS

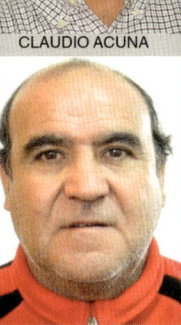
FRANKLIN LOBOS

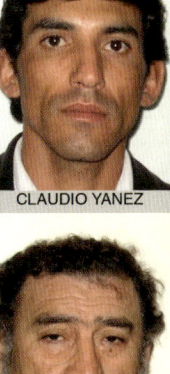
JORGE GALLEGUILLOS

JUAN ILLANES

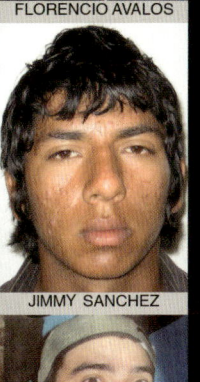
JIMMY SANCHEZ

LUIS URZUA

MARIO GOMEZ

PABLO ROJAS

PEDRO CORTES

RAUL BUSTOS

RENAN AVALOS

VICTOR SEGOVIA

VICTOR ZAMORA

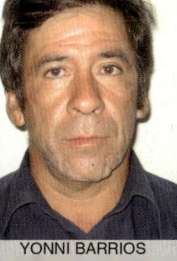
YONNI BARRIOS

Oben links: Schon wenige Stunden nach dem Einsturz der Mine am 5. August strömen besorgte Familienmitglieder zu dem abgelegenen Hügel. Pedro Simonovic, ein leitender Minenangestellter, teilt den Angehörigen die neuesten Meldungen mit.

Oben rechts: Bergbauminister Laurence Golborne verdient sich großen Respekt durch seine aufrichtigen und spontanen Treffen mit den Familien.

Rechts: Das öde Bergwerksgelände ist kaum mehr als eine Steinwüste. Hier werden Angehörige von den lokalen Behörden verpflegt.

Rechts: Erschütterte Angehörige. Sie haben gerade erfahren, dass eine Rettung außerordentlich schwierig, wenn nicht unmöglich sein wird.

Oben: Am Anfang wollen sich die Rettungskräfte durch die Trümmer graben, um die Männer zu finden, was jedoch immer wieder durch Einstürze vereitelt wird, sodass die verzweifelten Helfer gezwungen sind, hilflos vor der Mine zu warten.

Oben rechts: Auf dem Gelände gibt es nicht die geringste Infrastruktur; Planierraupen müssen den Bereich einebnen, damit Bohrplattformen aufgestellt werden können.

Unten: Am 10. August kommen Hunderte von Freunden und Angehörigen der eingeschlossenen Männer zu einer katholischen Messe zusammen. Die schon vor dem Unglück bemerkenswert religiöse Bergarbeitergemeinde betet voller Inbrunst, in der Überzeugung, dass ihr Glaube die Männer retten werde.

Rettungshelfer arbeiten fast zwei Wochen lang in den kalten Augustnächten durch und bohren auf der Suche nach den Verschütteten über ein Dutzend Rettungslöcher. Das Bohrgeräusch ist sowohl für die eingeschlossenen Kumpel als auch für die Angehörigen ein Trost, ein Zeichen, dass die Rettung im Gang ist.

Unten: Mit Kerzen beleuchten Familienmitglieder am 17. August die Straße zum Bergarbeiterlager. Sie geben die Hoffnung nicht auf, dass ihre verlorenen Liebsten gefunden werden..

Am 22. August, nach 17 Tagen ohne Nachricht, umarmen sich alle im Camp Esperanza (kleines Bild), als der chilenische Präsident Sebastián Piñera verkündet, dass die eingeschlossenen Männer einen Zettel mit der Botschaft geschickt haben: »Es geht uns gut im Refugium, die 33«.

Oben: Angehörige sehen sich gemeinsam das erste Video der eingeschlossenen Bergleute an; nach Wochen der Verzweiflung tröstet die gute Nachricht, dass keiner der Männer schwer verletzt ist.

Rechts: Trotz der desolaten Lebensbedingungen und einer nicht abzuschätzenden Wartezeit zeigen sich die Kumpel in den Videos, die sie nach oben schicken, guten Mutes und einig. Regierungsbeamte zensieren alle Videos aus der Mine sehr stark.

Unten: Ab Anfang September existiert ein behelfsmäßiges Videokonferenzsystem, das den Kumpeln und ihren Angehörigen einen Audio- und Videokontakt ermöglicht.

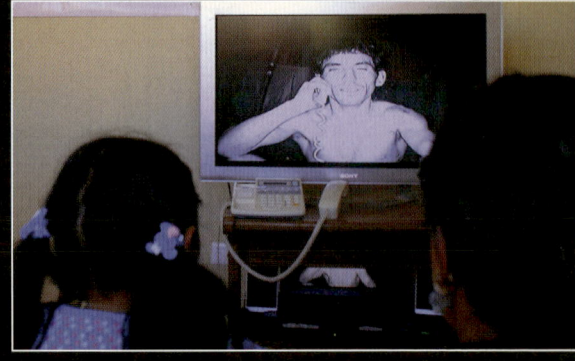

KAPITEL 7

Ins Leben zurückkriechen

18. Tag: Montag, 23. August

Nach der Aufregung, die durch den ersten Kontakt ausgelöst worden war, bereiteten sich die Männer aufs Essen vor. Die Kumpel richteten sich auf ein Festmahl ein, nach den langen Tagen, die sie mit Scherzen über saftige Steaks, Halluzinationen zu Empanada-Fleischpasteten und Fantasien von einem Festbankett überbrückt hatten. Die Flüssigkeitsmengen, die man ihnen anfangs zukommen ließ, waren jedoch bewusst sehr klein gehalten, um ihre Körper langsam wieder an eine gesunde Ernährung heranzuführen. »Sie schickten uns winzige Plastikbehälter mit Glukose«, sagte Alex Vega, »die Menge war etwa so groß wie bei einer Urinprobe, die man beim Arzt abgibt.«

Ein magerer Bursche wie Claudio Yáñez sah nach 17 Tagen ohne richtiges Essen wie ein Knochengerüst aus, das von einer schmalen Muskelschicht zusammengehalten wurde, und sein Gesicht war ausgezehrt.

»Wir rechneten mit Essen, aber es kam nur Flüssigkeit an«, beschrieb Claudio Acuña die Überraschung der Männer, denen in den ersten 48 Stunden nach der Entdeckung keine feste Nahrung zugestanden wurde. Die Männer hielten sich an die Anweisungen, nahmen ihre Medikamente ein und tranken langsam und in regelmäßigen Abständen Glukose und Mineralwasser.

Sepúlveda lebte in einem bizarren Schwebezustand. Sein körperlicher Zustand war nach wie vor sehr schlecht, die

Auswirkungen der Mangelernährung verschlimmerten sich noch. Emotional war er nicht in bester Verfassung, aber vom ersten Kontakt an ein Ausbund an Heiterkeit, in der Vorfreude auf eine Unterhaltung mit seiner Frau Katty und aus blankem Erstaunen über die Ankunft eines Bohrgeräts. Sepúlveda hatte sich auf die Untergrundwelt so gut eingestellt, dass »der Geruch von Erde und menschlicher Haut mir angenehm wurden, ein Teil meines Lebens.« Aber der Kontakt nach oben hatte nichts an der ständigen Feuchtigkeit geändert. »Unsere Kleider waren nass, wir trugen nur unsere Unterwäsche«, sagte er. Nachts schliefen die Männer beisammen, Seite an Seite, auf dem Boden.

Die Männer räumten bereitwillig ein, dass sie auf dem Tunnelboden eng aneinandergedrängt schliefen, was Fragen nach sexueller Aktivität nahelegte. Die gemeinsam verbrachte Nachtruhe lieferte denjenigen eine Steilvorlage, die bezweifelten, dass 33 Männer – sie mochten noch so sehr unter Stress stehen und leiden – wochenlang ohne Sex auskommen konnten. Sepúlveda wies Gerüchte über homosexuelle Aktivitäten während der 17 Tage in völliger Isolation zurück und betonte, dass ihre Energie kaum zum Gehen und Sprechen gereicht habe. Sex, erklärte er, war für sie sehr weit weg.

Als Fahrer des schweren, planierraupenähnlichen Fahrzeugs, das die Kumpel »Schaufel« nannten, musste Sepúlveda ständig Pedale bedienen und trug deshalb andere Arbeitsstiefel als der typische Bergmann. Seine Schuhe waren dicker, deshalb waren seine Füße ständig feucht. Die Konsequenz war eine schwere Pilzinfektion an den Füßen. Sepúlvedas Brust und Rücken waren mit winzigen roten Punkten übersät. Der Pilz breitete sich wie eine Krankheit über den ganzen Körper aus. Manchmal füllten sich diese Flecken mit Flüssigkeit, platzten auf und hinterließen kleine Narben. Die 95 Prozent Luftfeuchtigkeit, die im Tunnel herrschten, waren der perfekte Nährboden für diesen juckenden Pilz, der ihn fast verrückt machte. Schmutziges

Wasser und die ständige Feuchtigkeit lösten auch Infektionen in seiner Mundhöhle aus. Wie die meisten seiner Leidensgenossen hatte er einen ekligen Mundgeruch. Er vermisste Hunderte kleine Bequemlichkeiten, die das Leben außerhalb der Mine zu bieten hatte, aber jetzt war sein größter Wunsch ganz bescheiden: eine Zahnbürste.

18. Tag – über Tage

Pedro Gallo betete, dass seine Erfindung funktionieren möge. Gallo, der Eigentümer von Bellcom, einem Ein-Mann-Telekommunikationsunternehmen, hatte in zweiwöchiger Bastelarbeit ein winziges Telefon zusammengebaut, das in die 90 Millimeter des Paloma-Rohrs passte. Golborne und andere maßgebliche Mitarbeiter der Rettungsaktion hatten den hartnäckigen Unternehmer und sein »Gallofon« zunächst ignoriert, aber als ein Hightech-Plan nach dem anderen scheiterte, bekam Gallo seine Chance. Ein Gespräch von Minister Golborne mit den Eingeschlossenen stand auf dem Terminplan, und seine Mitarbeiter fürchteten bereits den Skandal, wenn es bis dahin noch keine funktionierende Telefonleitung gab.

Gallo, der bisher ignoriert und dessen Apparat verspottet worden war, wurde jetzt vorgeladen, und man wies ihn an, das Telefon sofort einsatzbereit zu machen. Er rannte zu seinem Pickup und holte die schlichte Eigenbau-Erfindung. »Sie gaben mir etwa zwei Stunden Zeit«, sagte Gallo. Das Telefon wurde vorsichtig in ein Paloma-Rohr verpackt und zusammen mit einem 800 Meter langen Glasfaserkabel, das von einem japanischen Unternehmen gespendet worden war, zu den gespannt wartenden Männern hinuntergelassen. Gallo saß mit einem billigen gelben Plastiktelefon an einem wackligen Tischchen auf einem Berghang, dicht umdrängt von Mitarbeitern des Präsidenten,

Ingenieuren und Technikern, und wartete, bis Ariel Ticona und Carlos Bugueño unten in der Mine das Telefon an das japanische Kabel angeschlossen hatten. Plötzlich hörte Gallo Stimmen aus der Mine. Seine Erfindung, die weniger als zehn Dollar gekostet hatte, war jetzt das Herzstück für die ständige Kommunikation mit den Bergleuten. Gallo war überglücklich.

Eine Stunde später traf Minister Golborne ein und griff zum Hörer.

»Hallo«, sagte Golborne. »Ja, ich höre Sie!« Bei den umstehenden Rettern brandete stürmischer Jubel und Applaus auf. Sie verstummten rasch wieder, um über die Lautsprecherfunktion mithören zu können.

Eine deutliche und ruhige Stimme war zu hören: »Hier spricht der Schichtführer Luis Urzúa. [...] Wir warten auf die Rettung.«

»Wir beginnen mit den Bohrungen und ...« – Golbornes Worte gingen augenblicklich in einer neuerlichen Jubelrunde unter, die diesmal von den eingeschlossenen Bergleuten kam. Die Unterhaltung wurde mit drängenden Fragen der Kumpel fortgesetzt, die sich nach dem Schicksal von Raúl »Guatón« Villegas erkundigten, der zum Zeitpunkt des Einsturzes im Haupttunnel bergauf gefahren war. »Sie sind alle am Leben, sie haben es geschafft«, sagte Golborne, worauf die Höhle in der Tiefe von einem Jubelchor und ausgelassenen Rufen erfüllt wurde. Die Eingeschlossenen hatten wochenlang – während die Welt ihr Schicksal beweinte – gelitten, wenn sie an »den Dicken« dachten.

Alberto Iturra, der leitende Psychologe der Rettungsaktion, stand unmittelbar hinter Golborne und hörte während des gesamten Telefonats aufmerksam zu. Er trug eine reflektierende grüne Warnweste und einen Schutzhelm. Iturra, ein Mann mit stoischer Miene und einem gepflegten grauen Schnurrbart, beteiligte sich nicht am Jubel und zeigte auch kein Lächeln. In der medizinischen Literatur gab es zahlreiche Berichte zur Behandlung von Klaustrophobie und Panikattacken, es fehlte auch nicht an Beispielen von Menschen, die tagelang auf engem Raum eingeschlossen waren. Aber monatelanges Eingeschlossensein? Iturra wusste genau, wohin er sich wenden musste. Schon seit Jahren hatte er ein Netzwerk von beruflichen Kontakten unterhalten, zu dem auch eine Reihe angesehener Psychologen zählte. Jetzt würde er diesen Expertenkreis anzapfen. Iturra verschickte sein eigenes, privates SOS-Signal.

Die Bergleute vom Rand des Todes ins Leben zurückzuführen war eine heikle Aufgabe. Der Hunger hatte ihren Stoffwechsel verändert. Der menschliche Körper entwickelt, wenn man ihm die Nahrung entzieht, eine chemische Hierarchie, die – neben der Energiegewinnung durch die Verbrennung von Körperfett und den Abbau von Muskelmasse – Lungen, Herz und Gehirn den Vorzug vor den jetzt sekundären Funktionen gibt. Dr. Mañalich, der überschwänglich agierende Gesundheitsminister mit dem Doppelkinn, schickte den Eingeschlossenen einen nur eine Seite umfassenden Fragebogen. Lagen die Kumpel im Sterben? Nein. Litten sie an Unterernährung und am Verlust von Körpermasse? Eindeutig ja. Wieviel Gewicht jeder einzelne Mann verloren hatte, war nicht bekannt. Bei dem hektischen Treiben, mit dem die einfachsten Komfortbedürfnisse der Männer gestillt werden sollten, würde es Tage dauern, bis man eine Waage zu ihnen hinunterlassen konnte. Die Antworten in den zurückgegebenen Fragebogen ermöglichten bruchstückhafte Einblicke in das, was den Verschütteten widerfahren war. Der Zahn, den Mario Sepúlveda bei der Kletterpartie im Lüftungsschacht verloren hatte. Victor Segovias Ohrenschmerzen als Folge des explosionsartigen Kolben-Effektes. Mario »Mocho« Gómez, der von Atembeschwerden und vom Staub berichtete, der seine bereits vorgeschädigten Lungen verstopfte.

Bereits bestehende Erkrankungen, unter anderem José Ojedas Diabetes, waren ein Grund für wachsende Besorgnis. Infektionen und Bakterien konnten sich, da es in der Tiefe kein ultraviolettes Licht gab, in wenigen Tagen, wenn nicht sogar innerhalb von Stunden, auf die gesamte Gruppe ausbreiten. Es wurde ein Notimpfungsplan entwickelt, um die Männer vor Diphterie und Lungenentzündung zu schützen. Eine Zahninfektion konnte tödlich sein. Dr. Mañalich griff auf die Geschichte der Medizin zurück. »Wir schauten in alte Lehrbücher«, sagte er. »Wie behandelten Ärzte vor dem Zeitalter der modernen Chirurgie Infektionen innerer Organe, zum Beispiel eine Blinddarmentzündung?«

»Wir hatten immer gehofft, dass sie noch lebten, rechneten aber mit ernsten Verletzungen und einigen Toten. [...] Ich wusste, dass die Bergleute zäh waren. Es schien also sicher zu sein, dass einige von ihnen überlebt hatten«, sagte Dr. Jorge Díaz, Medizinischer Direktor der ACHS, der Versicherung, die für Arbeitsunfälle in der Mine San José zuständig war. Díaz war als Spezialist für in großen Höhen erlittene Verletzungen und Arbeitsunfälle an logistische Herausforderungen gewöhnt. Jetzt stand er vor der schwierigsten Aufgabe in seiner bisherigen Laufbahn: Anstatt in großer Höhe zu arbeiten, musste er einen medizinischen Verfahrensplan auf in großer Tiefe eingeschlossene Menschen anwenden. Glücklicherweise hatte Díaz 32 Jahre Berufserfahrung im Umgang mit Bergleuten. Er kannte den Jargon, die Traditionen und die harte Welt, in der »Die 33« lebten.

Die Kumpel waren in einer heiklen körperlichen Verfassung. Sie hatten im Durchschnitt neun Kilogramm Körpergewicht verloren und mit Hilfe von verunreinigtem Wasser und einem Minimum an Nahrung überlebt. Das Medizinerteam verweigerte den Männern feste Nahrung, denn eine vollständige Mahlzeit, in diesem Zustand eingenommen, konnte sie umbringen. Das »Refeeding-Syndrom«, ausgelöst von einer vollständigen, kohlehydratreichen Mahlzeit, die von einer ausgehungerten Person eingenommen wird, kann zu einer chemischen Kettenreaktion führen, die dem Herzen lebenswichtige Mineralstoffe entzieht und mit Herzstillstand und dem plötzlichen Tod enden kann.

Zunächst einmal mussten die Männer trinken. Fortts Paloma wurde mit ein paar Wasserflaschen beladen und an einem Kabel hinuntergelassen. Die erste Lieferung nahm mehr als eine Stunde in Anspruch. Als das orangefarbene PVC-Rohr wieder hochgezogen wurde, war es leer: Das System funktionierte. La Paloma war jetzt das Lebensrettungssystem für die 33 Männer. Alles, was ihnen geliefert wurde, musste dem winzigen Richtmaß von 90 Millimetern entsprechen. Mañalich bildete mit seinen Händen einen Kreis von der Größe einer Zitrone und sagte: »Eine ganze Welt, die auf dieses Format reduziert wird.«

Der Rest der Welt wusste über Chile nur sehr wenig. Die meisten Menschen verbanden mit Chile nur die Menschenrechtsverletzungen der Ära Pinochet in den 1970er Jahren oder, aus jüngerer Zeit, aber in ähnlich oberflächlicher Manier, die Assoziation eines Herstellerlandes von süffigem – und preiswertem – Wein. Die Medien überschwemmten den Äther und das Internet mit Einzelheiten zu der wundersamen guten Nachricht, und die Welt entdeckte Chile und die chilenischen Bergleute. Neue Begriffe wurden eingeführt, zu denen auch das Wort »Paloma« und »Die 33« zählten.

Jetzt richteten sich die Augen der Welt auf diesen bis dahin weit abgelegenen Winkel im Norden Chiles. Flüge und Hotelzimmer waren schlagartig ausgebucht. Der Mietpreis für ein Wohnmobil – eine bevorzugte Unterkunft für ausländische Fernsehteams am Ort des Geschehens – stieg um 300 Prozent. Dolmetscher für die englische Sprache waren in der gesamten Region rund um die Uhr beschäftigt. Hunderte von Reportern eilten an diesen Schauplatz, um über einen der seltenen Augenblicke zu berichten, in den die Aufmerksamkeit der ganzen Welt einer Geschichte gilt, die weder mit Blut noch mit Gewalt zu tun hatte.

Die Chilenen hatten die Männer zunächst einmal in einer Tiefe entdeckt, die der doppelten Höhe des Eiffelturms entsprach, und jetzt begannen sie eine zweite »Mission Impossible«: Die Bergleute vier Monate lang am Leben zu erhalten, bis Weihnachten, denn man rechnete damit, dass es so lange dauern würde, die Männer herauszuholen.

Brandon Fisher saß in seinem Büro in Berlin im US-Bundesstaat Pennsylvania und staunte über die Fernsehberichterstattung. Der bärtige 38-jährige Mann traute seinen Ohren nicht: drei bis vier Monate? Als Präsident von Center Rock Inc. beaufsichtigt Fisher die Entwicklung, Herstellung und Auslieferung von Bohrsystemen, die bis zu eine Million Dollar kosten. Fisher glaubte nicht, dass es notwendig war, durch den Fels zu bohren. Sein Unternehmen war auf die Herstellung von Presslufthämmern spezialisiert, die Felsgestein mit zwanzig Rammstößen pro Sekunde regelrecht zertrümmern.

Im Jahr 2002 war Fisher an einer Rettungsaktion in der Quecreek-Mine beteiligt, einem Kohlebergwerk in Pennsylvania, in dem neun Bergleute 78 Stunden lang eingeschlossen waren, während 190 000 Kubikmeter Wasser in das Bergwerk strömten. Die Männer drohten in der langsam volllaufenden Mine zu ertrinken. Fisher war an der Bohrung beteiligt, die das Leben der Eingeschlossenen rettete, während das Wasser in den überschwemmten Tunnels immer höher stieg. Jetzt wanderten seine Gedanken zurück zu der damaligen Rettungsaktion. Ein Einsturz in einem Bergwerk. Eingeschlossene Kumpel. Eine Notbohrung unter hohem Zeitdruck. Fisher sah sofort eine Aufgabe für Center Rock. Er wollte sich zur Verfügung stellen und studierte Flugverbindungen nach Chile.

Am Spätnachmittag desselben Tages fuhr ein Millionär, der selbst am Steuer seines leuchtend gelben Geländewagens saß, ins Camp Esperanza ein. Mit seinem maßgeschneiderten Ermenegildo-Zegna-Anzug, Manschettenknöpfen und schulterlangen, blondgefärbten Locken war Leonardo Farkas eine unverwechselbare Erscheinung. Der 43-jährige Bergwerksbesitzer war in den Augen der Chilenen ein vorbildlicher Geschäftsmann. Einen Unfall dieser Art hätte es in einer seiner Minen niemals gegeben. Farkas' Tagebau-Eisenerzminen Santa Fé und Santa Barbara sind allgemein als Betriebe bekannt, die Arbeitssicherheit, gerechten Löhnen und Gewinnbeteiligungsmodellen einen hohen Stellenwert zumessen. Ein Arbeitsplatz bei Farkas war eine Garantie für einen hohen Lebensstandard und eine zusätzliche Betriebsrente. »Wenn du dort arbeiten willst, musst du warten, bis jemand stirbt«, scherzte Mauricio, ein Taxifahrer in Copiapó, der sich vergeblich für eine Arbeitsstelle in Farkas' Unternehmen beworben hatte, das rund 2000 Menschen beschäftigt. »Sie sind wie eine große Familie. Jeder will dort arbeiten.«

Farkas genießt in Chile einen legendären Ruf als Wohltäter. Das Spektrum reicht von Dollarspenden in Millionenhöhe an Teletón, ein chilenisches Spendensammelprojekt für Behinderte, bis hin zu spontanen Aktionen. Bei einem Nachmittagsspaziergang kam er an einem Schwimmbad vorbei, das von Studenten bevölkert war. Farkas setzte einen Preis für den schnellsten Schwimmer aus. Wer die schnellste Bahn schwamm, sollte einen Scheck über eine Million chilenische Pesos erhalten, was rund 2000 Dollar entsprach. Sport sei ein wichtiger Teil der Erziehung, erklärte Farkas, der wenige Minuten später einen Scheck zugunsten von Eduardo Hales ausstellte, dem erstaunten Sieger. Restaurantkellner, die Farkas bedienten, wurden häufig mit Trinkgeldern in Höhe von mehreren Tausend Dollar belohnt.

Farkas stieg aus seinem Geländewagen und sah mit seinen blonden Locken und den blendend weißen Zähnen wie ein Nachtklubsänger aus Las Vegas aus, der in die falsche Wüste verpflanzt worden war. Dann fing er an, schlichte weiße Briefumschläge zu verteilen, einen an jede Familie. Jeder

Umschlag enthielt einen Scheck über fünf Millionen chilenische Pesos – etwa 10 000 Dollar.

»Mein Unternehmen hat vom ersten Tag an hier mitgearbeitet«, erklärte Farkas in einer kurzen Stellungnahme, mit der er andeutungsweise auf die Kartons mit Sandwiches verwies, die seine Firma regelmäßig an die Retter geliefert hatte. »Wir kauften Parkas und Mützen zum Schutz gegen dieses kalte Wetter. Nicht alle unsere Beiträge sind öffentlich oder werden der Presse mitgeteilt.« Farkas gab dann die Gründung einer Kampagne bekannt, mit der eine Million Dollar für jeden einzelnen Bergmann gesammelt werden sollte – ein Aufruf, der Geschäftsleuten und Bürgern zugleich galt, die »in ihr Portemonnaie greifen« sollten, um sicherzustellen, dass diese Männer nie wieder arbeiten mussten. »Ich will nicht, dass diese Jungs, wenn sie herauskommen, [...] sich wirtschaftliche Sorgen machen müssen«, sagte Farkas. »Ich bin nicht hier, um ihnen einen Arbeitsplatz anzubieten. Ich bin hier, um ihnen etwas Besseres als Arbeit anzubieten – jede Familie soll eine Million Dollar haben.« Dankbare Familienangehörige versprachen, die Schecks einzulösen, und wiesen darauf hin, dass Farkas die Zahlungsanweisungen klugerweise direkt auf die einzelnen Kumpel ausgestellt hatte, was hässliche Streitereien über die Verteilung verhindere.

Während Fisher und Farkas, jeder für sich, ihren Hilfsplan für die eingeschlossenen Bergleute organisierten, löste Alejandro Bohn, der Mitbesitzer der Mine San José, mit einem Interview, das er am 23. August dem chilenischen Radiosender Cooperativa gab, einen neuen Sturm der Kritik aus. Bohn erklärte, das Unternehmen sehe den möglichen rechtlichen Konsequenzen des Bergwerksunglücks »mit Gelassenheit« entgegen.

»Für uns gab es keinerlei Vorwarnung vor dieser Art von Katastrophe. Die Arbeiter waren ausgebildet und hatten ihre Sicherheitsausrüstung, mit der sie einem solchen Ereignis begegnen konnten und die ihnen den notwendigen Schutz bot«, sagte Bohn, der außerdem andeutete, dass das Unternehmen möglicherweise die Lohnzahlungen für die 33 Eingeschlossenen und weitere 300 Beschäftigte einstellen werde. »Wir haben mit den Behörden über mögliche Lösungen für die Fortsetzung des Betriebs gesprochen. Leider konzentrieren sie sich gegenwärtig – wie wir auch – auf die Rettung unserer Arbeiter.«

Bohn zögerte bei der Antwort auf die Frage, ob er vorhabe, sich bei den Arbeitern und ihren Familien in irgendeiner Form zu entschuldigen. »Hier ist Vorsicht angebracht. Die Untersuchung der Frage, ob man irgendetwas zur Verhinderung des Unglücks hätte tun können, muss vorangetrieben werden.« Der Minenbetreiber weigerte sich außerdem, bei einer geplanten Anhörung vor einem Untersuchungsausschuss des chilenischen Kongresses auszusagen.

Minister Golborne reagierte darauf wenige Minuten später mit einem Frontalangriff gegen Bohn. »Ich finde diese Aussagen unglaublich. Ich hörte sie und war wirklich überrascht.« Dann machte Golborne die Besitzer der Mine San José dafür verantwortlich, dass im Lüftungsschacht keine Rettungsleitern eingebaut worden waren. »Wir hätten dieses ganze Drama vermeiden können«, erklärte er und fügte hinzu, der Unfall verweise auf »sehr große Sicherheitsmängel« in der Mine.

Auch Senator Alberto Espina griff Bohn an und erhob schwere Vorwürfe gegen die San Esteban Primera S.A.: »Schlechtes Management, Nichteinhaltung von Arbeitsgesetzen, Herbeiführen einer dramatischen Situation, schließlich folgt auch noch eine Distanzierung, und es heißt: Wir haben kein Geld für Lohnzahlungen mehr. Es ist einfach unglaublich.«

»Sie könnten zumindest vor dem Untersuchungsausschuss erscheinen und erklären, was passiert ist«, sagte Frank Sauerbaum, ein Kongressmitglied, das den Minenbetreibern vorwarf, »sich ihrer Verantwortung systematisch entzogen« zu haben. Sauerbaum merkte außerdem an, die Bergleute seien nur »dank

der professionellen und unermüdlichen Arbeit der Regierung«
noch am Leben, »hätte das Unternehmen, das die Mine be-
treibt, die Rettungsaktion geleitet, wäre diese Geschichte ganz
anders ausgegangen.«

20. Tag: Mittwoch, 25. August

Luis Urzúa hatte jetzt mehr zu tun als in den vorhergehenden
Wochen. Die Verantwortlichen über Tage adressierten all ihre
Nachrichten an den Schichtführer und verfolgten damit eine
klare Strategie, mit der sie die stark angeschlagene Autorität
Urzúas wiederherstellen wollten. Präsident Piñera rief Urzúa
persönlich an, um aus erster Hand zu hören, wie die Männer
überlebt hatten. »Wie wir versuchten, dieser Hölle zu entkommen. […] Das war ein furchtbarer Tag«, hob Urzúa an, als er
Piñera beschrieb, wie die Männer auf den ersten Einsturz reagierten. »Es war ein Gefühl, als würde der ganze Berg auf uns
herabfallen, und wir wussten nicht, was da geschah.« Dann
flehte Urzúa den Präsidenten an: »Die 33 Bergleute, die hier in
der Mine unter einer ungeheuren Felsmasse eingeschlossen sind,
warten darauf, dass uns ganz Chile aus dieser Hölle herausholt.«
Urzúa war mit Videoaufnahmen für die Regierung einverstanden. Eine Kamera sollte in die Tiefe hinabgelassen werden, und
die Männer sollten filmen, wie sie unter diesen Bedingungen
lebten, und eine kurze Führung durch ihre staunenswerte Welt
veranstalten. Je länger die Unterhaltung dauerte, desto mehr
entspannten sich die Bergleute, und der Dialog nahm einen
eher informellen Charakter an. Sie baten den Präsidenten um
einen besonderen Genuss für den unmittelbar bevorstehenden Nationalfeiertag am 18. September, den 200. Jahrestag der
Vertreibung des spanischen Generalkapitäns: »ein Glas Wein«.

21. Tag: Donnerstag, 26. August

Die Männer machten sich eben zum Schlafen bereit, als die chilenische Regierung einen neun Minuten langen Videofilm veröffentlichte, der am Freitagabend zur besten Sendezeit im chilenischen Fernsehen gezeigt wurde. Damit öffnete sich ein Fenster zu ihrer Untergrundwelt. Es war der erste Fernsehauftritt der Bergleute. Das Video ging in Windeseile um die Welt, und die Reaktion war unglaublich. Die Welt war überwältigt.

Florencio Ávalos hielt die Kamera, während Sepúlveda langsam durch die winzige Höhle schwenkte, die ihr Schutzraum war. Die grob behauenen, unregelmäßigen Felswände. Der rostige Sauerstofftank. Die rissige Wanne, die als Wasserbehälter diente. Der ramponierte Arzneischrank, der nicht größer als ein Tornister war und längst abgelaufene Medikamente enthielt.

Nur wenige Männer, die sich wie verängstigte Tiere zusammendrängten, schauten in die Kamera. Sepúlveda versuchte sie aufzumuntern, indem er an ihr Gruppengefühl appellierte. Nur ein paar Kumpel reagierten. Pablo Rojas versuchte zu sprechen, aber die Worte blieben ihm im Hals stecken. Manche der Männer lagen bäuchlings auf dem Boden und wichen dem Kameraauge aus. In dem überfüllten Schutzraum hatte sich eine große Erschöpfung breitgemacht. Müde Augen starrten blicklos ins Leere. Der Anblick erinnerte an uralte Schwarz-Weiß-Fotos von traumatisierten Soldaten.

Schmutz und unrasierte Gesichter vermittelten den Eindruck allumfassenden Leidens. Bei Claudio Yáñez hatte man den Eindruck, er könne kaum noch stehen, die Rippen waren an dem abgemagerten Körper gut zu erkennen. Die Männer schienen in einem schweren Trauma gefangen. Der Tod – oder die Empfindung des nahen Todes – verlieh den Videobildern eine unvergessliche Eindringlichkeit.

Einige der Männer trugen orangefarbene Bergmannshelme, aber nur wenige hatten ein Hemd an. Der Schweiß rann ihnen in Strömen über den Körper. Die in ihrem 50 Quadratmeter großen Schutzraum zusammengedrängten Bergleute sahen verzweifelt aus. Sepúlveda setzte dagegen seinen Muntermacher-Auftritt fort, er scherzte, ein Kumpel habe ein neues Sprungfederbett mit Obermatratze gefunden, und redete den Männern gut zu, doch ein paar Worte mit geliebten Familienangehörigen zu wechseln. Zamora nahm alle Energie zusammen und dankte den Familien: »Wir wissen, dass ihr für uns gekämpft habt.« Er hielt inne, um sich die Tränen abzuwischen. »Und wir alle klatschen euch Beifall.« Der darauf folgende Jubel fiel kurz aus.

Am Schluss des Videos stimmten die Männer die chilenische Nationalhymne an, und die Stimmen klangen trotz der offensichtlichen Erschöpfung kräftig. Was immer die Welt sonst noch als ersten Eindruck von den Bergleuten mitnahm: Nur wenige Menschen würden bezweifeln, dass sie zusammenhielten.

Das Video war ein virtueller Rundgang durch die bislang verborgene Welt der Bergleute. Man sah, wie viele von ihnen einfach liegenblieben und sich kamerascheu verhielten, aber Sepúlveda hatte, mit seinem Humor, seiner Eloquenz und seiner überschäumenden Zuversicht, den Auftritt seines Lebens. Er hielt die Männer, einen nach dem andern, dazu an, ihre Familien anzusprechen und ein paar kurze Gruß- und Hoffnungsworte zu sagen. Der Film war eine ebenso schockierende wie eindrucksvolle Zusammenfassung der gefährdeten Existenz der Bergleute und eine Demonstration des Überlebenswillens.

Sepúlvedas Rolle war kein Zufallsglück, sondern entsprang einer gewieften Medienstrategie: Die Regierung Piñera hatte die Bergleute dazu gebracht, Sepúlveda zum Moderator zu ernennen. »Wir mussten die Bergleute bitten, nicht Florencio Ávalos im Fernsehen auftreten zu lassen, sondern ›den Künstler‹ [Sepúlveda] einzusetzen«, erklärte Gesundheitsminister Dr. Mañalich. »Es war eine sehr schwierige Verhandlung.« Die Regierung Piñera wollte die Bergleute der Welt als Helden vorführen, als menschliche Trophäen, die den inspirierenden

Unternehmergeist des Präsidenten verkörperten. Aber zu dieser Medienstrategie gehörte auch eine selektiv vorgehende redaktionelle Arbeit. Das Video wurde sorgsam zensiert. Bilder, auf denen Pilzinfektionen zu sehen waren, ließ man weg. Szenen mit schluchzenden Bergleuten wurden nie gezeigt.

22. Tag: Freitag, 27. August

Aus der Tiefe kam eine Flut von Briefen, handgeschriebene Notizen mit detaillierten Beschreibungen dieser einzigartigen Welt. Psychologen und Familienangehörige konnten jetzt damit beginnen, feste Abläufe und Regeln in dieser Miniaturgesellschaft nachzuvollziehen. Die Kumpel beschrieben die organisatorischen Strukturen der drei Arbeitsgruppen mit je elf Männern. Sie zeigten, wie jede Gruppe in diesem anhaltenden Kampf ums Überleben unter der Erde eine Achtstundenschicht übernahm. »Wir haben drei Gruppen, *Refugio* [Schutzraum], *Rampa* [Rampe] und *105* [Meter über dem Meeresspiegel]«, schrieb Omar Reygada in einem Brief an seine Familie. »Ich leite eine davon *[Refugio].*« Jede Gruppe hatte einen Anführer, einen »*Capataz*«, der gegenüber Urzúa verantwortlich war.

Jetzt, wo die Männer wieder zu Kräften kamen, wurde ein Tagesplan aufgestellt. Die Leiter der Rettungsaktion befürchteten, dass die Männer, die sich jetzt um Nahrung und Wasser nicht mehr zu sorgen brauchten, ohne feste, von oben verordnete Regeln nur noch untätig herumsitzen würden und sich der soziale Zusammenhalt in einem Lehrbuchbeispiel zu »untätigen Händen in der Werkstatt des Teufels« auflösen würde. Jede Gruppe erhielt, unter der Führung des *Capataz,* ihre täglichen Aufgaben. Für die Morgenschicht begann der Tag mit dem Aufstehen um 7.30 Uhr und einem Frühstück um 8.30 Uhr, worauf dann die morgendlichen Pflichten folgten, die teils von oben geschickt wurden und sich zum Teil auch aus dem gesunden Menschenverstand ergaben.

Die Bergleute hatten zur Überraschung der chilenischen wie auch der NASA-Experten einen festen Ablauf von Routinetätigkeiten und Aufgaben entwickelt, der ihr 17-tägiges Eingeschlossensein zu einer Erweiterung ihres Arbeitsalltags machte. Viele der Männer gaben ihre individuelle Rolle nicht einfach auf, sondern nutzten ihre mechanischen und elektrischen Fertigkeiten für die Entwicklung neuer Erfindungen, die sich als überlebenswichtig erwiesen. Das Festhalten an gewohnten Abläufen hatte verhindert, dass die Männer von einem Gefühl der Hilflosigkeit überwältigt wurden. »Unser Ziel ist die Hilfe zur Selbsthilfe, wir behandeln sie nicht wie Kranke«, sagte Dr. Llarena.

Die Männer nutzten ihre wiedergewonnene Energie für das Stabilisieren brüchiger Felswände, sie räumten Felstrümmer weg und leiteten die Wasserläufe ab, die durch ihren Schlafplatz rannen. Die Paloma-Rohre, die die Männer mit den Rettern verbanden, wurden mit Wasser geschmiert, sodass beständig eine schlammige Masse in ihre kleine Welt tropfte. Die Briefe der Männer waren mit Schweißtropfen und braunen Schmutzflecken versehen – eine ständige Erinnerung an die 90 Prozent Luftfeuchtigkeit und 33 Grad Celsius, die unten in der Mine herrschten. Aber jetzt bekamen die Kumpel Shampoo, Seife, Zahnpasta und Handtücher – eine Fünf-Sterne-Verbesserung im Vergleich zu dem, was sie noch vor wenigen Tagen durchgemacht hatten.

Die Männer organisierten Sicherheitspatrouillen, die sich am Rand ihres Schlaf- und Wohnbereichs umtaten und Ausschau hielten, ob sich die instabile Mine vielleicht abermals bewegte und sie in einem noch kleineren Bereich einschloss. Die Kumpel befürchteten, ein kleiner Steinschlag könnte sich zu einem lawinenartig anschwellenden vollständigen Einsturz ausweiten. Sie arbeiteten Tag für Tag stundenlang, entfernten mit langstieligen

Pickeln große lockere Felsbrocken aus der Decke der Mine, die sie so zu stabilisieren versuchten.

»Bei der ersten größeren Felsbewegung werden sie sich verstecken wie die Ratten und Schutz suchen«, sagte Alejandro Pino, ein führender Organisator der Rettungsaktion, der für die ACHS arbeitete. »Das sind erfahrene Bergleute. Beim ersten Anzeichen für eine größere Bewegung wissen sie schon, wo sie hinmüssen.«

Alle 40 Minuten traf eine Paloma-Lieferung ein, die Palomas wurden also zu einer festen Aufgabe für die eingeschlossenen Kumpel. Sechs von ihnen wurden zu *Palomeros* bestimmt (die chilenische Wort-Neubildung bedeutet »Taubenfänger«). Die Palomeros nahmen das drei Meter lange PVC-Rohr in Empfang, schraubten den Deckel ab, schütteten oder schüttelten den Inhalt (her)aus, legten dann die neuesten Briefe und Nachrichten in das Behältnis und beobachteten das Rückholmanöver, bis das torpedoähnliche Rohr außer Sichtweite war.

»Wir geben ihnen nur wenig Zeit. Sie müssen die Paloma in 90 Sekunden leeren und neu beladen«, sagte Dr. Mañalich. »Man könnte den Behälter auch zehn Minuten dort lassen, aber wir geben ihnen weniger als zwei Minuten, sodass jeder Handgriff sitzen muss. [...] Gestern sagten sie uns: ›Nie zuvor in unserem Leben haben wir so hart gearbeitet.‹ Das ist ein sehr gutes Zeichen. Sie sollten keinen Augenblick der Muße haben. Sie müssen im Lauf des Tages mindestens acht Stunden arbeiten.«

Die Kumpel kamen jetzt, auch wenn sie nicht an der Reihe waren, zur Paloma-Station. Das taten sie, weil sie entweder auf einen der begehrten Briefe warteten, oder aus schierer Neugierde auf die Geräte, Hilfsgüter und nicht mehr enden wollende Serie neu eintreffender Lieferungen. Dank des immer besser funktionierenden Liefersystems verfügten die Kumpel vier Tage nach dem ersten Kontakt in ihrem Refugium bereits über einen Projektor, neue Stirnlampen und einen Lagerbestand an frischem Wasser. Die Retter drängten die eingeschlossenen Männer, Lebensmittelreserven für einen Zeitraum von 14 Tagen einzulagern. »Sie legen jetzt nach und nach eine strategische Reserve an«, sagte Alejandro Pino von der ACHS.

Einen großen Teil des Tages nahmen die Lebensmittellieferungen und die Anlieferung der Mahlzeiten ein. Die Verschickung des Mittagessens begann um 12 Uhr, und es dauerte geschlagene eineinhalb Stunden, bis alle Portionen vor Ort waren. »Nach dem Mittagessen halten sie eine Vollversammlung ab, und bei dieser Versammlung sprechen sie ihre Gebete«, sagte Dr. Díaz.

José Henríquez leitete wie üblich das tägliche Gebet. »Don José« lebte für Jesus und seine täglichen Predigten. Was als kleine Gebetsversammlung begonnen hatte, war inzwischen zu einer regelrechten evangelikalen Bekehrung geworden. 20 Männer erschienen regelmäßig zu seinem Gottesdienst, manchmal waren es auch mehr. Henríquez konnte inzwischen darauf zählen, dass Florencio Ávalos, der offizielle Kameramann der Gruppe, seine Predigten aufzeichnete.

Pedro Cortés und Carlos Bugueño wurden zu Tontechnikern ernannt und übernahmen auch die Wartung der Telefonleitungen für die Konferenzschaltungen, die für den frühen Nachmittag angesetzt waren.

Der 19 Jahre alte Jimmy Sánchez, wurde zum »Umweltassistenten« und durchstreifte gemeinsam mit Samuel Ávalos die Gänge und Höhlen und registrierte mit einem Handmessgerät den Sauerstoff- und Kohlendioxidgehalt der Luft sowie die Lufttemperatur. Sánchez und Ávalos lasen die ermittelten Werte jeden Tag von dem Dräger-X-am-5000-Gerät ab und schickten Berichte an das Medizinerteam nach oben.

Nachdem die Grundbedürfnisse, zum Beispiel die Ernährung und der Schlafraum, organisiert und gesichert waren, wurden ganz neue Aufgaben verteilt. José Ojeda, inzwischen als Urheber der berühmten ersten Nachricht weltweit bekannt, wurde zum offiziellen Sekretär bestimmt. Victor Segovia blieb der offizielle Berichterstatter der Gruppe, der die täglichen Lageberichte verfasste.

Innerhalb weniger Tage nach dem ersten Kontakt ernannten die Leiter der Rettungsaktion Yonni Barrios zum Arzt der Gruppe und erkannten damit eine Position an, die Barrios bereits während der ersten 17 Tage aus eigener Initiative eingenommen hatte. Er verpflichtete rasch Daniel Herrera, der kurzerhand zum »Sanitätshelfer« ernannt wurde.

Barrios war von allen Männern, die damit beauftragt waren, die Gruppe funktionsfähig zu halten, vielleicht der wichtigste. Er impfte die gesamte Gruppe gegen Diphterie, Tetanus und Lungenentzündung, und da Pilzinfektionen und Zahnfäule zu den dringendsten medizinischen Problemen zählten, mit denen die Kumpel zu tun hatten, wurde er mit einem Mal zur Schlüsselfigur in einem bis dahin beispiellosen Experiment in Sachen Telemedizin.

Neben seinem täglichen medizinischen Rundgang führte Barrios jeden Nachmittag ein stundenlanges Konferenzgespräch, bei dem er vom Medizinerteam Informationen und Hinweise erhielt.

»Yonni, können Sie mich hören?«, rief Dr. Mañalich bei einer medizinischen Konferenzschaltung. »Yonni, haben Sie jemals einen Zahn gezogen?«

Die Leitung knisterte, und aus der Tiefe kam Barrios' Antwort: »Ja, einen von meinen eigenen.«

Die Ärzte sahen sich überrascht an, die schlichte Lebenswirklichkeit des Bergmanns schockierte sie.

»Falls wir Sie bitten müssen, einen Zahn zu ziehen, und Ihnen eine sterile Ausrüstung schicken: Könnten Sie das tun?«, fragte Mañalich, der versprach, Video-Instruktionen zu liefern, in denen gezeigt wurde, wie man einen entzündeten Backenzahn am besten entfernt. Mañalich schickte Barrios eine freundliche Warnung: »Vergessen Sie nicht, den Männern zu sagen, dass Sie ihnen bald die Zähne herausreißen werden, falls sie sie nicht putzen.«

Barrios fiel eine weitere wichtige Aufgabe zu. »Wir brauchten ihn zur Ermittlung der Körpermaße. Wir mussten den Körperumfang der Männer kennen, um zu wissen, ob sie durch den schmalen Rettungsschacht passen würden, der jetzt gebohrt wurde«, sagte Dr. Devis Castro, ein Chirurg und Spezialist für Ernährungsfragen.

Draußen im Leben stand Barrios eine noch kompliziertere Operation ins Haus: Er musste zwischen seiner Geliebten und seiner Frau vermitteln, die in öffentlich ausgetragenen Attacken, an denen die Medien ihre helle Freude hatten, um ihn kämpften. Unten im Bergwerk ließen die Männer keine Gelegenheit aus, Barrios wegen dieses Streits aufzuziehen. In der abgeschiedenen Welt der Bergleute wird unablässig gescherzt, der Humor legt keine Pause ein. Nichts ist heilig. Die Kumpel schlachteten Barrios' heikles Dilemma genussvoll aus, lachten und rissen Witze darüber, ohne bösartig zu sein. Es gehörte einfach zu ihren Alltagsgesprächen.

24. Tag: Sonntag, 29. August

Sechs Tage nach dem ersten Sprechkontakt über Pedro Gallos rudimentäres Telefon, das inzwischen der wichtigste Kommunikationskanal zu den Bergleuten war, nahmen die Anfragen aus der Tiefe zu. Die Kumpel wollten und mussten mit ihren Familienangehörigen sprechen, sie baten inständig darum. Die Leiter der Rettungsaktion genehmigten aber nur einen sehr kurzen Sprechkontakt: Jede Familie sollte 60 Sekunden mit dem geliebten Menschen dort unten sprechen können, empfahl der Psychologe Iturra.

Die Kumpel waren ungehalten. Mit Präsident Piñera und Minister Golborne hatten sie insgesamt gut über eine Stunde gesprochen, und jetzt sollten sie alle zusammen nur 33 Minuten für das bekommen, was ihr bis dahin wichtigstes Telefonat überhaupt war? Mit diesen Anrufen begann auch eine neue Runde von Problemen.

»Ich telefonierte, und Iturra sagte: ›Schluss, Schluss, Schluss‹, und ich antwortete: Was sagen Sie da? Das war noch nicht mal eine Minute. Dann sagte er: ›Machen Sie Schluss, oder ich trenne die Verbindung.‹ Ich dachte: Was für ein Arschloch. Das gab mir eine Vorstellung von seiner Denkweise.« Samuel Ávalos erklärte, Iturra sei im Umgang mit den Bergleuten übermäßig streng und tyrannisch aufgetreten. »Er wollte der Gruppe seine Bedingungen aufzwingen. Wir wollten das nie und nimmer akzeptieren. […] Wir waren eine Gruppe, eine Familie, wir waren auf Gedeih und Verderb aufeinander angewiesen.«

Anfangs waren die Eingeschlossenen mit einer zweistündigen täglichen Konferenzschaltung einverstanden, bei der Iturra und die Ärzte sie mit Fragen eindeckten. Von ärztlicher Seite war das ein Versuch, ein psychologisches Profil der Gruppe und ihrer einzelnen Mitglieder zu entwickeln. Als die Kumpel jedoch wieder Gewicht zulegten und ihre Kräfte zurückkehrten, wuchs ihre Abneigung gegen die täglichen Sitzungen. »Sie sagen, sie seien nicht krank und wollten weder mit Ärzten noch mit Psychologen sprechen«, berichtete Dr. Díaz.

Die neuen Kommunikationsmöglichkeiten führten auch zu Kontroversen und Konflikten. Familienfehden draußen drohten sich auch in dem Briefwechsel und den Gesprächen mit den Bergleuten niederzuschlagen. Niemand wusste, wie viel an seelischer Belastung die Männer noch ertragen konnten – ein Kumpel, der die Kontrolle über sich selbst verlor, konnte möglicherweise die ganze Gruppe anstecken. Die Retter waren besorgt, dass Panikattacken oder Gewaltausbrüche die gesamte Gruppe in einen Zustand versetzen könnten, in dem Vernunft und Ordnung ins Hintertreffen gerieten.

Jeden Tag gingen Dutzende von Briefen hin und her, und das Psychologenteam unter Iturras Leitung folgte einem strikten Kurs. Alle Briefe, die von den Bergleuten kamen, wurden gelesen, bevor sie den Familien ausgehändigt wurden. Im Gegenzug wurde auch jeder Brief, der an die Eingeschlossenen ging, von einem Psychologenteam gelesen, das die Tage damit verbrachte, Stapel von eng zusammengefalteten handgeschriebenen Briefen durchzugehen.

Nick Kanas, ein langjähriger Berater der NASA, sah die Zensurpolitik und Big-Brother-Mentalität kritisch. »Ich würde gar nichts überwachen, […] sonst schafft man eine Grundlage für Misstrauen. Die Bergleute werden dann anfangen zu fragen: ›Was versteckt ihr sonst noch vor uns?‹ Sie werden mitbekommen, dass sie nicht alles erfahren, und werden wissen wollen, warum das so ist.«

So wie die Dinge lagen, nahmen die Spannungen rasch zu. José Ojeda glaubte nicht, dass Briefe verlorengingen oder verspätet zugestellt wurden, wie ihm Regierungsvertreter zu erklären versuchten. »Das ist hier wie im Gefängnis, sie zensieren alles«, schrieb er. »Als wir noch keine Kommunikationsmöglichkeit hatten, ging es uns besser.« Dieser Brief wurde seiner Familie nie ausgehändigt, die Psychologen hielten ihn zurück und archivierten ihn.

»Manchmal fügten sie Wörter hinzu oder schrieben die Briefe ganz um«, sagte der Bergmann Carlos Barrios. »Ich kenne die Handschrift meiner Großmutter.« Barrios brachte das Thema Streik auf. Die Bergleute sollten gegenüber den unsichtbaren Befehlshabern da oben als geschlossene Einheit auftreten. Nach Barrios' Einschätzung warf der gesamte Vorfall ein bezeichnendes Licht auf die herablassende Haltung des Psychologen Iturra, eine Haltung, die die Männer zusammenstehen ließ. »Diese Leute hielten uns für unwissend«, sagte Barrios. »Sie verstanden uns nicht.«

KAPITEL 8

Der Marathon

26. Tag: Dienstag, 31. August

Auch Familienangehörige der eingeschlossenen Bergleute standen Spalier und jubelten, als der graue Transporter durch die Kamerateam- und Fotografenmeute ins Camp Esperanza einfuhr. Die Insassen des Fahrzeugs, sechs Spezialisten der National Aeronautics and Space Administration (NASA) staunten über diesen Trubel. Sie waren im Umfeld der vergleichsweise sterilen und hochgradig regulierten Bürokratie des US-Raumfahrtprogramms ausgebildet worden, und der Anblick Dutzender von Frauen, die ihnen auf Spanisch etwas zuriefen, während Hunderte von Fotojournalisten um die besten Bilder von dieser Szene rangelten, war für sie wie eine Ankunft auf einem anderen Stern.

Die Nachricht vom Überleben der Bergleute, die 17 Tage lang ohne Kontakt zur Außenwelt unter der Erde durchgehalten hatten, hatte die ganze Welt staunen lassen, ebenso wie die chilenischen Fachkenntnisse in Bohrtechnik und bei der Bereitstellung der dazugehörigen Ausrüstung, die zum ersten Kontakt mit den eingeschlossenen Männern geführt hatten. Jetzt, da die Männer mit Mahlzeiten und Medikamenten versorgt wurden, stellte sich eine ganz neue Aufgabe: Es musste für die Erhaltung ihrer psychischen Gesundheit gesorgt werden. Die maßgeblichen Personen der Rettungsaktion auf allen Ebenen waren beim Umgang mit unerforschten Regionen der menschlichen Psyche überfordert. Präsident Piñera war sich der einzigartigen Begleitumstände des Unglücks in der Mine San José bewusst und beauftragte seine Mitarbeiter mit der Suche nach fachkundigen Beratern, die über einschlägige Kenntnisse verfügten. Sie empfahlen dem Präsidenten zwei Personenkreise: Astronauten und U-Boot-Fahrer.

Chiles Raumfahrtprogramm bestand aus einem einzigen Mann, aus Klaus von Storch, einem ehemaligen Piloten der chilenischen Luftwaffe und Luft- und Raumfahrtingenieur. Von Storch war ein unerschütterlicher Optimist, der geduldig über ein Jahrzehnt lang auf der NASA-Warteliste für Astronauten ausgeharrt hatte, bis er schließlich aufgab. Die Atacama-Wüste hatte Chile zwar in der weltweiten Astronomie ganz nach oben rücken lassen, aber die bemannte Raumfahrt war von der fiskalischen Realität des chilenischen Staatshaushalts um Lichtjahre entfernt. Die chilenische Botschaft in Washington, D.C., wandte sich deshalb, in Ermangelung eigener Daten, auf die man sich beziehen konnte, an führende Vertreter der NASA. Diese waren mit Freuden bereit, die eigenen Erkenntnisse aus jahrzehntelangen Untersuchungen zum menschlichen Verhalten in Stresssituationen und bei räumlicher Enge weiterzugeben. Zum Team, das ins Camp Esperanza entsandt wurde, gehörte auch Dr. Al Holland. Der Psychologe verfügte über große Erfahrung mit extremen Lebensbedingungen, die von Apollo-Weltraumflügen bis zur eisigen Landschaft der Antarktis reichten.

Die NASA-Spezialisten berieten sich mit dem erst vor Kurzem gebildeten chilenischen Team, dem Psychologen, Ernährungswissenschaftler, Bergbauingenieure sowie Renato Navarro angehörten. Navarro war ein hochrangiger Offizier der chilenischen U-Boot-Flotte, der aufgrund seiner Erfahrung bei der Führung von Männern auf beengtem Raum ins Team aufgenommen worden war. Er sagte: »Das U-Boot ist von Wasser umgeben. Über den Bergleuten liegen 700 Meter Fels. Das Gefühl des Eingesperrtseins ist dasselbe.«

Aus den Lebensbedingungen der 33 Männer ergaben sich so viele logistische und psychische Probleme, dass die Helfer-Mannschaft in der Mine auf insgesamt rund 300 Experten anwuchs, zu denen auch ein Physikprofessor, ein Kartenzeichner und ein Überlebender eines Lawinenunglücks zählten. Ebenfalls zum Team gehörte Edmundo Ramirez, ein Chefkoch, der für die Mahlzeiten zuständig war, die den Bergleuten geliefert wurden. Die NASA-Leute waren die letzten in einer ganzen Reihe ausländischer Experten, die hierher gereist waren, aber selbst jetzt, als auf jeden eingeschlossenen Bergmann zehn Fachleute oben an der Bohrstelle kamen, gab es auf zahlreiche Fragen immer noch keine Antwort.

»Das hier ist eine noch nie dagewesene Situation und Anstrengung«, sagte Michael Duncan, ein NASA-Psychologe, in einem Zelt im Camp Esperanza. »Meines Wissens sind noch nie zuvor so viele Männer in so großer Tiefe aufgespürt worden. Die Tatsache, dass sie so lange Zeit nach dem Einsturz entdeckt wurden und noch am Leben waren, ist bemerkenswert.«

Die NASA-Vertreter lobten die chilenische Rettungsaktion und schlugen kleine Änderungen in der Vorgehensweise vor, zum Beispiel höhere Vitamin-D-Gaben und eine bessere künstliche Beleuchtung, um die Reaktionen des Körpers auf den Tag-und-Nacht-Zyklus zu stimulieren. Das NASA-Team hob außerdem hervor, dass einfache tägliche Aktivitäten wie Karten spielen, lesen und Filme anschauen für die Vermeidung eines Gefühls von Monotonie wichtig seien. NASA-Vertreter verweigerten die Herausgabe vieler Details zu ihrem abschließenden fünfstündigen Briefing, aber Teilnehmer an jener Besprechung mit den amerikanischen Experten sagten, die US-Raumfahrtbehörde habe energisch dafür plädiert, die Bergleute in einer strengen, nahezu unternehmensähnlichen Hierarchie zu organisieren. Abstimmungen und Gruppenentscheidungen hätten 17 Tage lang sehr gut funktioniert, aber jetzt, so hätten die NASA-Leute betont, müssten sich die Männer auf ein Rennen mit mehreren Etappen einstellen – mit den Worten der NASA auf »einen Marathon«.

Die Raumfahrtexperten warnten auch die Leiter der Rettungsaktion, sie sollten sich auf einen Aufstand vorbereiten. »Sie sagten, die Astronauten hätten bei einer der Skylab-Missionen eine Auseinandersetzung mit ihren Vorgesetzten gehabt [und] seien dabei so in Zorn geraten, dass sie die Funkverbindung mit dem Kontrollzentrum unterbrochen hätten«, erinnerte sich Jorge Díaz. »Die Astronauten umkreisten [die Erde] einen Tag lang, ohne dass jemand Kontakt zu ihnen aufnehmen konnte.«

Der chilenische Psychiater Dr. Figueroa bestätigte diese denkbare Gefühlslage. »Nach der Euphorie, entdeckt zu werden, wäre die normale psychische Reaktion der Männer ein Zusammenbruch mit einer Kombination von Erschöpfung und Stress«, erklärte er. Dr. Figueroa war vom chilenischen Innenministerium engagiert worden, um über die psychologische Fürsorge zu berichten, die den Bergleuten und ihren Familien zuteilwurde. »Der Anteil der Bergleute, die durch dieses Ereignis ausgelöste langfristige psychische Probleme davontragen könnten, liegt bei etwa 15 Prozent. Deshalb ist die Regierung sehr daran interessiert, dass diese Menschen starke Unterstützung erfahren, um langfristige Probleme zu vermeiden. Der wichtigste Punkt ist, dass ein Kommunikationskanal geöffnet wird, eine festgesetzte Zeit, in der die Bergleute Nachrichten schicken können.«

Briefe hatten sich für die Familien wie auch für die Eingeschlossenen bereits als gewaltige psychologische Stütze erwiesen. Zu den ersten Dingen, um die die unter der Erde festsitzenden Männer baten, zählten Schreibstifte und Papier. Die Chilenen hatten auch stufenweise ein Telefonsystem mit den Bergleuten in Gang gebracht. Daran sollte sich dann ein Videokonferenz-System anschließen. Offene Kommunikationskanäle waren jedoch auch mit einem Kontrollverlust verbunden. Wenn nun eine Ehefrau ihren Mann auf diesem Weg um die Scheidung bitten würde? Und war das wirklich der geeignete Zeitpunkt, um sich über laufende Rechnungen und Geldangelegenheiten zu streiten?

27. Tag: Mittwoch, 1. September

Aus einiger Entfernung sah der Schauplatz der Rettungsaktion auf dem Gelände der Mine San José aus wie eine Baustelle, die aus dem Ruder gelaufen war. Gewältige Kräne lärmten 24 Stunden am Tag, sie beförderten mühelos Metallrohre von der Länge eines Schiffsmastes. Zementlaster, Bulldozer, Schaufelbagger und Roboter-Gerätschaften, die wie Insekten aussahen, bewegten sich auf dem Berghang. Parkplätze waren mit Versorgungsgütern belegt, in einer Ecke lagen Bohrspitzen, in einer anderen über 20 Paletten mit Holzkohle. Die Holzkohle, die in leere Ölfässer umgefüllt und dort verbrannt wurde, diente den etwa 20 Polizisten, die als Wachtposten auf dem Gelände verteilt waren, als nächtliche Beleuchtung und Wärmequelle.

Schichtbesatzungen behelmter Männer legten mit ihren riesigen, schmutzigen Händen und Gesichtern, auf denen sich nur selten ein Lächeln zeigte, Zeugnis ab von der schwierigen Aufgabe, die in den vergangenen vier Wochen Hunderte von Rettern hier zusammengeführt hatte. Im Messezelt traf man auf Männer aus Brasilien, Südafrika, den Vereinigten Staaten und Kanada, die sich hier mit mehreren Hundert hochqualifizierten Chilenen zusammengetan hatten. Diese Retter hatten Kindergeburtstage verpasst und ihre Familien alleine gelassen, um in die Atacama-Wüste zu fliegen und dort zu helfen. Sie meldeten sich freiwillig zu 24-Stunden-Schichten, um Männer zu retten, die sie gar nicht kannten, Männer, die sie vielleicht nie kennenlernen würden.

Karawanen von Allrad-Pick-ups schafften Lebensmittel, Maschinen und Spenden herbei. »Wir sind hier, um die Familien und die Kinder zu unterstützen. Jeden vierten oder fünften Tag bringen wir diesen 180 Menschen Milch und Joghurt«, sagte Adolfo Duran, der Vertriebsleiter des Lebensmittelunternehmens Soprole, und zeigte dabei auf Joghurt-Kartons und Kisten mit Milch. »Das Gefühl der Zusammengehörigkeit hat in diesem Jahr stark zugenommen. Zuerst hatten wir das Erdbeben und jetzt das hier. Ich habe das Gefühl, dass unsere Nation in diesem Jahr sehr viel stärker geworden ist.«

Weiter unten am Berg, unterhalb der Kontrollpunkte der Polizei, brachen Familienfehden aus und wurden zu einem Teil des Medienrummels. Hunderte von Reportern, die nicht in die Sicherheitszone vordringen konnten, hatten wenig zu tun und interviewten sich deshalb gegenseitig, um allerlei Spekulationen anzustellen. Wie viele der verheirateten Bergleute hatten Geliebte? Hatten die eingeschlossenen Männer Sex miteinander? Lief die Aktion wirklich so glatt, wie von der Regierung Piñera behauptet wurde?

Camp Esperanza war kein oberflächliches Fest der Liebe, trotz der gewaltigen Unterstützung und Hilfsbereitschaft, die die Verunglückten erfuhren. Es kam zu Konflikten, und dabei flossen auch Tränen. »Yonni will gar nicht aus der Mine herauskommen«, scherzte ein Arzt im Camp Esperanza in Anspielung auf die Entwirrung des fortdauernden Dreiecksverhältnisses, das den Bergmann Yonni Barrios wie ein zweites Netz der Einschließung umgab. Seine langjährige Ehefrau und seine langjährige Geliebte setzten ihren Streit fort.

In einer Familie nach der anderen spielten sich ähnliche Szenen ab: Töchter und Söhne, zu denen es lange keinen Kontakt gegeben hatte, versammelten sich, um den Vater zu sehen, der nie ein Vater gewesen war, es war eine schmerzliche und anrührende Demonstration der Erkenntnis, dass das Herz auch längst zerschlissene Blutsbande wieder aufleben lässt.

Örtliche Regierungsvertreter erkannten, dass Camp Esperanza weiter wachsen würde. Die Zahl der Bewohner lag jetzt bei 500, und Woche für Woche entstanden neue »Viertel«, weil immer neue Journalistenteams eintrafen und einen Claim absteckten, in der Hoffnung, ein paar Nuggets zu einer Geschichte zu finden, die jetzt die ganze Welt mitverfolgte. Als im Jahr 2000 das russische Atom-U-Boot *Kursk* mit einer Besatzung von 118 Mann auf den Meeresgrund sank, konzentrierte sich das Interesse der Medien der Welt auf die Notlage der eingeschlossenen Seeleute, die langsam zugrunde gingen. Das Maß für ihre Leiden war das immer schwächer werdende »Tap – Tap-Tap«, ein Morsezeichen, das auf der U-Boot-Hülle geklopft wurde. Fast auf den Tag genau ein Jahrzehnt später wurde das chilenische Bergwerksdrama zur wohl größten Multimedia-Tragödie aller Zeiten. Nachdem die Glasfaserkabel-Verbindung hergestellt worden war, schickte man den Männern mit dem Paloma-Rohr digitale Videokameras und Unterhaltungselektronik-Systeme, zu denen auch ein Videoprojektor und MP3-Player zählten. Die 33 Männer gehörten rasch zu den am besten mit der Außenwelt verbundenen und im Umgang mit Medien erfahrensten Katastrophenopfern der Menschheitsgeschichte. Nach zwei Monaten erreichte die Zahl der Google-Treffer für »chilenische« und »Bergleute« den Spitzenwert von 21 Millionen.

Das Drama um die chilenischen Bergleute wurde rasch zu einer täglichen Hauptattraktion im weltweiten Unterhaltungsangebot.

Camp Esperanza hatte jetzt besondere Bereiche für Kinder, Anschlagtafeln für die Allgemeinheit und fahrplanmäßig in die Nachbarorte verkehrende Pendelbusse, außerdem eine Bühne für einen evangelikalen Prediger, die mit einer Verstärkeranlage und knarzenden Lautsprechern ausgestattet und nur drei Meter vom Zelt für die internationale Presse entfernt war. Reporter und Produzenten, die Berichte versendeten, wurden oft mit Glaubensbekenntnissen, Heilsversprechen und der Ermahnung beschallt, den »34sten Bergmann« nicht zu vergessen: Jesus Christus.

Chilenische Regierungsvertreter mahnten unermüdlich, es seien noch gewaltige technische und logistische Aufgaben zu bewältigen, bevor man die Männer aus der Tiefe heraufholen könne, unterdessen scherzten die Familien und bereiteten Grillmahlzeiten zu, denn für den Augenblick genügte es ihnen zu wissen, dass die Männer am Leben waren. Camp Esperanza wirkte mit seinen Lagerfeuern und der überreichlich vorhandenen positiven Energie nicht wie ein Flüchtlingslager, sondern eher wie ein bescheiden aufgezogenes chilenisches Musikfest. Es fehlte nicht an Live-Darbietungen. Der bekannte chilenische Pianist Roberto Bravo bezeichnete sein Konzert als das »Konzert seines Lebens«.

»Ich kann jetzt aufatmen. Es gibt keinen Zweifel mehr«, sagte Pedro Segovia, der 38 Jahre alte Bruder von Darío Segovia. »Vor der Entdeckung wussten wir nicht, ob die Maschinen sie in einer Tiefe von 700 Metern wirklich finden konnten.« Segovia lutschte an einer Zitrone, die er regelmäßig mit Salz bestreute, und beschrieb die Mine San José als Todesfalle. »Ich habe ein Jahr lang dort gearbeitet. Es war immer ein gefährlicher Arbeitsplatz. Wir alle, die wir dort einfuhren, fragten uns immer wieder: Werden wir wieder herauskommen? Einmal kam ein 100 Kilo schwerer Felsbrocken von der Decke herunter. Zum Glück brach er an einer Schutzvorrichtung auseinander, und ich kam mit einer Rückenprellung davon.«

Pedro Segovia teilte sich die Wachen im Familienzelt, in dem zwischen Jesus- und Jungfrau-Maria-Bildern eine einsame Kerze brannte, mit Freunden und Familienangehörigen. Der Grund für die Wachsamkeit der Familie war nicht die Furcht vor Diebstahl. Camp Esperanza war ein Ort, an dem verlorene Mobiltelefone in herzlicher Atmosphäre den dankbaren Besitzern zurückgegeben wurden. Die Familie Segovia ließ aus Respekt vor Darío mindestens ein Familienmitglied Wache halten. Darío befand sich unmittelbar unter ihnen, war eingeschlossen. Wie konnten sie da alle schlafen?

In unmittelbarer Nachbarschaft des Zeltes der Segovias spielte eine Gruppe von Kindern mit den Kerzen im Schrein ihres Großvaters Mario Gómez. Mit Blei- und Buntstiften verfertigten sie schlichte Zeichnungen von Autos, stellten diese feierlich neben Gómez' Foto auf und rannten dann davon, um zwischen den Felsen zu spielen, die über den ansonsten völlig kahlen Berghang verstreut sind.

Camp Esperanza wurde jetzt zu einer Gemeinschaft. Jede Familie stellte zwar ihr eigenes Zelt auf und folgte einem eigenen Tagesablauf, aber die gemeinsame Sache und das gemeinsame Ziel sorgten auch unter diesen beengten Verhältnissen für ein gutes Miteinander. Zwischen den Familienmitgliedern gab es nur wenige Geheimnisse. Die Verbindung von überreichlich vorhandener Freizeit und einem gemeinsamen, leidenschaftlichen Anliegen stellte sicher, dass sich Neuigkeiten in dem kleinen Lager rasch verbreiteten.

Carolina Narváez, die Ehefrau von Raúl Bustos, hatte inzwischen Erfahrung im Umgang mit Tragödien. Erst vor sechs Monaten hatten Narváez und Bustos im Epizentrum eines Erdbebens der Stärke 8,8 miterlebt, wie ein Tsunami die Werft zerstörte, in der er arbeitete. Die Arbeit in der Mine San José war von Anfang an nur als Zwischenlösung gedacht gewesen, bis Talcahuano, Bustos' fast 1200 Kilometer weiter südlich gelegene Heimatstadt, wieder aufgebaut war. »Niemand hat je zuvor so lange unter der Erde überlebt. Ich kann nicht schwächer sein als er«, sagte Narváez, die bei dieser Feststellung auf einem Felsen saß und eine Zigarette rauchte. Hinter ihr war ein Poster von Raúl zu sehen, mit starrem Blick und finsterer Miene. Narváez gab sich nicht der Illusion hin, dass sie diese Leidenszeit innerlich unversehrt überstehen würden. »Ich weiß, dass der Raúl, der dort rauskommt, nicht der Raúl sein wird, der hineinging.«

In dem nur 20 Meter entfernten Zeltlager konnte Nelly Bugueño dem Ganzen sogar etwas Positives abgewinnen. Nelly, die stets kritisiert hatte, dass ihr Sohn ein gehetztes, von täglichem Stress bestimmtes Leben führte, sagte jetzt, dass die Gefangenschaft unter Tage Victor gezwungen habe, in sich zu gehen. Staunend las sie seine Briefe immer wieder aufs Neue. Victor, der sein ganzes Leben lang als Bergmann gearbeitet hatte, hatte nie zuvor eine solche Begabung für kühnes, gefühlsbetontes Schreiben offenbart. Das war definitiv nicht der Victor, den sie kannte. »Er hat dort unten zu seiner zweiten Identität gefunden. Er hat entdeckt, dass er ein Dichter ist. Woher kamen all diese wunderbaren Gefühle? Sind sie so plötzlich aufgeblüht?« Bugueño lächelte, und ihre zierliche Gestalt wurde von immensem Stolz erfüllt. »Ich möchte nicht, dass er wieder im Bergwerk arbeitet. Er sollte Lieder und Gedichte schreiben.«

In einem Land, das die mit dem Literatur-Nobelpreis geehrten Lyriker Gabriela Mistral und Pablo Neruda hervorgebracht hat, ist es keine Überraschung, dass die Männer Zamora zum offiziellen Dichter der Bergleute ernannten. Zamoras gereimte Texte waren oft Moralpredigten, die an die Retter adressiert waren und nicht mehr als eine Seite umfassten. Mit ihrer Verbindung von Hoffnung, Dankbarkeit und Humor gehörten sie zu den meistgelesenen Nachrichten aus der Tiefe. Zamoras Gedichte trieben Pedro Campusano, einem Sanitäter, der in der Paloma-Station arbeitete, auch nach mehrmaligem Lesen Tränen in die Augen. »Als das erste hier oben ankam, las ich es und schaffte es nur zur Hälfte. Ich konnte nicht weiter …« – Campusano schossen die Tränen in die Augen. »Als ich das las … die Gefühle überwältigten mich.«

Die anfängliche Euphorie über die Entdeckung der Bergleute war die eine Sache, aber ihre Bergung aus der Mine – die chilenischen Ingenieure bezeichneten das als »abschließenden Angriff« – blieb eine beängstigend komplizierte Aufgabe. Das

Bohren eines 700 Meter langen Rettungsschachtes bis zu den eingeschlossenen Männern würde drei oder vier Monate in Anspruch nehmen, und man musste ein Verfahren finden, mit dem sie einer nach dem anderen aus dem Schutzraum herausgeholt werden konnten. Die Regierung Piñera entschied sich mit Blick auf die Beispiellosigkeit des Vorhabens für eine mehrteilige Rettungsstrategie, bei der ganz bewusst auf verschiedene Technologien gesetzt wurde. Die beiden außerordentlich komplizierten Bohrpläne erhielten täuschend schlichte Bezeichnungen: Plan A und Plan B.

Plan A stützte sich auf einen der größten Bohrer der Welt, ein technisch ausgefeiltes Großbohrgerät namens Strata Raisebore 950, das in Australien entwickelt worden war. Der Strata 950 konnte ein Bohrloch von 66 Zentimetern Durchmesser mehr als 3000 Meter weit abteufen, die Kosten lagen bei 3000 bis 5000 Dollar pro Meter. Es gab nur sechs Maschinen dieser Art, und eine davon befand sich glücklicherweise in Chile. Der Rettungsplan der Ingenieure sah vor, mit dem Strata 950 direkt bis zu den eingeschlossenen Männern vorzudringen. Die Maschine sollte zunächst ein Loch von 46 Zentimetern Durchmesser bohren, das man dann mit einem zweiten, größeren Bohrer erweitern wollte, damit die Männer mit einer Rettungssonde geborgen werden konnten. Die Bohrung kam langsam voran, war aber sicher. Der Bohrschacht würde innerhalb von vier Monaten – bis Weihnachten – fertiggestellt sein. Die Experten waren sich einig, dass der Strata 950 diese Aufgabe bewältigen konnte. Aber würden die Bergleute bei einer derart verlängerten Gefangenschaft noch bei klarem Verstand oder überhaupt noch am Leben sein?

Bei den chilenischen Verantwortlichen gingen jetzt Hunderte von Vorschlägen für die Rettung der Bergleute ein. Es gab kaum eine Atempause, und schließlich entschieden sie sich für die Strategie, die einst bei der Rettung der Kumpel in der Quecreek-Mine angewandt worden war. Der Plan sah vor, eines der bereits bestehenden Bohrlöcher mit Hilfe eines Schramm T-130, eines hoch leistungsfähigen amerikanischen Bohrgeräts, zu erweitern. Diese als Plan B bezeichnete Vorgehensweise eröffnete die Möglichkeit, die Männer innerhalb von weniger als zwei Monaten zu bergen. Es gab jedoch keine Garantie dafür, dass Techniken, die bei Bohrtiefen von 70 Metern funktionierten, auch über die zehnfache Entfernung zur Rettung der eingeschlossenen Bergleute führen würden.

29. Tag: Freitag, 3. September

Brandon Fisher kam mit einem einzigartigen Auftrag ins Camp Esperanza: Er sollte bei der Umsetzung von Plan B helfen. Der unermüdliche Ingenieur war jetzt wieder mit den Mitgliedern desselben Teams zusammen, das acht Jahre zuvor die Kohlekumpel im ländlichen Pennsylvania gerettet hatte. Konnte er das Wunder wiederholen?

James Stefanic, der Präsident des chilenischen Ablegers der amerikanisch-chilenischen Firma Geotec Boyles Brothers, spürte ein Exemplar des Schramm-T-130-Bohrers, der schon in Quecreek eingesetzt worden war, im Norden Chiles auf, in der Mine Doña Inés de Collahuasi. Die rund 45 Tonnen schwere Anlage war, in fünf Teile zerlegt, sehr angenehm zu transportieren und konnte nahezu ohne Zeitverlust wieder aufgebaut werden. Die Vorbereitungen für den Transport der Anlage nach San José wurden getroffen.

Das »B« in diesem Plan hätte auch für »Blind« stehen können. Es gab keine Möglichkeit, diesen Bohrer ganz exakt zu steuern. Fisher war die Schlüsselperson, er und die 80 Personen umfassende Belegschaft der Center-Rock-Fabrik in Berlin, Pennsylvania, die in Rufbereitschaft war, würden eine Lösung finden. Fisher war sich sicher, dass sein Team einen Bohrer mit einem kleinen Führungsaufsatz an der Spitze entwerfen und bauen konnte, der problemlos ins Bohrloch passte und den größeren Bohrer für die Erweiterung auf Kurs hielt.

Der Plan B hatte dennoch in vielerlei Hinsicht Versuchscharakter. Zunächst einmal war der Bohrer noch nie bei einer Rettungsaktion eingesetzt worden, die so weit in die Tiefe führte. »Einer der wichtigsten Punkte bei einer Bohrung ist, dass man genau weiß, wie viel das Bohrgerät letztlich wiegen wird«, sagte Mijail Proestakis, ein mit dem Plan B befasster Ingenieur. »In die Tiefe zu kommen ist einfach, aber man muss bedenken, dass man alles auch wieder herausziehen muss.« Die Ingenieure waren vorsichtig optimistisch, dass die Maschine das Gesamtgewicht der Bohrapparatur bewältigen konnte – nach Schätzungen rund 53 Tonnen.

Die chilenische Botschaft in Washington, D.C., überzeugte den United Parcel Service, das riesige Logistikunternehmen mit Stammsitz in Sandy Springs im US-Bundesstaat Georgia, von der Notwendigkeit eines gewaltigen Eiltransports. Gut zwölf Tonnen Bohrausrüstung wurden aus dem Industriegürtel Pennsylvanias in die entlegene Atacama-Wüste geflogen. Die UPS-Stiftung, ein wohltätiger Ableger des Logistik-Kolosses, der einen Jahresumsatz von 50 Milliarden Dollar macht, übernahm die Kosten.

Eine Schlüsselstelle von Plan B war nach wie vor unbesetzt: der Bohrmeister. Trotz aller technischen Fortschritte bei den Bohrsystemen und durch die GPS-Technologie brauchte man für den Schramm-T-130-Bohrer nach wie vor eine Fachkraft, die die Arbeit ins Ziel brachte. Stefanic wusste ganz genau, wen er am Schalthebel sehen wollte.

Jeff Hart, ein 40 Jahre alter, baumlanger und sonnengebräunter Ölarbeiter aus Denver, Colorado, war ein Fachmann im Aufspüren verborgener Schätze. Er wurde regelmäßig in unwirtliche Ecken des Planeten geflogen, um Bohrungen voranzutreiben.

Zu diesem Zeitpunkt arbeitete er für die US-Armee in Afghanistan. In einem Land, das an Bodenschätzen so reich war, hatte man Hart engagiert, um den wertvollsten unterirdischen Schatz überhaupt zu finden: Süßwasser, das neue afghanische Gold.

Die erste Nachricht an Hart war sachlich-knapp. Ein Bergwerk in Südamerika war eingestürzt. Die 33 Bergleute, die beim Einsturz in der Mine gewesen waren, lebten alle noch, waren aber in knapp 700 Metern Tiefe eingeschlossen – auf der Sohle einer Gold- und Kupfer-Mine. Ob er bereit sei zu kommen und sich an der Rettungsbohrung zu beteiligen? Hart willigte ein und wurde – wie in einem James-Bond-Film – aus seinem Einsatzort tief im Landesinneren von Afghanistan »herausgeholt«, zunächst nach Dubai, anschließend nach Amsterdam und von dort aus nach Chile geflogen. Stefanic antwortete auf die Frage, warum er sich für Hart entschieden habe, nur: »Er ist einfach der Beste.«

Die Ingenieure vor Ort wetteten jetzt darum, welche Rettungsbohrung zuerst zu den Bergleuten vorstoßen würde. Glen Fallon, ein stattlicher Kanadier, der Bohrleiter für Plan A, erklärte, er begrüße den Wettbewerb. »In dieser Sache ging ein Notruf in alle Welt. Heute erhalte ich täglich E-Mails von Leuten, die sich freiwillig melden und nach Chile fliegen wollen, um mitzuhelfen«, sagte er. »Selbst meine Konkurrenten bieten ihre Hilfe an. Bei diesem Wettrennen gibt es nur ein Team.«

35. Tag: Donnerstag, 8. September

Jeff Hart war mit den Bedienungselementen des Schramm T-130 bestens vertraut, er hatte mit dieser Maschine Tausende von Stunden gearbeitet. Hart arbeitete im Stehen, nahm nur selten die dunkle Sonnenbrille ab, wenn er die Hebel und Pedale bediente, und trug große, gelbe Ohrenschützer. Hinten am Helm hatte er ein Tuch befestigt, das seinen Nacken vor der

Atacama-Sonne schützte. Hart war um die halbe Welt gereist, um das wertvollste Ziel seiner bisherigen Laufbahn aufzuspüren: eine Gruppe von 33 Personen, unersetzliche Menschenleben. Tagelang verließ er seinen Posten bei der Plan-B-Bohrung kaum. Er bohrte zehn Stunden am Tag, das Fortschreiten der Zeit zeigte sich in der wachsenden Zahl der Öl- und Schmutzflecken auf seinem Overall. Dann, am 8. September, am fünften Tag dieser Operation, stockte Plan B.

Unterdessen bohrte sich Plan A weiterhin langsam in den Berg hinein. Die riesige Maschine drehte und arbeitete sich durch knapp 150 Meter Fels. Plan B kam schneller voran, musste aber zunächst ein kleines Loch bohren, das dann bei einer zweiten Bohrung so sehr erweitert werden sollte, dass ein menschlicher Körper hindurchpasste. Plan A war die Schildkröte – langsam, aber stetig –, hier wurde fortlaufend ein Schacht gebohrt, der ohne weitere Maßnahmen groß genug war, um die Männer zu retten.

Hart war irritiert, als der Luftdruck abfiel und sich der Bohrer zwar weiterdrehte, aber nicht mehr vorankam. Bei einer Tiefe von knapp 270 Metern stockte der Bohrvorgang. Hart versuchte, die Signale aus der Tiefe zu deuten. Den Ingenieuren blieb keine andere Wahl, als die Bohrung zu stoppen und das Bohrgestänge wieder herauszuziehen, Stück für Stück, bis sie das Bohrelement kontrollieren konnten. Das Ergebnis war eindeutig: Die Bohrspitze war zerfetzt. Aus dem Wolframstahlschaft waren fußballgroße Stücke herausgerissen worden. Eine in das Bohrloch abgesenkte Videokamera zeigte, dass die fehlenden Stücke mit Eisen in Berührung gekommen waren. Ungenaue Karten hatten die Ingenieure eine Bohrstrecke wählen lassen, die durch eine Schicht mit Eisenträgern führte, mit denen die Schachtanlage abgestützt worden war. Jetzt hatten diese Eisenträger die Rettungsbohrung gestoppt.

36. Tag: Freitag, 9. September

Die Ingenieure ließen riesige Magnete, mit denen sie die Metallstücke entfernen wollten, in das Bohrloch hinab, aber dieser Versuch schlug fehl. Ein weiterer Versuch, bei dem die festsitzenden Trümmer herausgeschlagen werden sollten, hatte ebenso wenig Erfolg. Das Metall steckte fest.

Igor Proestakis, ein 24-jähriger chilenischer Ingenieur, war von seinem Onkel Mijail, einem der leitenden Ingenieure der gesamten Rettungsaktion, zur Bohrstelle mitgebracht worden. Proestakis, einer der jüngsten Ingenieure auf dem Gelände, hörte von dem Problem mit den festsitzenden Bohrhammerteilen und machte sich an das Entwickeln und Zeichnen einer Lösung. Er erinnerte sich an die jahrzehntealte Technik für die Bergung von Metallstücken, die in den Tiefen eines Bergwerks verlorengegangen waren. Er hatte sie während seines Studiums kennengelernt: Man ließ eine geöffnete metallene Klaue mit scharfen Zähnen in den Schacht hinab und platzierte sie um das Zielobjekt, in diesem Fall um die Wolframstahltrümmer. Dann wurde auf die Metallklaue extremer Druck ausgeübt, wie bei einem Riesenfuß, der eine Aludose zerquetscht. Der Druck von oben zwingt die scharfen Zähne langsam zusammen, bis sie sich um die »Beute« schließen. Die Technik war unter der Bezeichnung »La Araña« (»Die Spinne«) bekannt, sie war grob, hatte sich aber im Laufe der Zeit bewährt. Igors wiederholte Vorschläge, die Spinne einzusetzen, wurden dennoch ignoriert.

Plan B stockte, und als auch noch Plan A die Bohrung unterbrechen musste, gerieten die Leiter der Rettungsaktion in Panik. Ein undichter Hydraulikschlauch musste überprüft werden.

Als beide Bohrmaschinen den Betrieb einstellen mussten, hörten die Kumpel unter Tage nur noch das schrecklichste Geräusch in einem Bergwerk: Stille. Keine einzige Bohrmaschine arbeitete sich mehr in ihre Richtung voran.

37. Tag: Samstag, 11. September

Plan A kam langsamer als erwartet voran, Plan B saß fest – vielleicht für immer –, und im Lager machten sich Angst und eine düstere Stimmung breit. Lag ein Fluch auf den Bergleuten? War diese ganze Rettungsaktion nicht mehr als ein Vorspiel für den unausweichlichen Tod einer weiteren Gruppe von Bergarbeitern? Die Regierung war entschlossen, die Rettungsaktion weiter voranzutreiben, und hatte bereits ein drittes Rettungsteam gebeten, zur Mine San José zu kommen – es begann Plan C.

Die Ankunft eines massiven Ölbohrturms sorgte im Camp Esperanza für ein kurzes Aufbranden von Jubelrufen, Flaggen wurden geschwenkt. Das Pressekorps – verärgert, weil ihm nicht gestattet wurde, die Rettungsaktion selbst und aus der Nähe zu beobachten – beeilte sich jetzt, den Konvoi von 42 Lastwagen zu filmen, der sich über die Schotterstraßen bergauf wand und mit Röhren, Türmen, Generatoren und so vielen Maschinen beladen war, dass die Trägerplattform rund 100 Meter lang war, so lang wie ein Fußballfeld.

Die Anlage war eine Spende von Precision Drilling, einem kanadischen Unternehmen, das auf Tiefbohrungen für die Suche nach Ölvorkommen spezialisiert war. Sie war zwei Jahre lang in einem Lagerhaus in Iquique, einer 1600 Kilometer von Copiapó entfernten Hafenstadt im Norden des Landes, aufbewahrt worden.

Für Kupferabfälle bekam man inzwischen einen Rekordpreis von sechs Dollar pro Kilo, deshalb nahmen die Kupferdiebstähle weltweit zu. Der Wert des Kupfers lag deutlich über dem eines Pennys, was die *Financial Times* zur Veröffentlichung eines Artikels mit der Überschrift »Melting Coins Could Start Making Cents« (etwa: »Eingeschmolzene Münzen als mögliche Geldquelle«) veranlasste. Ingenieure, die für Plan C arbeiteten, waren entsetzt, als sie entdeckten, dass Diebe in das Lagerhaus in Iquique eingebrochen waren und aus den Kabeln der Bohranlage das Kupfer herausgerissen hatten, sodass die komplizierte Elektrik funktionsunfähig war. »Alle Kabel waren weg«, sagte Shaun Robstad, der leitende Ingenieur. »Also hängte sich mein Elektriker ans Telefon und bestellte neue. Die ganze Lieferung wurde in Houston zusammengestellt. [...] Ein Haufen Leute arbeitete nachts und an Wochenende, damit die Sache fertig wurde.«

38. Tag: Sonntag, 12. September

Am frühen Morgen des 38. Tages dachten Golborne und das Codelco-Team zum ersten Mal über das Undenkbare nach: Plan B aufzugeben.

Der ursprüngliche Rettungsplan hatte drei separate Bohrlöcher vorgesehen: eines für die Palomas, die Nahrung und Versorgungsgüter transportierten, eines für die Telekommunikation und ein drittes für Wasser und Frischluft. Plan B hatte eines der drei ursprünglichen Bohrlöcher zerstört und die Retter gezwungen, die Telekommunikation mit der Wasser- und Sauerstoffverbindung zu kombinieren. Jetzt gab es nur noch zwei Versorgungsrohre. Keiner der Ingenieure war bereit, für die Umsetzung der Experimente von *Gringos* aus Pennsylvania den Verlust eines weiteren Bohrlochs zu riskieren. Wenn die Bohrertrümmer nicht entfernt werden konnten, musste eine völlig neue Bohrung abgeteuft werden. Das wäre ein Blindflugunternehmen, eine Bohrung ohne bereits vorhandenes Führungsbohrloch.

Jeff Hart, dem die Hände gebunden waren, stand kurz vor einer Art Lagerkoller. Er war um die halbe Welt geflogen, um bei der Rettung der eingeschlossenen Bergleute mitzuhelfen, und jetzt stockte die Bohrung schon am vierten aufeinanderfolgenden Tag. Die Metalltrümmer aus der Bohrspitze saßen fest. Wiederholte Versuche sie herauszuziehen, zu stemmen oder zu brechen waren gescheitert. Hart war frustriert. In seinem Kopf tickte eine Uhr. Jeder Tag, an dem die Arbeit nicht weiterging, bedeutete für die 33 Bergleute eine Verlängerung ihrer Leidenszeit.

André Sougarret arbeitete unterdessen an der Koordination der Umsetzung von Plan C, dem gigantischen Ölbohrturm, der gegenwärtig in Rekordzeit aufgebaut wurde. Normalerweise würde das acht Wochen dauern, aber sie schafften es in weniger als der Hälfte der Zeit. Dennoch hatte man das Gefühl, dass es insgesamt quälend langsam voranging.

Während die Uhr für eine Lösung langsam ablief, gelang es Igor Proestakis, zu einer kurzen Nachmittagsaudienz bei Golborne vorgelassen zu werden. Der erschöpfte Minister hörte sich die Beschreibung der Spinne an, die ihm der junge Ingenieur vortrug, und hieß den Vorschlag sofort gut. Die Spinne wurde hinabgelassen, Druck von oben ließ die Zähne zupacken, und langsam wurde der Greifmechanismus wieder nach oben geholt. Ein Metallarbeiter schnitt den Kokon der Spinne mit einem Schneidbrenner auf und entfernte die Zähne – einen nach dem andern. In einem Funkenregen beseitigte er den letzten Zahn, und die Beute der Spinne rollte heraus: ein stählerner Bohrhammerkopf. Die versammelten Ingenieure jubelten. Plan B hatte jetzt vielleicht doch noch eine Erfolgschance. Er musste nicht mehr, wie zwischendurch befürchtet, ganz von vorne beginnen, und auch noch ohne Führungsbohrloch. Dennoch hatte Plan B Zeit verloren – und der Berg war nicht der einzige Feind. Jede Stunde zählte. Jetzt schliefen auch die Retter wenig und ließen die Bärte wachsen.

Tief unter der Erde spürten die Bergleute das Chaos, das an der Oberfläche herrschte. In ihrer Welt wurde es ganz still, wenn ein Bohrer angehalten wurde – eine furchterregende Leere, die aufs Neue die Zweifel nährte, ob sie wohl jemals gerettet würden.

KAPITEL 9

TV-Reality-Show

41. Tag: Mittwoch, 15. September

Mit warmen Mahlzeiten, sauberer Kleidung, Feldbetten sowie einem Miniaturprojektor, der ihnen Fernsehsendungen und Filme in ihre Höhle übertrug, wechselten die Männer von dem harten Kampf ums Überleben in einen nebulöseren Zustand: die Monotonie des Wartens ohne Ende. Eine Wasserleitung lieferte täglich über 100 Liter frisches Wasser. Stündlich wurden über 110 Kubikmeter gekühlte frische Luft zu den Männern gepumpt, aber die Temperatur im Innern der Mine wollte nicht sinken, sondern blieb bei schweißtreibenden 32° Celsius mit einer Luftfeuchtigkeit von 95 Prozent.

Zwanzig Tage nach dem Eintreffen der ersten Nahrung standen die Männer vor einem neuen Problem: »Wir hatten davor keinen Abfall – im Gegenteil, wir suchten sogar nach Abfall«, sagte Samuel Ávalos. Die Männer füllten Fässer und brachten anschließend den Müll mithilfe der schweren Maschinen an den tiefsten Punkt der Mine. Die fehlenden sanitären Einrichtungen entwickelten sich ebenfalls zu einem immer größeren Problem. Eine sanfte Brise aus der Tiefe trug ihnen den erfrischenden Duft eingetrockneten Urins zu. Der Gestank wurde so unerträglich, dass die Männer dazu übergingen, in die leeren Plastikflaschen zu urinieren, sie zuzuschrauben und in das Müllfass zu werfen. Die Luftqualität verbesserte sich schlagartig.

Während die Rettungshelfer und Psychologen Überstunden machten, um die Männer mit irgendwelchen Aufgaben zu beschäftigen, wurden die Kumpel dennoch allmählich nachlässig. Routinearbeiten blieben unerledigt. Die Disziplin ließ deutlich nach.

»Was uns wirklich fertigmachte, war das Fernsehen. Sobald das Fernsehen kam, war jede Kommunikation zerstört; das war ein großes Problem«, sagte Sepúlveda. »Ein paar Jungs starrten ihn [den Projektor] einfach nur an; sie waren hypnotisiert und sahen den ganzen Tag fern.«

Die Kumpel sahen die Spätnachrichten und erkannten, auf welch eine Resonanz ihr Schicksal weltweit stieß. Mit seiner wilden Erzählung im ersten Video hatte Sepúlveda Millionen von Fans über der Erde gewonnen, aber tief im Innern des Bergwerks legte diese Beweihräucherung den Samen für Eifersucht. Um dem Druck auszuweichen, zog sich Sepúlveda aus den Hauptaufenthaltsräumen zurück. Stundenlang wanderte er in den Stollen umher.

»Wenn wir die Kontrolle oder Bescheidenheit verloren, dann ging ich immer allein im Dunkeln«, sagte er. »Ich fand meinen eigenen Ort. Sie können sich nicht vorstellen, wie es ist, da drin allein zu sein. Ich hatte meinen Frieden gefunden.«

Wegen der ständigen Streitigkeiten darum, was sie sich ansehen wollten, kam es zu Kämpfen und endlosen Diskussionen. Urzúa rief oben an und beschwerte sich, dass das Fernsehen, »die Organisation zerstöre«. Er bat, die Übertragungen auf Nachrichtensendungen, ein paar Fußballspiele und ab und zu einen Spielfilm zu beschränken.

Viele Rituale, welche die Männer in den grausamen ersten 17 Tagen entwickelt hatten, gerieten nun aus den Fugen. Da Tag für Tag Nahrung und Trost von oben gespendet wurden, bekam das Band der Solidarität, das die Männer in den finstersten Stunden am Leben gehalten hatte, erste Risse. »In den verschiedenen Schichten gingen die Männer jedes Mal reihum und sahen nach denen, die schliefen. Sie legten allen Schlafenden die Hand auf die Brust, um zu prüfen, ob sie noch atmeten, wegen des Kohlenmonoxids in der Mine«, sagte Pedro Gallo, der Telefontechniker, der täglich mit den Männern am Telefon sprach. »Sie wurden die ›Schutzengel‹ genannt ... Sie hielten gewissenhaft Wache über die Männer, die schliefen. Aber als das Fernsehen kam, hörten sie mit den Runden auf ... Sie sahen lieber fern.«

Inzwischen bekamen die Kumpel regelmäßig Post. Jeder wartete hoffnungsvoll auf eine Paloma mit seinem Namen und einem Brief. Doch schon bald stellte sich leider heraus, dass nicht alle Briefe pünktlich zugestellt wurden. »Es war nicht möglich, miteinander zu korrespondieren; die Antworten kamen immer vier oder fünf Briefe zu spät«, sagte der Kumpel Claudio Yáñez.

Die Angehörigen fingen an, sich über das Schicksal der Briefe zu wundern, die Rettungshelfer schlicht als »verloren« bezeichneten. »Ich nehme an, manche Briefe wurden einfach zusammengeknüllt und hinausgeworfen«, sagte Dr. Romagnoli, der keinen Hehl daraus machte, dass er diese Maßnahme nicht billigte.

Dem Vernehmen nach schrieben jüngere Psychologen Briefe an das Gesundheitsministerium, in denen sie gegen die in ihren Augen unmoralische Zensur protestierten.

In Telefongesprächen mit Angehörigen warfen einige Kumpel der Regierung vor, sie würden die Beziehung zu ihren Familienmitgliedern sabotieren. Sie träumten sogar davon, Iturra, den zuständigen Psychologen, ins Gefängnis zu stecken. »Sie fragten mich, ob Polizeibeamte verfügbar wären, die Iturra verhaften konnten. Sie sagten, dass sie der Polizei zur Belohnung Goldsteine schicken würden. Ich sagte zu ihnen: ›Aber sicher, ihr könnt davon ausgehen, das die Sache erledigt ist‹«, sagte Dr. Romagnoli, als er von dem verzweifelten Versuch der Kumpel erzählte, Iturra aus ihrem Leben zu verbannen. Die Kumpel glaubten tatsächlich, dass ihr Plan funktionierte: »Sie schickten die Steine hoch.«

Der Frust über die tagelange Verzögerung und die verloren gegangenen Briefe entlud sich, als Alex Vega, eigentlich einer der ruhigeren und zurückhaltenderen Kumpel, explodierte, während er mit Iturra über die Zensur sprach. Mit einem wahren Schwall von Flüchen und Schimpfwörtern schockierte Vega seine *Compañeros* ebenso wie Iturra. Er drohte Iturra und sagte zu ihm, dass er eigenhändig aus der Mine klettern werde, um mit seiner Familie zu sprechen. Seinen Kollegen im Bergwerk erklärte er, wie er versuchen wollte, eine Reihe von Spalten und schmalen Kammern im Gestein hochzuklettern, die nach Überzeugung der Männer bis an die Oberfläche reichen. Aber ohne ordentliche Kletterausrüstung, ausreichend Nahrung und Licht wollte letztlich nicht einmal Vega seine Drohung wahr machen.

Über der Erde setzte Iturra ungeachtet der heftigen Kritik sein umstrittenes System aus Zuckerbrot und Peitsche fort. »Man hätte ihnen nicht einfach so das Fernsehen geben dürfen, sondern man hätte es gegen irgendwelche Zugeständnisse einhandeln müssen«, sagte der bärtige Psychologe. Die Enttäuschung in seiner Stimme war nicht zu überhören. Wenn die Bergleute sich gut benahmen, wurden ihnen zusätzliche Fernsehzeit und Gute-Laune-Musik zugestanden. Andere Vergnügen, etwa Livebilder von der Welt über der Erde, wurden in Reserve gehalten. Falls die Kumpel sich eine Belohnung verdient hatten oder unangemessen frech wurden, machte Iturra ohne zu zögern von Zuckerbrot und Peitsche Gebrauch. Die Kumpel fingen an, sich gegen die in ihren Augen repressive Behandlung aufzulehnen. In einer Machtdemonstration weigerten sie sich, an den täglichen Sitzungen mit Psychologen teilzunehmen.

Als ein Satz persönlicher Würfelbecher aus Leder nach unten geschickt wurde, protestierten die Männer. Auf drei Bechern war der Name falsch geschrieben. Die Männer schickten Würfel und Becher mit einem empörten Brief wieder nach oben.

»Die Kumpel sind wie Kinder«, sagte Dr. Díaz, der Chefarzt. Seiner Ansicht nach stiegen nunmehr, nachdem die elementaren Bedürfnisse der Bergleute befriedigt waren, deren Ansprüche. »Jetzt, wo sie Essen und Wasser haben, bitten sie um Kleidung, und wir beobachten, wie sie eine dritte Ebene erreichen: die Forderung, dass die Nahrung angenehm schmeckt. Einmal schickten sie den Nachtisch – Pfirsiche – zurück, weil er einem von ihnen nicht geschmeckt hatte.«

Als Reaktion dachten sich Iturras Leute immer neue Strafen aus. »Ihr wollt nicht mit den Psychologen sprechen? Kein Problem. Heute gibt es kein Fernsehen, keine Musik – weil wir diese Dinge verwalten. Und wenn sie Zeitschriften wollen? Tja, sie müssen mit uns reden. Es ist ein tägliches Tauziehen«, sagte Dr. Díaz. »Die NASA riet uns, dass wir die Pfeile auf uns ziehen sollten, damit sie nicht anfingen, aufeinander loszugehen. Also streckten wir unsere Brust vor; jetzt konnten sie die Ärzte und Psychologen ins Kreuzfeuer nehmen.«

Ganz offen kritisierte hingegen der Psychiater Dr. Figueroa, der die ganze Operation überwachte, diese in seinen Augen provokative Strategie. Er warf dem Gesundheitsteam vor, die verschütteten Kumpel wie Laborratten zu behandeln. Zuerst würden sie ungewöhnliche Abläufe testen, so Figueroa, dann die Ergebnisse studieren, als handle es sich hier um ein Experiment. »Es ist gefährlich, ohne Zustimmung der Bergleute psychologisch begründete Eingriffe anzuwenden«, sagte Figueroa. »Sie mischten sich in ihr Leben ein … Das ist ein Angriff auf die Würde der Bergleute … Wenn sie dies aushalten können, so heißt das noch lange nicht, dass sie unbesiegbar oder besonders widerstandsfähig sind … Sie sind sehr zerbrechlich.«

Iturra ließ sich von der wachsenden Kritik nicht beirren. »Wir entfernten die erste Seite der Zeitung, und schon gerieten die Bergleute außer sich und protestierten lautstark«, verteidigte er die Zensur. Der entsprechende Zeitungsartikel beschrieb ein Bergwerksunglück in der Region Copiapó, bei dem vier Minenarbeiter von einer versehentlichen Detonation von Sprengstoffen in Stücke gerissen wurden. Iturra sagte: »Ein toter Kumpel hatte denselben Nachnamen wie ein Kumpel hier unten; womöglich waren sie verwandt? Ich hatte nicht die Zeit, das zu überprüfen, und wir konnten nicht zulassen, dass sie es auf diesem Weg erfuhren: aus der Zeitung.«

»Desinformation und Verunsicherung sind zwei der schlimmsten psychologischen Angriffe für Menschen«, schrieb Figueroa in einer vernichtenden Kritik des psychologischen Beraterteams. »Zutreffende, rechtzeitige, aufrichtige und realistische Information ist unerlässlich. Der Nutzen der Einschränkung des Informationsflusses wegen Bedenken, ihnen schlechte Nachrichten zukommen zu lassen, wird von empirischen Ergebnissen nicht bestätigt und kann das Vertrauen zu den Rettungskräften untergraben.« Figueroa räumte allerdings ein, dass Iturras Aufgabe schier unlösbar war. Es war bekannt, dass Bergarbeiter zu den Gruppen zählen, die für psychologische Beratung am wenigsten übrig haben. Tendenziell würden sie ihre Schwäche eher verbergen, meinte Figueroa und unterstrich die Schwierigkeit, eine Gruppe psychisch zu behandeln, die sich hartnäckig nicht nur gegen Iturra, sondern gegen alles, das er repräsentierte, wehrte.

Bei der Videokonferenz der Kumpel mit ihren Familien wurde die Freude des direkten Kontaktes durch das bittere Gefühl getrübt, die Psychologen würden noch nicht einmal dem Anschein nach eine normale Kommunikation gestatten. Familienangehörige versicherten Victor Zamora, dass sie ihm 15 Briefe geschrieben hätten, doch er hatte nur einen einzigen erhalten. Da fing er an zu glauben, seine Familie verheimliche ihm etwas. »Victor ist ganz aufgebracht, weil man die Briefe nicht zustellt«, sagte Zamoras Neffe. »Er ist kurz vor dem Explodieren. Das ist alles so abscheulich. Kein einziger Brief kommt an.«

Unweigerlich fingen die Medien an, die Zensur in Frage zu stellen. In einem Interview mit einem chilenischen Nachrichtensprecher verteidigte Iturra die Praxis. »Er sagte, die Meinung der Familien spiele keine Rolle, die Bergleute seien ›seine Kinder‹«, gab Pedro Gallo das Gespräch wieder.

Am selben Abend versammelte sich in der Mine eine Gruppe von zwölf Kumpeln, um die Spätnachrichten anzuschauen. Wie üblich schickte Pedro Gallo, der Erfinder der Telekommunikationsanlage, eine Videoaufzeichnung zu den eingeschlossenen Männern. Er saß ebenfalls vor einem Monitor und beobachtete aufmerksam das Geschehen unter der Erde. Er war von ihrer Reaktion auf Iturras Äußerungen verblüfft. »Ich sah ihre Gesichter, als die Nachrichten kamen und sie Iturra hörten … Dann klingelte das Telefon.«

Wutentbrannt rief Sepúlveda an und wollte mit Iturra sprechen, der inzwischen aber nach Hause gegangen war. Gallo wusste, dass eine heftige Auseinandersetzung bevorstand. »Mario sagte kein Wort zu mir, aber ich merkte an seiner Stimme, dass er sehr aufgebracht war.«

Gallo erklärte, dass Iturra gegen einen heiligen Ehrenkodex der Bergleute verstoßen hatte: Er beleidigte die Familie.

Die Einigkeit der Bergleute bröckelte mit er Zeit. Sie setzten ihre täglichen Zusammenkünfte einschließlich der Gebete und der mittäglichen Versammlung zwar fort, aber es nahmen immer weniger daran teil. Die Notwendigkeiten des Überlebenskampfes wurden jetzt durch den relativen Komfort gemildert, den das Rettungteam ihnen verschaffte. Aber in kritischen Punkten wie der Ablehnung einer Zensur sprachen die Kumpel immer noch mit einer Stimme.

Die dramatische Geschichte der verschütteten Bergleute fesselt die ganze Welt und führt schätzungsweise 2000 Journalisten zu der Mine San José.

Kleines Bild: Lisette und Bastian Gallardo, die Enkel von Mario Gómez, spielen zwischen den Fahnen auf dem Hang oberhalb von Camp Esperanza.

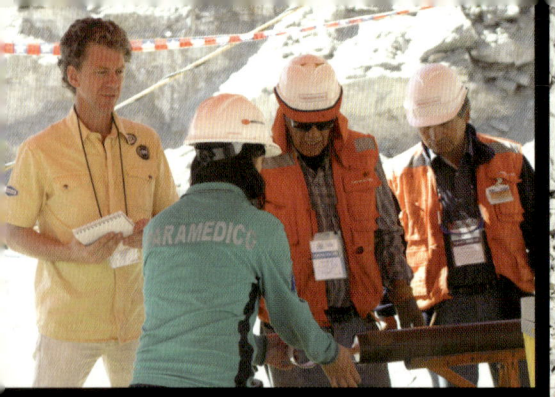

Von oben links: Jonathan Franklin (oben) hat exklusiven Zugang zu der Rettungsaktion und sieht hier zu, wie Lebensmittel und Medikamente an die Verschütteten geschickt werden. Mithilfe schmaler Röhren halten die Rettungshelfer (oben rechts Minister Golborne) die Kumpel am Leben. In kleinen Plastikdosen (Mitte rechts) werden Briefe nach oben und unten verschickt; das Briefeschreiben (darunter) wird für viele Angehörige geradezu zu einer Passion. Veronice Quispe steht mit einem Foto von ihrem Mann, dem Bolivianer Carlos Mamani (unten), vor dem Eingang der Mine . 33 Kerzen für die Bergleute (unten rechts) in einem einzigartigen Felsschrein.

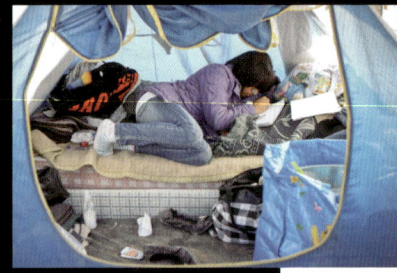

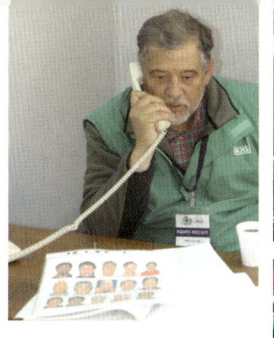

Oben links: Der Psychologe Alberto Iturra hat die fast unlösbare Aufgabe, die Gemeinschaft der 33 Kumpel während der gesamten Gefangenschaft zusammenzuhalten.

Oben rechts: André Sougarret, der Chefingenieur der Rettungsoperation, trifft sich täglich mit Pressevertretern und klärt sie immer wieder über die Schwierigkeiten auf, die das Bohren eines fast 700 Meter tiefen Loches mit sich bringt.

Unten: Der Morgennebel verwandelt das Mediencamp in eine Welt der Schemen und Schatten.

BREAKING NEWS
PRES. PIÑERA WITH FAMILIES
Medical personnel in place to treat miners once they're free

Oben: Jonathan Franklin im Gespräch mit Präsident Piñera.

Oben links: Die Strata-950-Bohrplattform kommt im ersten Monat nur langsam voran. Anfang September prüft die Regierung andere Optionen, die eventuell schnelleren Zugang zu den Bergleuten ermöglichen.

Oben rechts: Ein Lastwagenkonvoi bringt neue Bohrausrüstung zur Mine San José, darunter eine riesige Ölplattform, die schon bald als Plan C bekannt wird.

Links: Riesige Bohrköpfe fressen sich durch Hunderte Meter massiven Fels zu den Verschütteten.

Rechts Jonathan Franklin ist vor Ort, als Bohrmeister Jeff Hart Anfang Oktober den ersten Schacht zu den eingeschlossenen Männern fertigstellt.

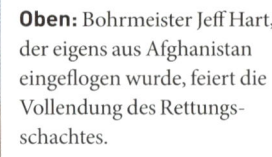

Oben: Bohrmeister Jeff Hart, der eigens aus Afghanistan eingeflogen wurde, feiert die Vollendung des Rettungsschachtes.

Links: Anfang Oktober laufen drei voneinander unabhängige Bohrpläne im Auftrag der chilenischen Regierung; die Befreiung der Männer rückt unaufhaltsam näher.

Oben links: Der Eingang zur Mine wird von der Polizei bewacht. Jonathan Franklin ist im Besitz eines Passierscheins und kann so aus nächster Nähe die Rettung verfolgen.

Oben rechts: Minister Golborne (links) mit Staatspräsident Piñera (Mitte) und Chefingenieur André Sougarret.

Rechts: Blick aus dem Oberteil der Kapsel beim Aufstieg zu den Rettungshelfern.

Unten: Die Kapsel Phönix wird von Rettungshelfern und Regierungsbeamten begeistert empfangen.

Unten rechts: Dr. Jorge Díaz misst im Scherz nach, ob Dr. Romagnoli in die Kapsel passen würde.

Oben: Angehörige von Mario Gómez und Darío Segovia feiern das Erreichen der Schlussphase der Rettungsaktion.

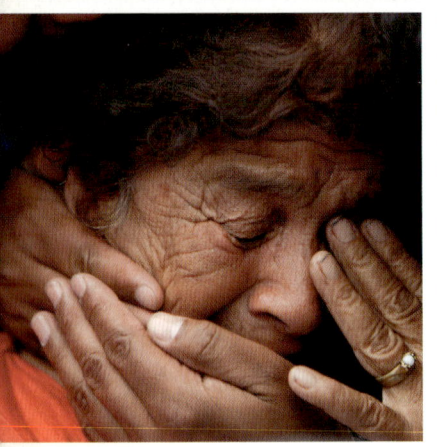

Links: Die Nerven sind bis zum Äußersten angespannt, während die Rettungskräfte ihr Bestes geben.

Links: Solidarität im Camp Esperanza: Die Angehörigen haben die Rettungskräfte immer wieder beschworen, nicht aufzugeben.

Rechts: Mario Gómez, der Älteste der Kumpel, feiert das Ende seiner letzten Schicht nach 51 Jahren unter Tage.

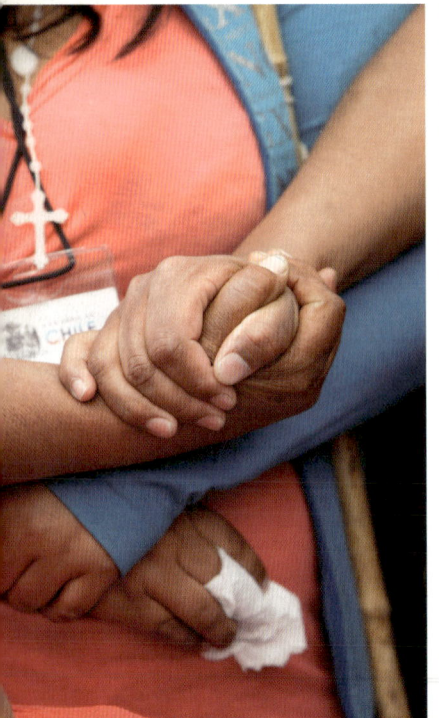

Rechts: Kumpel Franklin Lobos, ein ehemaliger Fußballstar, umfasst Sekunden nach der Befreiung das Antlitz seiner Tochter Carolina.

Links: Mario Sepúlveda, schnell ›Super Mario‹ genannt, tanzt regelrecht aus der Kapsel direkt in die Herzen der Welt.

Unten: Richard Villarroel lächelt glücklich, als er wenige Minuten nach der Befreiung ins Lazarett gefahren wird.

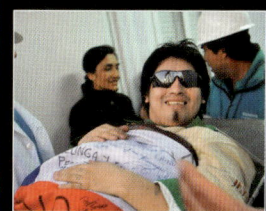

Oben: José Henríquez, der in der Mine gepredigt hat, grüßt wenige Minuten nach der Befreiung die ganze Welt.

Rechts: Luis Urzúa, der letzte gerettete Kumpel, feiert mit Präsident Piñera an der Seite. Urzúa war am Tag des Einsturzes Schichtführer.

Unten: Die Kumpel lachen und scherzen mit Präsident Piñera im Krankenhaus.

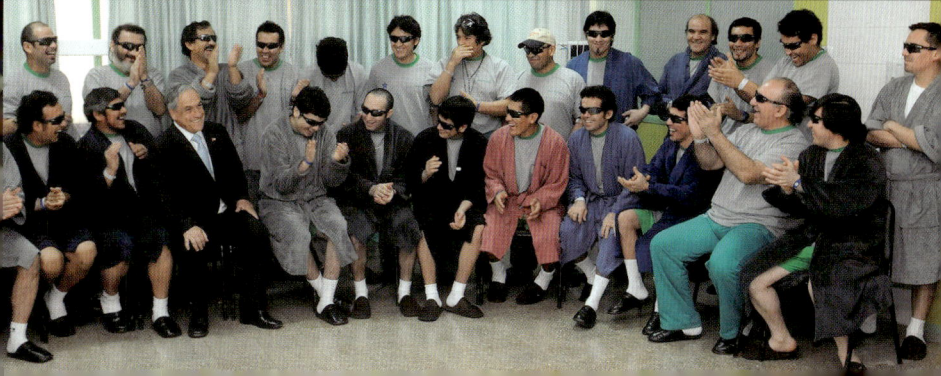

Nach einer Wartezeit von 69 Tagen feiern die Angehörigen überglücklich, als der letzte Kumpel gerettet ist.

Links: An seinem ersten Tag in Freiheit betet Mario Sepúlveda in der Nähe von Copiapó am Strand.

42. Tag: Donnerstag, 16. September

Am Morgen rief Sepúlveda an und wollte mit Iturra sprechen. Es war eine dringende Bitte. Iturra kam an den Apparat. Gallo saß wiederum in der ersten Reihe und wusste, dass in Kürze ein Feuerwerk explodieren würde. Sepúlveda warf Iturra vor, die Rechte der Bergleute zu verletzen. Nach einer halbherzigen Verteidigung wurde Iturra still. Sepúlveda ging erneut zum Angriff über. »Wenn Sie weiterhin Scheiße bauen, dann werden wir Sie absetzen. Das ist Ihre letzte Chance«, sagte Sepúlveda. Er stellte klar, dass er den Vorfall Bergbauminister Golborne melden werde.

Den ganzen Tag über leiteten die Kumpel mit einer Reihe von Telefonanrufen bei politischen Behörden den Gegenangriff gegen Iturras Vorgehen ein. »Er behandelte uns wie kleine Kinder«, sagte Kumpel Alex Vega. »Natürlich mussten wir gegen die Zensur protestieren.«

Nachdem sie gerade erst wieder halbwegs zu Kräften gekommen waren, erklärten die Männer nunmehr, dass sie weder Nahrung noch andere Lieferungen akzeptieren würden. »Wir sagten ihnen, falls man die Zensur nicht stoppte, würden wir aufhören, Nahrung zu uns zu nehmen«, sagte Barrios. »Alle waren gegen den Psychologen; er machte seine Sache furchtbar schlecht. Wenn er nicht abgesetzt wurde, wollten wir nicht essen. Wir würden die mit Essen gefüllten Palomas nicht anrühren«, sagte Samuel Ávalos. »Wie gute Bergleute traten wir in Streik.«

Nachdem die Männer um ein Haar verhungert wären, drohten sie jetzt mit einem Hungerstreik.

Die Kumpel beschwerten sich zwar bei der Regierung, aber der waren die Hände gebunden. Iturra war von der privaten Versicherungsgesellschaft ACHS angestellt worden. »Wir versuchten, Iturra vor die Tür zu setzen«, sagte ein hoher Regierungsvertreter, der nicht namentlich genannt werden möchte. »Aber sie drohten uns und erklärten, wenn sie nicht die Leitung der psychologischen Betreuung hatten, dann würden sie die medizinischen Kosten der Rettung nicht übernehmen. Wir saßen in der Falle.«

Iturra bezeichnete seinerseits die Auseinandersetzung als kathartisch. »Ich sagte ihnen, dass ich ihnen ihr Vater sein wolle, wenn sie wütend auf mich werden wollten, dann sollten sie wütend werden, aber ich werde ihr Vater sein und sie nicht im Stich lassen. Ich bin hier und sie können Vertrauen zu mir haben.«

Die Auseinandersetzung mit Iturra geriet außer Kontrolle. Dr. Díaz riet Iturra, eine Pause zu machen, und schlug ihm vor, sich eine Woche von den intensiven Routinearbeiten freizunehmen. Nach mehr als einem Monat auf dem Bergwerksgelände willigte Iturra ein, weil er unter dem Druck der Kumpel, dem Schlafmangel und der Verantwortung für die Gesundheit der ihm anvertrauten 33 Menschenleben litt. Er fuhr nach Hause nach Caldera, einem Fischereihafen knapp eine Stunde von der Mine entfernt.

Claudio Ibañez, ein Psychologe aus Santiago, der Iturra zur Seite gestanden hatte, übernahm die tägliche Beratung. Mit Blick auf die noch Wochen – vielleicht Monate – währende Gefangenschaft war es wichtig, die Männer bei guter Gesundheit und ruhig zu halten. Die Rettungsbemühungen zogen sich in die Länge. Die Bohrungen machten zwar Fortschritte, gerieten aber immer wieder wegen technischer Probleme ins Stocken. Der umgängliche Ibañez, der große Erfahrung mit »positiver Psychologie«, wie er es nannte, hatte, stellte die Regeln völlig auf den Kopf: Es sollte nur noch eine minimale Zensur ausgeübt werden. Die Paloma wurde nicht länger durchsucht, noch wurden Briefe zensiert.

Nach der Aufhebung der Beschränkungen fingen die Familien an, die Paloma mit geheimen Geschenken zu füttern. Für Kumpel Samuel Ávalos war die Veränderung ein Segen.

Der begeisterte Leser Ávalos hatte sich mit den Broschüren der Zeugen Jehova und den Wohlfühltexten gelangweilt, die Iturra ihnen geschickt hatte. Samuel Ávalos wollte Dramatik, eine so packende Lektüre, dass sie ihn aus dem Innern der Mine in eine andere Welt versetzte. »Ich las *El Tila,* die Biografie eines psychopathischen Killers in La Dehesa [einer reichen Wohngegend in Santiago]. Es war großartig. Ich habe es drei Mal gelesen«, sagte Ávalos.

»Ich glaube, das war ein Fehler. Ich war für die Kontrolle«, sagte Katty Valdivia, die mit Mario Sepúlveda verheiratet ist. »Eine Frau schmuggelte einen Brief an ihren heimlichen Liebhaber in die Mine – einen der Kumpel. Sie teilte ihm mit, dass sie schwanger war«, sagte Valdivia. »Dann fand die Ehefrau das heraus und es war für alle sehr schwierig. So eine Nachricht hätte man nicht hinunterschicken dürfen.«

Nach der Lockerung der Regeln gelangten nicht nur Briefe nach unten. Valdivia erzählte, wie die Angehörigen »anfingen, Zigaretten, Pillen, sogar Drogen in die Paloma zu stopfen. Es hätte nicht so frei sein dürfen. Manche Kumpel wurden wütend, und es entwickelte sich Unmut.« Dem Vernehmen nach ließen manche den Männern Amphetamine zukommen. Laut Valdivia hätte Ibañez eigentlich Bescheid wissen müssen, was hier vorging. Unterdessen entwickelte sich unter der Erde ein Chaos. »Es war wie das Öffnen einer Schleuse, es schuf Konflikte unter den Männern«, sagte Valdivia. »Sie wechselten von einer strengen Aufsicht urplötzlich zu überhaupt keiner Aufsicht.«

»Bevor wir es bemerkten, gelang es den Familien, Waren hinunterzuschmuggeln«, sagte Dr. Romagnoli. »Die Kumpel durften wegen der Zahnkrankheiten keine Süßigkeiten essen, aber die Familien schmuggelten trotzdem Chips, Schokolade und Bonbons hinab.«

Schon eine einfache Infektion wie Zamoras entzündeter Zahn oder eine Veränderung des Insulinlevels bei Ojeda, einem Diabetiker, konnte sich rasch zu einer Krise auswachsen. Die Ärzte über der Erde hatten sich fest vorgenommen, das schlimmste Szenario zu verhindern: nämlich Yonni Barrios über Funk bei einer Operation anleiten zu müssen. Aber die Angst, dass Barrios gezwungen sein könnte, eine Operation vorzunehmen, war allgegenwärtig. Die Lieferung von nicht genehmigten Lebensmitteln erhöhte die Wahrscheinlichkeit drastisch.

Ávalos fiel auf, dass sich jetzt einige Kollegen verdächtig benahmen. Sie stahlen sich in kleinen Grüppchen von den anderen weg, schlenderten in Richtung Toilette – um einen Joint zu rauchen, wie er vermutete. »Sie boten mir niemals auch nur einen Zug an«, sagte Ávalos. »Wenn man sie zu fünft in Richtung Toilette gehen sah, wusste man genau, was sie machten.« Ávalos sehnte sich so sehr nach einem schnellen Rausch, einem Hochgefühl, irgendetwas, das die Belastung fast eines Monats unter der Erde erleichtert hätte. »Wir gingen zu dem Bereich, wo die Jungs Planierraupen benutzten; wir wussten, dass sie Marihuana rauchten. Sie machten sich in einer Plastikkabine zu schaffen, die sie schützte, und sie konnten einen Joint rauchen, danach eine Zigarette, und niemand merkte etwas. Wir suchten überall nach einer *colilla* [der Kippe eines Joints].« Sie fanden nie eine.

Da die Einigkeit der Gruppe und die langfristige Gesundheit unverzichtbare Faktoren für das Überleben der Männer waren, standen die Versuchungen kurzfristiger Vergnügungen wie Alkohol, Kokain oder Marihuana in direktem Konflikt zu den Bedürfnissen der Gruppe. Wenn kleine Mengen von Drogen in der Gemeinschaft die Runde machten, so schuf das mehr Spannungen, als es löste. Der Drogenkonsum nährte die Eifersucht und drohte, die Grundregeln der gemeinschaftlichen Lebensbedingungen zu verändern. Vertreter der chilenischen Regierung waren deswegen so besorgt, dass sie in Betracht zogen, einen Drogenhund bei der Paloma-Station einzusetzen. »Wir werden sie zu einem Grenzübergang machen«, sagte ein Beamter nur halb im Scherz.

Das dringendste Bedürfnis der Männer passte jedoch nicht in die Röhre: Frauen. Da ihre physische Verfassung sich rasch verbesserte, wurde Sex sowohl für die Kumpel als auch für die Rettungskräfte zu einem Gesprächsthema. Der Geschlechtstrieb der Männer meldete sich wieder, war aber immer noch weit vom Normalzustand entfernt. »Ich bin mir sicher, dass sie etwas in unser Essen mischten, etwas, das uns davon abhielt, an Sex zu denken«, sagte Alex Vega. Tatsächlich überlegte das medizinische Team, wie man den zu erwartenden Anstieg der sexuellen Bedürfnisse befriedigen konnte.

»Ein Typ bot aufblasbare Puppen für die Männer an, aber er hatte nur zehn. Ich sagte, 33 oder keine. Sonst würden sie sich um die aufblasbaren Puppen streiten«, erzählte Dr. Romagnoli. »Es sollte ein Spielzeug zur Entspannung werden ... Die Kumpel hatten einen bestimmten Ort, wo Sex mit der Puppe praktiziert werden konnte, und sie baten uns, vier oder fünf Puppen und Kondome zu schicken. Sie konnten sich abwechseln. Alles war schon geplant. Wenn wir 33 Puppen gehabt hätten, hätte es gar kein Problem gegeben, und jeder hätte mit seiner Puppe machen können, was er wollte.«

Die Puppen wurden nie geschickt; stattdessen erhielten die Männer pornografisches Material und Poster aus *La Cuarta*, einem chilenischen Boulevardblatt, das für seine *Bomba 4* genannten Mädchen berühmt ist.

44. Tag: Samstag, 18. September

Der chilenische Unabhängigkeitstag bot für die Rettungskräfte ebenso wie für die Kumpel und ihre Angehörigen eine willkommene Abwechslung von den Routineabläufen. In diesem Jahr war der 18. September zugleich die Zweihundertjahrfeier des Landes. Statt sich um zensierte Briefe und Plastikpuppen zu streiten, erklärten sich die Kumpel zu einer von der Regierung inszenierten Veranstaltung bereit: Sie würden eine feierliche Zeremonie abhalten, besondere Mahlzeiten zu sich nehmen und die Nationalhymne singen.

Die Zweihundertjahrfeier Chiles wurde von dem Schicksal der 33 überschattet. Über der Erde leitete Commander Navarro von der chilenischen U-Boot-Flotte eine Flaggenparade auf dem eingeebneten Gelände, das für die täglichen Pressekonferenzen genutzt wurde – ein verzweifelter Versuch, dem historischen Datum eine internationale Symbolkraft zu verleihen. Neben der Fahne war ein Banner mit den Gesichtern der Männer aufgespannt.

Unterdessen fand 700 Meter unter der Erde eine schlichte Zeremonie statt. Omar Reygada zog an einer Schnur und hisste eine kleine chilenische Flagge. Im Tunnel ließ Reygada die Flagge so hoch wie möglich steigen, knapp einen Meter über seinen Kopf. Dann begann Sepúlveda seine unnachahmliche Vorführung des chilenischen Nationaltanzes *cueca*. Mit dem Schutzhelm in der einen Hand und einem weißen Handtuch in der anderen fing er an zu tanzen. Sepúlveda drehte sich mit der Begeisterung und dem Schwung eines *huaso*, eines chilenischen Cowboys, um sich selbst. Eine traditionelle *cueca* ist ein Tanz zur Brautwerbung, bei dem der Mann einen breiten Hut trägt und mit kunstvoll gearbeiteten Silbersporen auf den Boden stampft, während die Frau sich dreht und mit dem langen Haar und ihrem Rock eine verführerische Pirouette bildet. Sie springt immer wieder zur Seite, aber nicht um den Werbungen des Mannes auszuweichen, sondern um ihn noch mehr anzuspornen. Sepúlvedas *cueca* war eine Ein-Mann-Show.

Die Kumpel hatten eine kleine Bühne aufgebaut; eine orangefarbene Plane hatten sie an die Wand gehängt und mit einem handschriftlichen Exemplar ihres Wahlspruchs bedeckt: *Estamos Bien En El Refugio los 33*. Eine chilenische Fahne klebte auf der Plane und von der Decke hingen etliche Fähnchen in den chilenischen Nationalfarben blau, weiß und rot. An den Rand der Plane waren die Namen der drei Gruppen geschrieben: *El Refugio, La Rampa, 105.* Die kahle Höhle wirkte jetzt geradezu protzig in dem grellen Licht, wie eine primitive Theaterkulisse. In Schuhen mit Gummisohlen, mit langen weißen Socken und behaarten Beinen tanzte Sepúlveda unsicher auf den spitzen Steinen, während seine *Compañeros* sichtlich gelangweilt zusahen. Bei der letzten Strophe fiel er auf die Knie, breitete die Arme wie ein frommer Pilger in freudiger Ekstase aus und sandte seine Energie zum Himmel, durch Hunderte Meter massiven Gesteins. »Vielen Dank euch allen – unseren Kollegen, die dort oben für uns arbeiten! Wir sind dankbar für das, was bereits getan wurde, und wollen euch danken ...« Sepúlveda versagte die Stimme – ein Zeugnis für die Bürde der Führungsrolle. Die Kamera hielt die Männer fest: ihre teilnahmslosen Gesichter, die kaum ein Lächeln oder Interesse zeigten. Anstelle der Opfer eines Unglücks fühlten sich die Männer allmählich wie Schauspieler.

46. Tag: Montag, 20. September

In der täglichen Pressekonferenz war Bergbauminister Golborne optimistisch. »Die drei Pläne kommen wie erwartet voran«, sagte er. Plan A, die erste Operation, die am 29. August begonnen hatte, hatte eine Tiefe von 320 Metern erreicht, fast die Hälfte bis zu den Männern. Plan B und Plan C drangen derzeit, so Golborne, mit einer Geschwindigkeit von knapp einem Meter pro Stunde vor.

Als sich der Medienzirkus am Camp Esperanza zu einem regelrechten Zoo auswuchs, entwickelte der Medienexperte Alejandro Pino eine Strategie, die den Kumpeln helfen sollte, mit ihrem frisch erworbenen Status als Berühmtheit zurechtzukommen. Der schlaksige 72-jährige Pino hatte fünf Jahrzehnte Erfahrung als Journalist und Pressesprecher und veranstaltete mit den Männern einen fünfstündigen Crashkurs. Er umfasste Interviewtechniken, Marketingoptionen, Tipps, wie man mit heiklen Fragen umgeht, und allgemeine Ratschläge, wie man ein Rudel Paparazzi mehr oder weniger unbeschadet übersteht. Als langjähriger Journalist und Leiter der regionalen Abteilung von ACHS wurde Pino nicht dafür bezahlt, noch war er verpflichtet, einen Medienkurs anzubieten, aber er fühlte sich verantwortlich für das Wohl der Männer. Er hatte den dringenden Wunsch, ihnen bei dem bevorstehenden Ansturm von Mikrofonen und Kameras zu helfen.

Pinos erste Unterrichtsstunden waren eine willkommene Abwechslung. Die Kumpel versammelten sich auf ihrer behelfsmäßigen Bühne am Grund der Mine. Pino arbeitete, mit einem Mikrofon in der Hand, von einem Schiffscontainer aus, den man mit einer weißen Couch, ein paar Pflanzen und einem großen Fernsehbildschirm ausgestattet hatte, auf dem er die Kumpel im Erdinnern sehen konnte.

Statt sie vor den Risiken einer allzu starken Medienpräsenz zu warnen (wie manche vermutet hatten), kam Pino sofort auf die finanzielle Seite zu sprechen. »Wenn ihr nicht in die Kamera schaut, wenn ihr ein langweiliges Interview gebt, wird man euch nie wieder um ein Interview bitten«, erklärte Pino den Männern. »Ihr müsst lernen, eure Körpersprache einzusetzen, aufregend zu sein.« Der joviale Pino mit seiner brummigen Bassstimme wirkte fast schon missionarisch bei seinen Bemühungen, aus den schüchternen und verwirrten Bergmännern Medienstars zu machen.

Die Kumpel strömten zu den täglichen Lektionen Pinos. Auch wenn viele für die Kamera unsichtbar blieben, meldeten sie sich, als ihr Vertrauen zu Pino wuchs, immer wieder mit Fragen, Ideen und Kommentaren zu Wort. In Anbetracht der Feindseligkeit und des Misstrauens gegenüber Iturra weigerten sich manche Kumpel auch, Pino zu akzeptieren, unter ihnen Samuel Ávalos. »Nach dem Mist mit dem Psychologen wollten wir nicht mit diesen Leuten reden«, sagte Ávalos. »Uns gefiel die Vorstellung überhaupt nicht.«

Andere Kumpel hingegen sehnten sich geradezu danach zu reden; sie adoptierten Pino de facto als ihren Psychologen. Mitten in einem Gespräch über Medienstrategien wich ein älterer Kumpel plötzlich vom Thema ab und gestand Pino: »Wenn ich etwas hier unten gelernt habe, dann, dass die letzten 20 Jahre meines Lebens verloren waren … Wenn ich nach oben komme, lasse ich mich scheiden.«

Außerdem traten die Spaltungen innerhalb der Gruppe allmählich deutlicher zutage. Luis Urzúa ärgerte sich, dass einige Kumpel, darunter Victor Zamora, eine Videokamera beschafft hatten und jetzt die anderen filmten. Als ein Exemplar des Magazins *Ya* mit einem Interview erschien, in dem Sepúlveda erklärte, er sei der »Anführer« des Haufens, brachen weitere Streitigkeiten aus.

»Es gab Streitereien und kleine Kämpfe. Sie wurden sehr empfindlich und gerieten mit Worten aneinander, aber nicht mit den Fäusten … Kein Einziger verlor die Nerven«, sagte Dr. Romagnoli. Er erklärte, *seine* größten Auseinandersetzungen habe er mit den Ingenieuren über der Erde gehabt. »Ich hatte Schwierigkeiten mit den Leuten über Tage. Sie begriffen nicht, wie wichtig die Gesundheitsmaßnahmen waren. Sie konnten ihren Plan A, Plan B, Plan C oder Plan soundso durchführen, aber was, wenn die Männer starben? Dann waren alle diese Pläne nutzlos.«

47. Tag: Dienstag, 21. September

Jahrelang hatte Nick Kanas Astronauten untersucht. Er kannte nur allzu gut die Verhaltensmuster, wenn Männer längere Zeit auf einen kleinen Raum beschränkt sind und unter Druck stehen. Auf engem Raum eingepferchte Menschen werden gegen

Ende einer Mission zunehmend ängstlich und reizbar – in diesem Fall, weil der Tag der Rettung näher rückte. »Nach sechs Wochen neigen Menschen dazu, ein Revier abzustecken. Häufig gibt es dann kaum noch Scherze und Lachen, auch wenn sie sich Mühe geben. Sie werden anfangen, Untergruppen zu bilden«, sagte Kanas, der an der University of California in San Francisco arbeitet und jahrelang die NASA beraten hat. »Nach sechs Wochen wird die Situation beklemmend. Was vorher nur schrullig und komisch war – wie die Witze eines Kollegen –, regt dann andere auf und wird zu einer Belastung.«

Die Männer waren jetzt 47 Tage unter der Erde. Ob es nun Bilder waren von einem Kumpel, der die Paloma aufschraubt und Essen herausholt, oder Filmmaterial von ihnen, wie sie die Fahne hissen und die Nationalhymne singen, ihre Gefangenschaft war auf Video dokumentiert. Mehrmals versuchten Fernsehreporter, Kameras in der Paloma nach unten zu schmuggeln, damit die Kumpel selbst einen unterirdischen Dokumentarfilm drehen konnten.

Als chilenische Ermittler der Kriminalpolizei (PDI) Beweismaterial brauchten, um die Anklage gegen die Minenbesitzer mit konkreten Details zu erhärten, brachten sie den Kumpeln die Grundlagen des Fotografierens an einem Tatort bei. Eine Woche lang glichen die Kumpel den Stars in der Krimiserie *CSI,* als sie mangelhafte Sicherheitsvorkehrungen im Innern der Mine dokumentierten. Florencio Ávalos ging in die abgelegensten Winkel der Mine, um Wände mit Rissen, rostige Rohre und die riesigen Felsblöcke zu filmen, die über den einstigen Hauptstollen verstreut lagen. Schätzungsweise 40 Stunden an Beweismaterial wurde von den Bergarbeitern aufgenommen und nach oben geschickt.

48. Tag: Mittwoch, 22. September –
Ein Bohrer fällt durch

Am 22. September erhielten die Kumpel überraschenden Besuch von oben. Als Plan B mit der Erweiterungsbohrung bei 84 Metern angelangt war, brach die Bohrsonde auseinander und einer der vier Bohrköpfe sauste in freiem Fall durch den ganzen Schacht und fiel auf den Boden der Mine. Niemand wurde verletzt, als sich der Metallhammer in den Lehm bohrte, aber Plan B wurde gestoppt.

Mario Sepúlveda rief die Rettungskräfte an. »Äh, ich glaube, wir haben hier etwas, das euch gehört«, sagte er im Scherz. »Ich glaube, man nennt das einen Meißel, einen Bohrmeißel. Aber was hat er hier unten verloren?«

Juan Illanes, einer der Kumpel, grub den Meißel aus dem Lehm. Die Bergarbeiter hatten große Erfahrung mit schweren Maschinen; in ihrem Berufsleben wurden sie jeden Tag mit gebrochenen Maschinenteilen, Improvisationen in letzter Minute und Rückschlägen konfrontiert. Aber das war zu viel für sie. Der Frust brach sich Bahn. »Sie arbeiten daran, einen zu retten, und dann kommt so eine Panne? Es war niederschmetternd«, sagte Samuel Ávalos. »Das heißt zwei Tage mehr – fünf Tage mehr. Wir bekamen Essen über die Paloma, aber wir waren eingesperrt. Gefangen! Das machte uns fertig.«

49. Tag: Donnerstag, 23. September

Die Spannungen unter der Erde spitzten sich weiter zu. Der Psychologe Ibañez entwickelte eine herzliche Beziehung zu den Kumpeln, und viele mochten seine gelassene und positive Haltung. Ibañez war jedoch außerstande, die Kontrolle zu bewahren. Der Zusammenbruch der Autorität, das ständige Fernsehen, die eingeschmuggelten Drogen – all dies hielten viele Kumpel für einen gravierenden Fehler. Die Männer hörten nicht länger auf die Ratschläge von oben und fingen an, sich selbst zu beschäftigen.

Edison Peña erkundete die Stollen. Vor dem Unfall war er begeisterter Sportler gewesen, jeden Tag war er eine Stunde Rennrad gefahren und anschließend noch eine ordentliche Strecke gelaufen. Jetzt fing er an, eine Fünf-Kilometer-Runde in den Tunnels zu laufen. Die steifen, hohen Bergarbeiterstiefel schnitten ihn in die Beine, also nahm er einfach eine Drahtschere und kürzte die Stiefel. Die spitzen Steine und der unebene Untergrund taten seinem ohnehin verletzten Knie gar nicht gut, aber Peña lief weiter, als könne er entweder dem Schrecken der Stollen oder dem Albtraum in seinem Kopf davonlaufen. Pablo Rojas, Mario Sepúlveda, Franklin Lobos und Carlos Mamani schlossen sich Peña an. Die Männer schnauften und schwitzten und ruhten sich anschließend im tiefsten Teil des Bergwerks aus. Mit ihren weißen Plastikschutzanzügen sahen sie wie Astronauten aus.

Über die Paloma gelangten Bücher und Spiele zu ihnen. Im Schutzraum organisierten die Männer Marathonsitzungen mit Domino und Kartenspielen. In vieler Hinsicht waren die Karten lediglich ein Ersatz für die anhaltenden Neckereien und unablässigen Scherze, Monologe und doppeldeutigen Wortspiele. Unter den Männern war die Fähigkeit, sein Gegenüber in Grund und Boden zu reden – sei es beim Kartenspiel oder in der Versammlung –, ein wesentlicher Faktor, um sich Respekt zu verschaffen. Es wurde zwar unablässig gestritten, aber es kam sehr selten zu Handgreiflichkeiten – manche Kumpel behaupten, überhaupt nicht.

»Ich musste Ariel [Ticona] einmal mit meiner Stirnlampe eine Kopfnuss geben«, gestand Sepúlveda, betonte aber zugleich, dass dies ein Ausnahmefall gewesen war. Ticona hatte angeblich Sepúlvedas Mutter beleidigt, erklärte ein Kumpel, der den Kampf beobachtet hatte. »Wenn wir zugelassen hätten, dass die Gewalt in diesem Ausmaß uns spaltet, dann hätte es am Ende Tote gegeben.«

Als Ibañez versuchte, einen Reporter eines chilenischen Fernsehsenders zu einer Videokonferenz mitzunehmen, damit er die Kumpel interviewte, brach ein weiterer Sturm der Empörung los. Der Reporter wurde in den kleinen Container auf dem Hügel gebracht, in den Bereich, den nur Mitglieder des Rettungsteams betreten durften. Ibañez fragte die Kumpel, ob der Reporter ein paar Fragen stellen dürfe. Urzúa, Sepúlveda und die anderen schäumten vor Wut. Sofort klingelte das Telefon über der Erde. Die Kumpel waren empört. Gallo hörte das folgende Gespräch mit.

Urzúa beschimpfte Ibañez und sagte: »He, hören Sie auf, uns an der Nase herumzuführen, okay? Warum bringen Sie einen Journalisten hierher? Wir wollen hier keine Journalisten! Wir wollen nicht gesehen werden. Wir leiden hier unten, also keine Interviews, und wir werden das melden. Wir werden das melden.«

Die Kumpel riefen Rene Aguilar an, die Nummer zwei im Rettungsteam und Sougarrets rechte Hand. Als gelernter Psychologe und hoher Angestellter bei Codelco stand Aguilar schon seit Wochen an vorderster Front. Jetzt war er äußerst erbost. »Er kam zu uns, um mit Ibañez zu sprechen, und sein Gesicht war knallrot. Er war richtig wütend«, sagte Gallo, der die Szene mit ansah.

Die Kumpel einigten sich rasch wieder, als ihr ehemaliger Psychologe Iturra zurückkehrte. »Das war Iturra Version Zwei-Punkt-Null, die abgespeckte Version«, sagte Gallo, der unter anderem die Videoaufzeichnung von den Männern unter der Erde beaufsichtigte. »Er kam mit einer völlig anderen Haltung wieder und bot den Männern seine zweistündige Beratungssitzung täglich an. Er sagte, sie könnten die Zeit nutzen, um mit ihren Familien zu sprechen.«

Nachdem die Kumpel bei dem Ringen um die Zensur die Oberhand behalten hatten, tauchten plötzlich die vermissten

Briefe auf. »Es war wie ein Briefregen. Sie schickten alle hinunter – ich würde schätzen, 300 Briefe, alle auf einmal«, sagte Gallo.

KAPITEL 10

Ziellinie in Sicht

50. Tag: Freitag, 24. September

Am 24. September verbrachten die Kumpel ihren 50. Tag unter der Erde. In der jahrhundertelangen Geschichte des Bergbaus war kein Bergarbeiter jemals so lange eingeschlossen und hat überlebt. Allerdings feierte im Camp Esperanza niemand diesen traurigen Rekord. Anstelle von Verzweiflung herrschte inzwischen jedoch ein erster Hoffnungsschimmer. Die Familienmitglieder konnten sich die Rettung bildlich vorstellen. Drei getrennt voneinander arbeitende Millionen Dollar teure Bohroperationen fraßen sich durch den Fels zu ihren Liebsten. Alle paar Stunden wurde ihnen Essen geschickt. Der Postdienst krankte immer noch an Verzögerungen und gelegentlichen Zensurmaßnahmen, aber immerhin funktionierte er, und der Wäschedienst arbeitete einwandfrei, auch wenn immer noch alles eng zusammengerollt und gepresst werden musste, damit es in die Palomaröhre passte. Viele Frauen wuschen und bügelten die schmutzige Wäsche ihrer Männer selbst. Manchmal sprühten sie die Hemden mit ihrem Lieblingsparfüm ein und deuteten so die immer näher rückende Wiedervereinigung an.

Die Träume von dem Wiedersehen wurden am Nachmittag des 25. September mit der Ankunft von Phönix zusätzlich geschürt. Die raketenförmige Rettungskapsel – eigens für die Rettungsoperation in San José von der chilenischen Marine nach Angaben der NASA maßgefertigt – wurde in den chilenischen Nationalfarben blau, weiß, rot gestrichen. Mit einem Gewicht von 418 Kilogramm und einer knapp zwei Meter hohen Kammer wurde die Rettungskapsel selbst zu einem Hauptakteur. Minister und Rettungshelfer posierten im Innern der Röhre. Angehörige berührten sie ganz vorsichtig, als handle es sich um ein Totem.

Da die Rettungspläne reibungslos vorankamen, fing Dr. Romagnoli, der durch sein Eingreifen im Falle Iturras und Ibañez' das Vertrauen der Kumpel gewonnen hatte, damit an, die Männer auf die Rettung vorzubereiten. Romagnoli wusste, dass die Rettungskräfte, falls die Kapsel nicht funktionierte oder stecken blieb, gezwungen sein könnten, die Kumpel mit einer weit primitiveren und riskanteren Methode hochzuziehen: einfach mit Gurten am Ende eines langen Stahlseils. Aber in jedem Fall mussten die Männer in der bestmöglichen Verfassung sein: Es könnte sein, dass sie Leitern hochklettern, sich abseilen oder, wenn die Kapsel stecken blieb, einfach eine Stunde in einem sehr engen Raum aushalten mussten.

Romagnoli, Berater sowohl der chilenischen Streitkräfte als auch verschiedener Profisportler, fing mit leichten gymnastischen Übungen an, um die Männer auf anstrengendere Unterrichtseinheiten vorzubereiten. Er riet ihnen, in einem zwei Kilometer langen Abschnitt des Tunnels als Gruppe zu laufen. Gemäß einer Trainingseinheit der US-Armee sangen die Männer, während sie liefen. Romagnoli erklärte, dass dieses Singen eine Vorsichtsmaßnahme sei, um den Puls zu überwachen: »Wenn ihre Herzfrequenz über 140 steigt, können sie nicht gleichzeitig singen und laufen.«

Laut Romagnoli nahmen die Männer die neuen Tagesabläufe begeistert an. »Zu den Vorteilen, die wir haben, zählt der Umstand, dass diese Männer stark sind; sie sind daran gewöhnt, mit den Armen und dem Oberkörper zu arbeiten. Wir haben es nicht mit einer Schreibtischarbeitern zu tun. Sie werden rasch auf das Training ansprechen.«

Die Männer trugen einen BioHarness-Kombi-Brustgurt, und mit seiner Hilfe erhielt Romagnoli eine Fülle von leistungsrelevanten physiologischen Daten. Jetzt lieferten die Kumpel den Experten bei der NASA reale Daten über Extremsituationen. »Die Chilenen führten im Grunde Buch, wie man so viele Menschen so tief unten nach einer so langen Zeit unter der Erde rettet«, sagte Michael Duncan, ein Experte der NASA, der nach Chile fuhr.

Neben seinem energischen Durchgreifen bei den Psychologen hatte Romagnoli schon früh die Kumpel für sich gewonnen, als er ihre Bitte um Zigaretten befürwortete. Er war selbst Raucher und hatte offen infrage gestellt, ob der wohl angespannteste Moment im Leben der Kumpel der geeignete Zeitpunkt war, sie aufzufordern, dem Nikotin zu entsagen. Romagnoli war unorthodox: Er war ein überzeugter Verfechter von Lösungen, die der gesunde Menschenverstand diktierte, auch wenn sie der Weisheit in irgendwelchen Lehrbüchern widersprachen.

Während er hinter seinem Schreibtisch in der Paloma-Station auf dem Hügel saß, nahmen die täglichen Routineaufgaben wie das Schicken von Medizin, Eintragen der vitalen Signale und Plaudern mit den Kumpeln nur einen Teil seiner Zwölfstundenschicht in Anspruch. Jetzt, wo es den Männern relativ gut ging, behelligten sie ihn nicht mehr mit dringenden Gesundheitsproblemen, sondern mit minimalen Verbesserungen ihrer Lebenssituation. In einem Brief beschwerte sich ein Kumpel, dass ihnen der Zucker ausgegangen sei. Ein anderer schickte Romagnoli seinen MP3-Player und beklagte sich, dass zu viel Reggae- und zu wenig Cumbia-Musik drauf sei. Also fing Romagnoli an, Musik herunterzuladen, den MP3-Player zu löschen und anschließend mit einer Songliste nach Kundenwunsch neu zu formatieren. »Diese Männer sind nicht mehr krank«, sagte er lachend. »Inzwischen glauben sie, das sei ein Zimmerservice, und ich bin ihr verdammter DJ.«

52. Tag: Sonntag, 26. September

Während die Kumpel weiterhin Videos von unten schickten, erlangten die Hauptdarsteller, darunter Sepúlveda und Urzúa, weltweite Berühmtheit als der charismatische Muntermacher beziehungsweise der unerschütterliche Schichtführer. Viele andere Kumpel blieben hingegen namenlos. Sie blieben nicht nur auf den Videos im Verborgenen, sondern von ihnen war auch dann nichts zu sehen, wenn es an die Arbeit ging. Die Kumpel hatten sich in zwei Gruppen gespalten: Die einen waren bereit, von sich aus die Rettungsbemühungen zu unterstützen, die anderen hingegen lagen nur faul herum und warteten auf ihre Rettung. Trotz massiver Anstrengungen, die Männer zu beschäftigen, bestand ihr Leben aus nichts anderem, als die Zeit totzuschlagen. Das war genau die Situation, vor der die NASA gewarnt hatte: Freizeit in einer nervenaufreibenden und kaum erträglichen Umgebung war der Nährboden für Schwierigkeiten.

Es kam zu Streitigkeiten zwischen den Männern, die arbeiteten und ihre Aufgaben wahrnahmen, und jenen, die nichts taten. Ein halbes Dutzend Männer lag im Bett, starrte die Gesteinsdecke an, hörte Musik mit eingeschmuggelten Stereoanlagen oder lungerte im Fernsehraum herum. »Sie waren faul, sie taten nichts«, beschrieb Franklin Lobos die Haltung zweier Bergarbeiter.

Anfangs war das Kommen des Fernsehens eine Zerstreuung für die Männer gewesen; inzwischen bedrohten Langeweile und ein relatives Sicherheitsgefühl die Harmonie der Gruppe. Samuel Ávalos, dessen offizielle Aufgabe es war, die tägliche Temperatur, Feuchtigkeit und die Konzentration potenziell tödlicher Gase in der Mine zu messen, sagte, sein Job sei eine tägliche Übung in Monotonie gewesen. »Die Temperatur veränderte sich nie; sie lag immer um 32 Grad Celsius und die Feuchtigkeit bei 95 Prozent«, sagte er, während er schilderte, wie die Hitze die Männer allmählich zum Wahnsinn trieb. Victor Segovia, der unermüdliche Schreiber, fantasierte bereits davon, dass er in einem Backofen eingesperrt sei.

54. Tag: Dienstag, 28. September

Nach Wochen mit unzähligen technischen Schwierigkeiten fraßen sich alle drei Bohroperationen nunmehr langsam auf die Männer zu. Plan C war endlich aufgestellt und in Betrieb genommen. Mit knapp 50 Metern überragte die gigantische Plattform ihre »Rivalen«. Bei Plan C kamen riesige Bohrköpfe zum Einsatz, die wie Dinosaurierklauen aussahen, ausgestattet mit ein paar technischen Finessen; diese Plattform war auch das Gesprächsthema unter den Ingenieuren. Sie schätzten, dass die Bohrinsel innerhalb von 20 Tagen die Männer erreichen würde. Die ersten Wetten wurden auf den Tag abgeschlossen, an dem die Bohrung zu den eingeschlossenen Bergarbeitern durchstoßen würde. Es sollte eine weitere Woche vergehen, bis ihnen allen klar wurde, dass das Gestein in der Mine San José so hart war (doppelt so hart wie Granit), dass die eindrucksvolle Bohrinsel viel langsamer vorankam, als die Ingenieure vermutet und die Kumpel gehofft hatten.

Sougarret stand jetzt eine heikle Entscheidung bevor. Musste jeder Schacht mit Stahlrohren verstärkt werden? Die Stahlverkleidung hatte den Vorteil, dass der Schacht eine einheitliche Oberfläche für die stoßgedämpften Räder der Phönix-Kapsel bekam. Niemand wollte sich ausmalen, welche logistischen Probleme eintreten würden, wenn die Kapsel im Schacht stecken blieb und man eine Rettung der Rettungskräfte oder noch schlimmer der fast befreiten Kumpel organisieren musste. Sämtliche Möglichkeiten, die letzte Fahrt nach oben möglichst reibungslos vonstatten gehen zu lassen, wurden gründlich geprüft. Sougarret wusste jedoch, dass der Einbau einer Stahlverkleidung die Rettungsaktion um weitere drei bis sieben Tage verzögern würde. Das Gewicht der Röhren wurde auf 400 Tonnen geschätzt. Das bedeutete, dass aus Santiago ein Spezialkran geholt werden musste, um sie einzubauen. Wiederholte Inspektionen der gegrabenen Schächte zeigten eine fast perfekte Oberfläche: spiegelglatt und in manchen Abschnitten marmorähnlich. Doch die ersten hundert Meter waren längst nicht so einheitlich und konnten leicht abbröckeln oder einstürzen. Sougarret schob die endgültige Entscheidung auf; vorläufig konzentrierte er sich ganz darauf, die Männer zu erreichen. Der Erhalt der physischen und psychischen Gesundheit der Männer hatte immer noch Vorrang.

55. Tag: Mittwoch, 29. September

Im Camp Esperanza kam die Arbeit ebenfalls qualvoll langsam voran; Tausende von Journalisten wurden regelrecht sensationsgeil. Der Zugang zu der tatsächlichen Rettungsoperation wurde auf staatliche Kameras und ein paar glückliche Journalisten beschränkt, denen man privilegierten Insiderzugang gewährt hatte, darunter die Leute vom Discovery Channel, ein chilenisches Dokumentarteam und der Autor dieses Buches.

Als Reaktion auf den starken Medienhunger nach Bildern und Filmmaterial richtete das Presseteam von Piñera einen Infostand am Eingang der Mine San José ein. Die Mitarbeiter des Präsidenten, die in dem sogenannten Sekretariat der Kommunikation arbeiteten, sahen sich unablässig Bänder an und prüften, ob sie sich für die Veröffentlichung eigneten. Kurze Ausschnitte wurden der Presse zur Verfügung gestellt, aber Hunderte von Stunden wurden niemals gezeigt, weil Anwälte der Regierung anfingen, über die Legalität der Ausstrahlung weiterer Videosequenzen zu diskutieren. Wenn das Bergwerk de facto ihr Zuhause war, welche Rechte hatten die Kumpel dann mit Blick auf die Videos, die von Kameras der Regierung aufgenommen wurden? War diese Rettung ein öffentliches Ereignis oder war das Leben in den Stollen privat? Könnte die Ausstrahlung der Videos Klagen gegen die Regierung wegen Verletzung der Privatsphäre nach sich ziehen?

Während sich das Präsidialamt mit dem Recht auf Privatsphäre herumschlug, strömten immer neue internationale Medienvertreter zum Camp Esperanza – so etwas hatte man in Chile noch nie und selbst auf der ganzen Welt kaum einmal erlebt. Die Zahl der registrierten Journalisten lag bei über 2000. Mehrere Hektar des felsigen Hangs um die Mine waren von Wohnmobilen, Zelten, Satellitenschüsseln, mobilen Sendeplattformen aus Sperrholz und zunehmend der Crème de la Crème der Weltpresse bedeckt. Fotografen gingen dazu über, ihre Stative an günstigen Stellen anzuketten, damit sie eine ideale Schusslinie auf die Bohrinseln hatten. Fernsehteams stritten sich darum, wer als Erster Anspruch auf einen gigantischen Felsblock angemeldet hatte, der als Basis für Satellitenübertragungen diente. Jeden Tag traf eine Parade neuer Gesichter ein: Alle schleppten Stative, hatten Schwierigkeiten mit den neuen Telefoncodes und staunten einfach über die surreale Szenerie.

Außerhalb des überfüllten Platzes um die Mine war die Wüste in jeder Richtung leer und verlassen. Kein einziger Baum ragte am Horizont auf, nur weite, goldene Dünen, hier und da unterbrochen von den Spuren der Rennwagen der legendären Rallye Paris-Dakar. Nachdem die Veranstaltung durch das Zusammentreffen von politischer Instabilität und Sicherheitsängsten vom afrikanischen Kontinent vertrieben worden war, hatte man 2009 das Rennen in diesen abgelegenen Winkel Chiles verlegt. Hunderte von Journalisten hatten über das Rennen berichtet und in den nahe gelegenen Hügeln campiert. Jetzt waren sie zurückgekehrt, um über ein weiteres Wettrennen zu berichten: den Wettlauf gegen die Zeit.

Unter den Fotografen kam es zu Handgreiflichkeiten und Drängeleien. Bei so vielen Kameras und Mikrofonen war es so gut wie unmöglich, freie Schusslinie zu bekommen. Der Staub ruinierte die teuren Linsen. Hinzu kam, die besten Aufnahmen waren alle schon tausend Mal gemacht worden. Eine Lokalzeitung nannte das ganze Spektakel »das Woodstock der Medien«. Ein Baukrieg brach aus, als TVN, das chilenische staatliche Fernsehen, eine Sendeplattform unmittelbar vor der Plattform baute, die CNN Chile benutzte. Letztere waren deshalb gezwungen, ihre eigene Konstruktion um ein Stockwerk zu erhöhen. Ramon Vergara, ein lokaler Zimmermann, der aus dem Wettbewerb der Sendeanstalten ein Geschäft machte, verdiente bei der Sache gutes Geld. Vergara baute drei Plattformen in ebenso vielen Tagen. »Ich berechne 120 000 Pesos pro Plattform [250 Dollar]«, sagte Vergara der Zeitung *The Clinic.* »Ich versuche, am Tag eine zu bauen.«

Die verschütteten Bergleute erfreuten sich dem Vernehmen nach bester Gesundheit, und der Krankenwagen von ACHS, der eigentlich für die Rettungsaktion immer oben auf dem Hügel stand, war jetzt regelmäßig weiter unten zu sehen, weil verletzte Journalisten behandelt werden mussten. Zehn separate Unfälle, an denen Journalisten und Autos beteiligt waren, wurden gemeldet.

Mit einer Clownstruppe und Franziskanermönchen in Kutten glich die Szenerie allmählich einem Zirkus. »Es fehlen nur noch die Löwen«, sagte Vinka Ticona, eine Verwandte des eingeschlossenen Kumpels Ariel Ticona. Kinder in Superheldenkostümen waren ein so vertrauter Anblick, dass sich kaum jemand wunderte, als eine Schar Kinder als Spiderman verkleidet anfing, wie Affen die Felsen hochzuklettern.

Die nächtlichen Lagerfeuer entwickelten sich zu einem Stelldichein der inzwischen geknüpften Freundschaften zwischen Journalisten, Polizisten, Politikern und Angehörigen. Isabel Allende, die Tochter des 1973 gestorbenen Staatschefs Salvador Allende, war im einen Moment noch bei einem Interview für CNN zu sehen und im nächsten bei einem netten Plausch mit der chilenischen Romanautorin Isabel Allende, einer Nichte des ehemaligen Präsidenten. Lange Schlangen bildeten sich vor einem Stand, der mit Fisch gefüllte Tacos anbot. Kostenlose gegrillte Meeresfrüchte, hausgemachte Suppen und eine Fuhre Kekse machten alle satt. Offiziell war das Bergwerksgelände eine alkoholfreie Zone. Aber die frühmorgendlichen Stapel aus leeren Bier-, Wein- und Piscoflaschen (das chilenische Nationalgetränk) waren Beweis dafür, dass die Gegend nur deshalb alkoholfrei war, weil die Leute inzwischen alles ausgetrunken hatten.

Auf der ganzen Welt warteten Millionen Zuschauer gebannt auf die weiteren Ereignisse: Würden die Männer es schaffen? Wer kommt als Erster? Die Story war inzwischen eine Kombination aus Reality-TV und Livebericht von einer Katastrophe, die von dem unsichtbaren, aber großartig arbeitenden Kommunikationsteam redigiert und den Medien zugespielt wurde. Anstelle von Chaos, Gewalt oder sittlichem Verfall nach dem Muster des *Herrn der Fliegen* standen Freude, Hoffnung und Solidarität im Mittelpunkt. Der traditionelle Wahlspruch »Je blutiger, desto besser« wurde vorübergehend durch ein gewaltloses Drama mit Underdogs als Schauspielern ersetzt.

Im Camp Esperanza stritt sich bereits eine erste Welle aus Talentscouts und Fernsehproduzenten um die Rechte an der Story, insbesondere um ein 150-seitiges Tagebuch, das Victor Segovia geführt hatte. Akribisch hatte er die täglichen Aktivitäten dokumentiert, selbst die finstersten Momente der 17 Tage ohne Essen. Segovias Familie nahm die Verhandlungen mit den Verlagshäusern auf. Das erste Gebot für das einzigartige Dokument lag bei 25 000 Dollar. Reporter der Boulevardpresse schielten nach dem ersten Exklusivinterview mit einem Kumpel, während sie mit den Familien Verträge abschlossen und ihnen versprachen, die Männer kostenlos auf Dienstreisen nach Los Angeles oder gar Madrid mitzunehmen.

Obwohl die Kumpel immer noch gefangen waren, wurde bereits ein Film über ihr Erlebnis gedreht. In einer nahegelegenen, stillgelegten Mine spielten chilenische und mexikanische Schauspieler das Drama nach und nahmen sich dabei recht große künstlerische Freiheiten heraus, weil viele Details des tatsächlichen Tagesablaufs unter der Erde noch unbekannt waren. Der chilenische Regisseur Leonardo Barrera kündigte sogar an, dass er einen Porno über das Los der eingeschlossenen Bergleute plane. Sein Film werde keineswegs eine Sexorgie, so Barrera, sondern eine mitfühlende und fiktive Darstellung ihrer Fantasien. Die Kumpel standen kurz davor, aus der finsteren, feuchten Welt des Bergbaus gerissen und in das Scheinwerferlicht Hollywoods gestellt zu werden. Für einen Übergang blieb so gut wie keine Zeit.

57. Tag: Freitag, 1. Oktober

Am 30. September verklagte Edgardo Reinoso, der Anwalt der Bergleute, die chilenische Regierung auf 27 Millionen Dollar Schadenersatz und warf ihr Nachlässigkeit bei der Wiedereröffnung und Fortsetzung des Betriebs der Mine San José vor. Reinoso vertrat inzwischen bis auf drei alle Familien der Bergarbeiter. Einen Monat zuvor hatte er erfolgreich eine Zahlung in Höhe von einer Viertelmillion Dollar an das Bergbauunternehmen San Esteban gesperrt. Der ursprünglich von dem Bürgermeister von Caldera, einer Küstenstadt in der Nähe des Bergwerks, angestellte Reinoso hoffte, das Geld den Bergleuten zukommen lassen zu können, ein kleiner Teil der Millionen Dollar Schadenersatz, die den Männern in seinen Augen zustanden.

Der dickliche Alleinunterhalter Reinoso wurde berühmt, weil er 2007 eine Klage gegen die Stadtverwaltung gewann, als eine Fußgängerüberführung einstürzte. In der Küstenstadt

Valparaiso waren so bei den Neujahrsfeierlichkeiten zwei Zuschauer ums Leben gekommen. Als erklärter Gegner Piñeras und der chilenischen Rechten war er fest entschlossen, von der Regierung Schadenersatz zu erstreiten. »Wir, die Familien, wollen, dass sie für alle Schäden aufkommen, und wir wollen Gerechtigkeit«, sagte Katty Valdivia, die Frau Mario Sepúlvedas, die die Klage unterstützte.

Reinosos Angriff auf die Regierung wurde von Piñeras Beratern als billiger Racheakt angesehen. Sie wurden nicht müde zu betonen, dass die Risiken der Mine San José schon seit einem Jahrzehnt bekannt waren und dass die *Concertación*, das progressive Mitte-links-Bündnis, das Chile von 1990 bis 2010 regiert hatte, nichts unternommen hatte, um die Arbeiter zu schützen. In Wahrheit hatte sie es der lebensgefährlichen Mine mehrmals gestattet, einer dauerhaften Schließung zu entgehen.

Bei Umfragen stieg die Zustimmung zum neuen Präsidenten – jenes simple und unbewiesene Barometer für Erfolg in der heutigen politischen Arena – von 46 Prozent vor dem Unglück auf 56 Prozent. Im August hatte Präsident Piñera seine Glaubwürdigkeit mit der Rettung der Kumpel verknüpft. Jetzt lief er wegen Reinosos Klage Gefahr, dieses enorme Kapital wieder zu verlieren.

Präsident Piñera geriet auch an der Mine zunehmend in die Kritik, wo Rettungshelfer über die Aktionen des Präsidenten bestürzt waren. Sie warfen ihm vor, die Rettung politisch auszuschlachten. Dr. Díaz, der Chefarzt von ACHS, kritisierte Piñera und Golborne dafür, dass sie das medizinische und technische Protokoll änderten, um im Rampenlicht zu stehen. »Diese Kerle wollten als die großen Retter vor den Kameras stehen«, sagte er. Er war frustriert, dass die Rettungsoperation von inszenierten PR-Momenten kompromittiert wurde, die, in seinen Augen, eigens dem Wohl des Präsidenten dienen sollten. »In manchen Momenten fällt es außerordentlich schwer, die Zunge zu zügeln.«

In einem Beitrag auf der lateinamerikanischen Seite von CNN mit dem Titel »Familienangehörige werfen chilenischem Präsidenten vor, sie zu benutzen« ließ Nelly Bugueño, die Mutter Victor Zamoras, kein gutes Haar an Piñera. »Es geht nur um Politik. Es ist schmutzig. Es ist ein Betrug und Propaganda«, sagte sie. »Sie spielen mit den Gefühlen unserer geliebten Familien.«

Andere Angehörige räumten ein, dass sie zwar für Piñera und seine Politik wenig übrig hätten, dass seine Regierung aber alles getan habe, um die Kumpel zu retten. »Persönlich kann ich den Typ nicht leiden und habe große Meinungsunterschiede. Aber er hat großartige Entscheidungen getroffen«, sagte Cristian Herrera, der Neffe Daniel Herreras. »Wenn man mich fragt, ob wir ihm dankbar sein müssen? Ja. Wenn die vorherige Regierung das Sagen gehabt hätte, wären die Kumpel gestorben.«

Am 1. Oktober setzte Minister Golborne den Gerüchten und Spekulationen, die seit einem Monat die Runde machten, ein Ende und bestätigte, was inzwischen ein offenes Geheimnis war: Die Rettungsaktion kam weit schneller voran, als man öffentlich zugegeben hatte. »Die gute Nachricht ist, dass wir dank einer Analyse, die wir gemeinsam mit dem technischen Team durchgeführt haben, davon ausgehen können, dass die Befreiung unserer Bergleute in der zweiten Oktoberhälfte stattfinden wird.« Golborne merkte an, dass die Bohrungen inzwischen die lockere obere Gesteinsschicht durchstoßen hätten und sich durch einen härteren Abschnitt des Berges fräßen. »Aus diesem Grund können wir etwas optimistischer sein«, sagte Golborne und verkündete ferner, dass er die eingeschlossenen Kumpel ebenfalls bereits über die gute Nachricht informiert habe.

Da die Rettung der Bergleute rasche Fortschritte machte, wurden die ersten Fragen nach den Hintergründen gestellt, und in Chile wurde eine allgemeine Debatte angestoßen. Zunächst einmal, warum wurden die Bergleute eigentlich verschüttet? Warum war ein Bergwerk, das für seine Risiken berüchtigt war, überhaupt noch in Betrieb? Eine Untersuchung des chilenischen Kongresses, die man Ende August eingeleitet hatte, hatte zahlreiche tödliche Unfälle in Bergwerken im Besitz der Aktiengesellschaft San Esteban Primera zutage gefördert – der Dachgesellschaft, der die Mine San José ebenso wie San Antonio, eine benachbarte Mine, gehörte. Die von dem Versicherungsunternehmen ACHS vorgelegten Zahlen bewiesen, dass die Zahl der Unfälle in der Mine San José um 307 Prozent höher lag als im Branchendurchschnitt. »Ein durchschnittliches Unternehmen zahlt 1,65 Prozent eines Arbeiterlohns Versicherungsbeitrag; sie zahlten 5,37 Prozent«, sagte Martin Fruns von ACHS aus und er wies auch darauf hin, dass die Besitzer der Mine San José seit fünf Monaten nicht mehr in den Versicherungsfonds eingezahlt hätten.

In ihrer Aussage vor dem Untersuchungsausschuss gab Maria Ester Feres, die ehemalige Arbeitsministerin, an, dass sie schon vor knapp einem Jahrzehnt, im Jahr 2001, versucht habe, das Bergwerk San José zu schließen, sie sei jedoch zurückgepfiffen worden wegen des, wie sie sagte, »Drucks aus dem Bergbausektor« und aus Sorge, dass die Menschen ihre Arbeit verlieren könnten. »Es wurden geringfügige Verbesserungen vorgenommen, aber im Arbeitsministerium herrschte die Auffassung vor, dass diese Mine eine Zeitbombe sei … und sie hatte keine Fluchtwege.«

Die parlamentarische Untersuchung deckte auch die Tatsache auf, dass im Innern der Mine ein ständiger Steinhagel mehrmals Arbeiter traf. In manchen Fällen handelte es sich um kleinere Blessuren, die nicht stationär behandelt werden mussten, andere endeten auf dem Friedhof.

Der Minenbesitzer Alejandro Bohn sagte aus, die Verbesserung der Sicherheitsvorkehrungen sei ein »heiliger Grundsatz unseres Unternehmens«. Auf den Unfall angesprochen, der Gino Cortés ein Bein gekostet hatte, gab Bohn den Arbeitern die Schuld, weil sie ein Sicherheitsnetz nicht ersetzt hätten, das von der Decke herabfallende Steine auffangen sollte. Er fügte hinzu: »Leider handelt es sich um dieselbe Schicht, die jetzt in der Mine eingeschlossen ist.«

Viele Beobachter waren schockiert über Bohns gefühllose Äußerungen. Das war ungefähr das Gleiche, wie dem Opfer eines Blitzschlages selbst die Schuld zu geben, weil der oder die Betreffende keine Gummisohlen getragen hatte. »Die ganze Decke hatte kein Netz – allenfalls 20 Prozent hatten eines«, sagte Samuel Ávalos, der empört auf Bohns Äußerung reagierte. »Wo hätten wir denn gehen sollen? Wo bitte schön?«

Die derzeitige Arbeitsministerin Camila Merino räumte ein, dass die Regierung Piñera von den Gefahren dieses Arbeitsplatzes gewusst habe. »Wir hatten Indizien zu Sicherheitsproblemen, und wir hätten im Vorfeld in Aktion treten müssen. Aus diesem Grund ist es so wichtig, dass sämtliche Sicherheitsmaßnahmen, die wir jetzt vorschlagen, auch beachtet werden, damit es künftig nicht mehr zu solchen Unfällen kommt«, sagte Merino.

Ihre Äußerungen lösten einen Aufruhr in ganz Chile aus. Parlamentarier der Opposition verlangten nähere Einzelheiten. Hatte die Regierung womöglich eklatante Sicherheitsprobleme in San José vertuscht? Merino machte einen Rückzieher und erklärte, dass ihr keine konkreten Informationen vorgelegen hätten.

Javier Castillo, ein Gewerkschaftsführer in Copiapó, der sich seit über einem Jahrzehnt mit den Minenbesitzern und mit der nationalen Aufsichtsbehörde Sernageomin herumschlug, freute sich über das nunmehr geweckte Interesse an der Sicherheit der Arbeiter. In Hunderten von Dokumenten, die sich in Gerichten, bei lokalen Politikern und den Minenbesitzern stapelten, hatte Castillo gewarnt, dass sowohl San José als auch San Antonio lebensgefährlich seien und kurz vor dem Einsturz stünden.

Während die ganze Welt sich fragte, warum die Mine San José eingestürzt war, hatte sich Castillo fest vorgenommen zu beweisen, dass die Aufsicht der Regierung ebenfalls versagt hatte. Ein von der Bergarbeitergewerkschaft 2002 erstelltes Video dokumentierte die unsicheren Praktiken in der Mine und die Wahrscheinlichkeit eines Einsturzes in beiden Bergwerken. In Dokumenten, die Castillo den parlamentarischen Ermittlern zukommen ließ, bewies er, dass man die Besitzer gewarnt hatte, dass die Mine gefährlich brüchig sei. Im Jahr 2003 kam es in der Mine San Antonio, die auf demselben Berg wie San José liegt, zu einem schweren Einsturz. Im Jahr 2007 stürzte San Antonio noch einmal ein und wurde geschlossen. Es gab nur deshalb keine Verletzten, weil der Einsturz um ein Uhr nachts erfolgte, als sich keine Arbeiter in der Mine aufhielten.

Die Fülle an Details, die Castillo über eine Kette tödlicher Unfälle vorlegte, veranlasste staatliche Sicherheitsbeamte, die Mine San José das ganze Jahr 2007 und einen Teil von 2008 zu schließen. Nunmehr konzentrierte sich der Untersuchungsausschuss auf die zentrale Frage: Hätte man das Bergwerk jemals wieder eröffnen dürfen?

Nach chilenischem Recht musste die Mine San José zwei separate Ausgänge haben: den üblichen Ausgang und einen Notausgang. Nach der Untersuchung gelangte der chilenische Kongress zu dem Schluss, dass die Mine San José nie einen Notausgang besessen hatte. Selbst behelfsmäßige Vorkehrungen wie Leitern in den Luftschächten wurden nicht eingebaut.

In den Wochen und Monaten vor der Katastrophe hatte man bereits Indizien für die Instabilität des Bergwerks bemerkt. Im Juni 2010 stürzte ein Felsblock herunter, der Jorge Galleguillos am Rücken traf. Eine Untersuchung der ACHS warnte vor dem Risiko weiterer Einstürze. Alejandro Pino von ACHS erklärte, die Minenbetreiber seien über die unmittelbar drohenden Gefahren informiert worden. »Wir forderten das Unternehmen auf, die Mine zu schließen«, sagte er.

59. Tag: Sonntag, 3. Oktober

Während der Untersuchungsausschuss seine Ermittlungen fortsetzte, rückte der Tag der Rettung immer näher. Auf dem ganzen Hang um die Mine San José wimmelte es nur so vor Bauteams, die einen Hubschrauberlandeplatz, ein Notkrankenhaus und Tribünenplätze für die Journalisten errichteten. Die Regierung entwarf sogar eine Lounge, in der Familienangehörige auf einer hübsch gestalteten Couch mit Blumen, Neonlicht und einem modischen Eingangsbereich Platz nehmen konnten – und das alles für einen ersten kurzen Kontakt mit den geretteten Bergleuten.

Jetzt, wo die Kumpel für die Medien gerüstet waren und sie als Berühmtheiten gefeiert wurden, trafen immer mehr längst verlorene Verwandte im Camp Esperanza ein. So viele unbekannte »Familienmitglieder« kamen, dass die chilenische Zeitung *The Clinic,* als sie eine Karte von Camp Esperanza abdruckte, einen Pfeil einfügte, der auf einen Abschnitt mit dem Titel »Familienmitglieder« zeigte, und einen zweiten Pfeil, der auf einen Abschnitt für »Angebliche Familienmitglieder« zeigte.

Die Psychologen im Camp Esperanza bemühten sich, die Familien auf die nicht abzusehenden Folgen des Traumas bei den Männern vorzubereiten. Waren sie freudig oder niedergeschlagen? Würden sie ihren Frauen ewige Liebe schwören oder sofort die Scheidung einreichen? Und im Fall Yonni Barrios', des Mediziners unter der Erde: Würde er bei seiner langjährigen Geliebten oder bei seiner Frau bleiben? Bei vielen Kumpeln wurde vermutet, dass sie unter Depressionen litten. Welche Folgen könnte dieses einzigartige Trauma haben?

Nach seinem monatelangen Kampf mit den Männern war Iturra inzwischen eher ein Pförtner und Muntermacher. Er vermied Auseinandersetzungen und entwickelte sich stattdessen zum Diplomaten, der Probleme in der Familie linderte, Botschaften übermittelte und sein Mantra wiederholte, dass sie

»der Rettung einen Tag näher seien«, während er danach trachtete, die Kumpel bis zu ihrer Befreiung zusammenzuhalten.

Zur selben Zeit, als Iturra sich um die fragile geistige Verfassung der Männer Sorgen machte, hatten Sougarret und sein Team mit gravierenden Hindernissen zu kämpfen.

Wegen neuer technischer Mängel kam Plan A zum Stillstand. Während die Techniker eilends die Meißel und den Bohrkopf austauschten, gingen wiederum drei Tage verloren. Obwohl Plan A inzwischen nicht einmal 100 Meter von den Eingeschlossenen entfernt war, hätten die wenigsten Ingenieure gewettet, dass der vielgerühmte ursprüngliche Rettungsplan den Wettlauf gewinnen würde. Die langsame, aber stetige Bohrung wurde mittlerweile auf Platz drei gesetzt. Die anderen Bohroperationen hatten sich unter den Bedingungen an der Mine San José als schneller erwiesen.

Plan C erlitt ebenfalls einen Rückschlag, als eine fehlgeleitete Bohrung den Schacht weit vom Kurs abbrachte. Mithilfe eines kleineren Bohrkopfes wollten die Ingenieure den Schacht wieder auf die geplante Bahn zurückführen. Dann sollte wiederum der große Bohrkopf zum Einsatz kommen, der einen Schacht bohrte, der für Phönix breit genug war. Insgesamt würden sie dabei fast eine Woche verlieren. Das anfangs rasche Vorwärtskommen von Plan C war nunmehr zunichtegemacht, weil es sich als unmöglich erwiesen hatte, den gigantischen Bohrturm auf Kurs zu halten.

So gut wie alle setzten inzwischen auf Plan B, der am 59. Tag eine Tiefe von 420 Meter erreicht hatte und offenbar die zuverlässigste Technik bei dieser historischen Operation verwendete. Mit Blick auf die gravierenden Hindernisse bei Plan A und Plan C entpuppte sich die Entscheidung Präsident Piñeras, drei verschiedene Technologien einzusetzen, als äußerst weitsichtig.

KAPITEL 11

Die letzten Tage

62. Tag: Mittwoch, 6. Oktober

Als die Bohrung B weniger als 50 Meter entfernt war, konnten die eingeschlossenen Männer das Mahlen und Hämmern so nahe hören, dass es ihnen so vorkam, als würde der Bohrer jeden Moment durch die Decke der Werkstatt brechen. Oder war das womöglich wieder eine Täuschung? Die Gerüchteküche brodelte unablässig: Mal hieß es, die Bohrung werde in einem Tag ankommen, dann wieder in acht Tagen.

Für die Bergleute war die tägliche Nahrungsaufnahme auf einmal nicht mehr so wichtig wie die tägliche Dosis an Informationen. »Um Viertel vor Neun hörte man jemanden gegen eine Dose schlagen. Es klang wie eine Glocke, und dazu riefen sie: ›Nachrichten in zehn Minuten. Nachrichten in zehn Minuten!‹ Wir kamen alle, um sie anzuschauen«, sagte Samuel Ávalos.

Die abendliche Nachrichtensendung um 21 Uhr war jetzt der Höhepunkt des Tages. In ihrem unterirdischen Fernsehzimmer versammelten sich die schweißgebadeten Männer, nackt bis auf kurze Hosen und Schuhe mit Gummisohlen, um die aktuellen Entwicklungen zu sehen und zu hören. Ihre Rettung dominierte die ganze Sendung, die ersten zwanzig Minuten befassten sich jedes Mal mit der Rettungsmission.

»Minute für Minute wussten wir, was sich gerade ereignete«, erklärte Samuel Ávalos. »Wir verfolgten die Rettung und fingen zu rechnen an, wann die Aktion vorbei sein würde. Das weckte in jedem von uns eine gewisse Beklommenheit: ›Bringen wir's endlich hinter uns. Holt mich hier raus.‹ … Ohne die vielen Informationen hätten wir nicht gewusst, wann wir voraussichtlich herauskommen würden.«

Die Rettungshelfer, auch Sougarret, weigerten sich jedoch, den Männern ein konkretes Datum zu nennen. Golborne hatte Zurückhaltung angeordnet, und Sougarret pflichtete ihm bei. Es konnte immer noch vieles schief gehen. Beim Bohren des Schachtes waren die Bohrköpfe hier und da vom Kurs abgekommen und anschließend korrigiert worden. Deshalb hatte der Schacht leichte Biegungen und Einbuchtungen. Blieb die Kapsel womöglich stecken? Vor allem eine Biegung in der Nähe der Sohle des Schachtes machte den Ingenieuren Kopfzerbrechen. In der Kommandozentrale hieß es immer wieder, dass die Kapsel Phönix nur knapp durch diesen gebogenen Abschnitt passen werde. Darüber hinaus musste eine kleine Dynamitladung sorgfältig abgemessen werden, um die Öffnung, durch die Phönix die Decke der Werkstatt durchstoßen sollte, zu erweitern. Auch diese Aktion ließ manche Rettungshelfer nicht mehr ruhig schlafen. Wenn zu viel Sprengstoff eingesetzt wurde, riskierten sie, dass der Schacht selbst einstürzte. Niemand konnte vorhersagen, wie die Wände des Schachtes die unzähligen, kratzenden und schürfenden Fahrten von Phönix vertragen würden. In der Kamera wirkte der Schacht so hart wie Marmor, aber es gab keine Möglichkeit, das herauszufinden, bis die Kapsel ihre Fahrt begann. Ein Erdbeben war ein weiterer Albtraum für die Rettungskräfte. Chile war der Schauplatz von zwei der fünf schwersten Erdbeben der Welt gewesen, darunter das vom Februar 2010, das allen noch frisch im Gedächtnis war.

Und wie die ganze Welt inzwischen genau wusste, war der ganze Hügel um die Mine San José sehr brüchig, weil man mehr oder weniger chaotisch im Innern Gold und Kupfer abgebaut hatte. Die Mine glich einem ausgehöhlten Skelett, das von den

Überresten des Berges aufrecht gehalten wurde. Geologen hatten unmissverständlich erklärt: Der Berg ist instabil.

Im Rahmen der Rettungsoperation hatte Codelco den Hang mit Sensoren bestückt, die imstande waren, die leisesten geologischen Bewegungen zu messen. Falls ein weiterer Einsturz kam, hofften die Ingenieure, dass sie zumindest kurz vorgewarnt wurden.

Für die eingeschlossenen Männer war das nervenaufreibend. Die Rettung stand unmittelbar bevor, nur der genaue Zeitpunkt war unklar. »Keiner konnte schlafen. Wir waren alle so nervös«, beschrieb Ávalos die steigende Spannung. »Es herrschte so ein Lärm, die Apparate gingen in diese Richtung und in jene. Alle waren unruhig. Physisch waren wir am Ende. Es war schlimmer als die ersten Tage.«

Ein Indiz für die steigende Spannung war die Zahl der Zigaretten, die von unten angefordert wurde. Statt neun Rauchern waren es jetzt achtzehn. Statt zwei oder vier Zigaretten pro Tag wurde den Männern nunmehr praktisch unbegrenzt Zugang zu Tabak gewährt. Als er zur Neige ging, entlud sich die Spannung, um ein Haar wäre es zu Handgreiflichkeiten gekommen.

Sogar verschreibungspflichtige Beruhigungsmittel wurden nach unten geschickt. Für manche waren die Drogen ein Mittel zum Einschlafen. Andere nahmen sie ein, um die extremen Adrenalinschübe zu dämpfen. In einigen wenigen Fällen waren die Drogen eine drastische Maßnahme, um einer leichten Psychose vorzubeugen. Auch wenn das nie öffentlich zugegeben wurde, war in privaten Sitzungen unter den Ärzten und Sanitätern häufig die Rede von manisch-depressiven Störungen und von Suizidgefahr.

Um die wachsende Angst zu bekämpfen, ließen sich die Männer ein geniales Freizeitvergnügen einfallen. Die Bohrköpfe wurden mit einem ständigen Wasserfluss gekühlt. Mithilfe eines primitiven Kanalsystems leiteten die Männer das Wasser von ihren Aufenthaltsräumen weg in die unterste Ebene der Mine. Am Anfang hatte sich dort nur ein Schlammloch angesammelt, in dem man eigentlich nicht baden konnte. Es wurde mehr Schlamm auf die Haut geschmiert als abgespült. Je weiter die Rettungsoperation voranschritt und das Kanalsystem verbessert wurde, desto höher füllte sich die Sohle der Mine mit Wasser. Am Ende war das »Becken« sieben Meter lang, drei Meter breit und gut einen Meter tief. Anfang Oktober tauften die Männer das Becken *La Playa,* der Strand, und hatten genügend Wasser, um darin zu schwimmen und herumzutoben. »Ich schwamm richtige Runden«, sagte Mario Sepúlveda. »Das machte uns Mordsspaß.«

Die Kumpel konnten stundenlang im Becken bleiben, sich treiben lassen und lachen.

Pedro Cortés, der beste Fahrer des »Manitous«, eines Grubenlasters mit einer verstellbaren, hydraulischen Plattform, fuhr den Laster zum Becken hinunter, schaltete die Scheinwerfer ein und erhellte eine ziemlich surreale Szene: ein halbes Dutzend nackte Männer, die 700 Meter unter der Erde in einem Teich herumtollten.

Für kurze Zeit konnten die Männer ihre Situation vergessen. Sie erzählten sich Witze, stellten sich ein Leben in Freiheit über Tage vor und versprachen sich gegenseitig, ihre einzigartige Bruderschaft niemals aufzugeben. Keiner zweifelte, dass jeder sein Leben für das eines Kumpels opfern würde. Selbst die angespanntesten Beziehungen bargen in ihrem Kern ein brüderliches Band. »Ich brauchte ihm nur in die Augen zu schauen und wusste genau, was er dachte; manchmal verstanden wir uns ohne ein Wort«, sagte Samuel Ávalos zum Beispiel über seine Beziehung zu Mario Sepúlveda.

Die Männer hatten am Rande des Hungertodes untereinander eine Loyalität entwickelt. Sie waren verurteilt gewesen, miteinander zu sterben, aber nicht durch einen schnellen Schnitt, sondern über eine qualvoll lange Folge von Tagen. »Zu der

Zeit sprachen wir nicht über Kannibalismus«, räumte Richard Villarroel ein. »Danach jedoch wurde er in Witzen häufig zur Sprache gebracht.«

Die Witze darüber, wie sie sich gegenseitig aufessen, waren ein kaum verhülltes Eingeständnis, wie nahe sie einem wilden und barbarischen Ende gewesen waren. Das Aufkommen von Dichtern und zwanghaften Joggern kann durchaus als energischer Versuch der Kumpel gewertet werden, ihre menschliche Würde zurückzugewinnen, den düsteren Schatten des Barbarismus und Todes auf Distanz zu halten.

63. Tag: Donnerstag, 7. Oktober

In ihrer zweimonatigen Gefangenschaft sammelten die Kumpel eine große Zahl an Geschenken, darunter Fotos von nackten Frauen, Miniaturbibeln, Hunderte von Briefen, frische Kleidung und die eine oder andere eingeschmuggelte Tafel Schokolade.

Jeder versuchte mit primitiven Mitteln, seinen Schlafbereich zu schmücken. Sie befestigten Drahtnetze an der Felswand und hängten die chilenische Fahne, Familienfotos, Briefe und Zeichnungen auf. »Ich hatte einen besonderen Bereich sowohl mit Gott als auch mit dem Teufel«, sagte Ávalos. »Ich hatte Luli [ein vollbusiges, chilenisches Pin-up-Girl] mit diesem fetten Hintern und ich hatte Mutter Teresa von Kalkutta. Das sind meine Idole, sie waren meine Inspiration.« Als Samuel Ávalos sich in seinem behelfsmäßigen »Zimmer« umsah, wurde ihm klar, dass er wie ein Landstreicher hauste. Ohne Möbel oder Regale hortete er seine Habseligkeiten auf dem steinigen, feuchten Boden des Stollens.

Selbst in den Tiefen der Mine machten sich inzwischen die Folgen der Berühmtheit bemerkbar. Jede zweite Paloma enthielt jetzt Fahnen und die Bitte, dass alle 33 sie signierten und so schnell wie möglich zurückschickten: Fahnen vom Fußballverein

Universidad Católica, vom Fußballverein Cobresal, von Geotec (dem Bohrunternehmen) und vor allem Dutzende chilenische Fahnen. Die Männer kamen der Bitte nach. In einer Tiefe von 700 Metern Autogramme schreiben und vom vielen Schreiben Krämpfe bekommen, das war ein kurzer Vorgeschmack auf den Medienansturm und Ruhm, der sie über der Erde erwartete. Aber in ihrer Naivität waren viele Männer außerstande, das Ausmaß der weltweiten Faszination für ihre unterirdische Welt zu begreifen.

Da die Bohrung inzwischen planmäßig vorankam, planten die Männer allmählich ihren Umzug an die Oberfläche. Was sollten sie mitnehmen? Was ließen sie zurück? Die Zeit, die einst ihr großer Feind gewesen war, lief ihnen davon. Es war an der Zeit zu packen.

Die Kumpel fingen jetzt an, das Liefersystem umzukehren. Jetzt wurde mit der Paloma eine wahre Flut an Dingen nach oben geschickt, ein endloser Strom von Andenken, darunter Steinsammlungen, Tagebücher, signierte Fahnen und Fußballtrikots, die europäische Stars signiert hatten, nicht zuletzt der Held der spanischen Weltmeistermannschaft David Villa, dessen Vater und Großvater Bergarbeiter gewesen waren.

Mindestens zwei Mal täglich, manchmal häufiger, wurde Luis Urzúa über Vorankommen, Rückschläge und den Ablauf der Rettung informiert. Die gesamte Operation erforderte ein umfassendes und ununterbrochenes Feedback von unten. Manchmal wurden sie einfach nur aufgefordert, eine Kamera zu bewegen, um den Rettungskräften über Tage eine Aufnahme von dem Stollen zu liefern. In anderen Fällen mussten die Männer schwere Geräte in Stellung bringen, um eine schwache Decke abzustützen, lose Felsbrocken zu entfernen oder beschädigte Kommunikationsausrüstung zu reparieren.

Die Bergleute fingen an, Hunderte leerer Wasserflaschen, die Plastikverpackungen der Speisen und die kaputte Ausrüstung einzusammeln und zu einem Müllhaufen zu bringen, den sie an der Sohle der Mine anlegten. Wegen der lehmigen Böden und des wirbelnden Staubs und Drecks von den Maschinen konnte von Reinlichkeit keine Rede sein, aber die Männer bemühten sich immerhin, ihren Aufenthaltsraum einigermaßen ordentlich zurückzulassen. »Das ist wie der Antritt einer Reise«, sagte Sepúlveda im Scherz zu den Rettungshelfern. »Man möchte das Haus von oben bis unten putzen, bevor man abreist.«

Nun begannen sie sich auch Gedanken über den Umgang mit ihrem neuen Ruhm zu machen. Während Mario Sepúlveda der ideale Moderator für die unterirdischen Videos und ein Segen für die Moral der Gruppe gewesen war, stellten die Männer erste Spekulationen an, dass sie, sobald sie über der Erde angekommen waren, ganz andere Fertigkeiten benötigen würden: eine ernsthaftere, stärker am Juristenjargon orientierte Ausdrucksweise. »Es gelang mir, mit Mario darüber zu sprechen, dass die Kumpel das Gefühl hatten, er versuche, die ganze Show zu übernehmen. Ich sagte zu ihm: ›Sie haben recht. Du musst einen Rückzieher machen. Du versuchst, die Sache an dich zu reißen. Vielleicht merkst du es selbst gar nicht. Du bist immer, immer vor der Kamera‹«, erzählte Ávalos. »Es war ein offenes Geheimnis, dass sie ihm das austreiben wollten.«

Am letzten Freitag erreichten diese Sorgen einen Höhepunkt, als jemand vorschlug, einen neuen Sprecher zu wählen. War Mario der richtige Mann für den Medienrummel über Tage? Manche Männer sprachen sich für einen gesetzteren, reiferen offiziellen Sprecher aus. Sobald die Idee auf größere Resonanz stieß, wurde eine Abstimmung gefordert. Sepúlveda verlor die Wahl. Die Aufgabe des offiziellen Sprechers wurde an Juan Illanes übergeben, einen gebildeten Mann, der ein großes Selbstvertrauen ausstrahlte, sehr redegewandt war und eine vage Ahnung von geistigem Eigentum und von juristischen Dingen hatte. Sepúlveda muss die Entscheidung als einen Schlag ins Gesicht empfunden haben, als eine Ablehnung seiner Führung. Er zog sich sofort zurück und steckte seine ganze Energie in die Vorbereitung seines Solo-Auftritts in den Medien.

65. Tag: Samstag, 9. Oktober

Die Rettungskräfte informierten die Männer, dass die Bohrung inzwischen weniger als zehn Meter vom Tunnel entfernt war. Sepúlveda schickte eine Nachricht nach oben: »Wir gehen alle den Tunnel aufwärts, um die Bohrung zu beobachten. Sobald sie durchbricht, werden wir die ganze Nacht tanzen und feiern. Sagt ihnen, dass sie keine Palomas mehr schicken sollen. Es wird niemand da sein, der sie in Empfang nimmt.«

Die Paloma mit den Mahlzeiten wurde nie ignoriert. Selbst in den aufreibendsten Momenten achteten die Männer darauf, dass ihre Rettungsleine ständig beaufsichtigt wurde. Jetzt hatten sie beschlossen, eine ordentliche Strecke den Tunnel aufwärts zu ziehen, in die Werkstatt, wo die Bohrung in Kürze durchbrechen musste.

Die Männer versammelten sich in gespannter Erwartung. So vieles war schon schief gegangen: Bohrer gebrochen, Bohrloch vom Kurs abgekommen. Die Männer konnten es nicht glauben. War die Rettung wirklich so nahe, wie es klang? Sie kauerten sich im Tunnel zusammen, knapp 50 Meter von der Stelle entfernt, wo, wie sie hofften, die Bohrung durchbrechen würde. Ein Gemisch aus Schlamm und Wasser strömte über die Rampe.

Alex Vega fing zu schreiben an. Er schirmte einen Notizblock gegen das tropfende Wasser ab und begann den historischen Moment zu dokumentieren, eine Schilderung im Minutentakt für seine Frau. Aufgewirbelter Staub, der ohrenbetäubende Lärm der hämmernden Meißel und umherschwirrende Gesteinsbrocken erfüllten die Luft. Die Kumpel waren aufgeregt wie kleine Kinder, die darauf warteten, dass der Weihnachtsmann kommt. Wie gebannt starrten sie die Decke an, während sie sich schweißgebadet, mit aufgesetztem Schutzhelm und dicken Arbeitshandschuhen, auf ihre letzte Mission vorbereiteten.

Sie konnten nicht viel tun. Pedro Cortés sprach über das Telefon mit den Ingenieuren über der Erde und übermittelte im Minutentakt aktuelle Daten, die übersetzt und dann an Jeff Hart weitergeleitet wurden. Der Bohrmeister Hart korrigierte anschließend die Geschwindigkeit und den Druck auf den Bohrkopf entsprechend.

Den Männern blieb nichts anderes übrig, als zuzusehen. Die durch die Luft schwirrenden Trümmer und der Lärm hielten sie davon ab, dem Ort des Durchbruchs zu nahe zu kommen.

Die Kumpel lauschten auf die langsameren Drehungen des Bohrkopfes, als er näher kam. Und dann änderte sich das Geräusch, es klang wie das Schlagen von Metall auf Metall, ein schrilles Kreischen, das den Männern die Haare zu Berge stehen ließ. Jeff Hart hatte keine andere Wahl, er musste versuchen, sich durch den Schlamassel zu fressen. Allen Beteiligten war das frühere Malheur noch in Erinnerung, als der Hammer abgebrochen war und eine viertägige Verzögerung verursacht hatte.

Die Bohrung fing wieder an, und dann steckte der Bohrkopf erneut fest. Wieder dieses kreischende Geräusch. Dachträger aus Eisen an der inneren Decke der Höhle waren im Weg. Pedro Cortés blieb telefonisch mit den Ingenieuren über der Erde in Kontakt. Sie teilten ihm mit, dass die Bohrung jetzt weniger als einen Meter entfernt sei.

Über Tage bremste Jeff Hart die Bohrung. Es bestand die Gefahr, dass der Bohrkopf sich festfraß, wenn er zu schnell die Decke durchschlug. Bei dem anschließenden Versuch, den Bohrkopf wieder zu befreien, könnten die brüchigen Abschnitte des Schachtes Schaden nehmen. Die letzten Zentimeter waren eine Qual. Während sich Sougarret, Golborne und eine wachsende Schar von Rettungshelfern und Regierungsvertretern dicht um ihn drängten, stoppte Hart immer wieder die Bohrung und prüfte die Videoaufnahme aus der Tiefe.

Unter Tage herrschte ein ohrenbetäubender Lärm. Selbst mit Ohrenstöpseln und einem zweiten Gehörschutz in Form von Kopfhörern war der Lärm der hämmernden und fräsenden Meißel kaum zu ertragen. Doch diesmal kam der Bohrkopf an den Metallträgern vorbei, und um 8 Uhr morgens brach er schließlich durch.

Als die Spitze des Bohrkopfes im Dach der Werkstatt auftauchte, erfüllte eine dichte Staubwolke die unterirdische Kammer. Es war wie beim Einsturz, doch jetzt war die Staubwolke ein glorreicher Vorbote der Freiheit. Die Kumpel unter Tage umarmten sich und jubelten.

Dann kam die Meldung von unten: Der Bohrkopf ist durch!

Die Arbeiter über Tage realisierten erst allmählich, dass ihre Mission gelungen war. Golborne und Sougarret umarmten sich. Der erste Sektkorken knallte. Ein Lastwagen ließ seine Hupe heulen. Am Ende umarmten sich auf der Plattform für Plan B die Arbeiter und hüpften vor Freude. Die Männer legten einander die Arme auf die Schultern; sie tanzten im Kreis. Das ganze Tal war von einer Kakofonie von Hupen, Glocken und Jubelrufen erfüllt. Nach mehr als zwei Monaten hatte der Rettungsschacht die verschütteten Männer erreicht.

Hart fing sofort an, seine Sachen zu packen. Er hatte seine Arbeit erledigt. Jetzt waren die Chilenen wieder an der Reihe. Während er in seinem ölverschmierten Overall durch Camp Esperanza ging, wirkte er sehr verblüfft über seine plötzliche Berühmtheit. Frauen umarmten ihn, Reporter drängten sich um ihn und versuchten verzweifelt, ein Wort von ihm zu erhaschen. Aber Hart war außerstande zu erklärten, wie er das fertiggebracht hatte. Mit einem Blick, der besagte: »Ihr werdet es ja doch nicht verstehen«, sah er die Reporter an und erklärte: »Ich bin ein Bohrer. Wer kein Bohrer ist, kann mich nicht verstehen. Eine Vibration steigt aus dem Boden hoch. Ich spüre sie in meinen Beinen, und dann weiß ich, wo der Bohrkopf steckt.« Wenn Harts Bohrung um 50 Zentimeter vom Kurs abgekommen wäre, dann hätte er den Tunnel verpasst. Er hatte genau ins Schwarze getroffen. Wie ein guter Distanzschütze hatte er perfekte Arbeit geleistet.

Hart schilderte bis ins kleinste Detail, wie die letzten Momente der Bohrung ein Gemeinschaftsprojekt mit den Bergarbeitern unter Tage gewesen war, die ihm Videomaterial geliefert hatten. Auf die Frage, was er den Kumpeln sagen würde, lachte Hart und sagte: »Vor zwei Tagen schickten wir ihnen eine Nachricht: ›Wir werden dort sein.‹ Jetzt würde ich sagen: ›Folgt uns!‹«

Camp Esperanza explodierte geradezu. Rettungshelfer mit Schutzhelmen gingen von Zelt zu Zelt und umarmten Familienmitglieder. »Wir werden im Viertel eine riesige Party feiern«, sagte Daniel Sanderson, 27 Jahre, der in der Nacht nur eine Stunde geschlafen hatte. Sanderson, der ebenfalls in der Mine San José gearbeitet hatte, sagte, dass seine Freunde trotz der Gefahren und des extremen Traumas, wochenlang unter der Erde eingeschlossen zu sein, weiterhin als Bergmänner arbeiten würden. »Sie haben mir schon geschrieben, dass sie sich eine neue Bergarbeiterstelle suchen wollen. Wir sind alle Kumpel.«

»Die sind für alle«, sagte Juan González, 39 Jahre, während er 40 Kisten mit frischen Avocados am Zelt seiner Familie ablud. »Ich möchte sie einfach umarmen«, sagte er mit Blick auf Renán und Florencio Ávalos, seine beiden eingeschlossenen Brüder. »Ich würde ihnen raten, ruhig zu bleiben, wir warten alle hier.«

»Ob es nun Dienstag, Mittwoch oder Donnerstag ist, spielt keine Rolle«, sagte Präsident Sebastián Piñera. »Vor allem geht es darum, sie lebend und sicher zu retten. Und dafür werden wir keine Mühe scheuen.« Piñera ging nicht näher darauf ein, ob für die Rettungsaktion jetzt die Verkleidung des gesamten Schachtes mit Metallröhren oder nur bestimmter Abschnitte geplant war. Lange Zeit hatte man die Röhren als unersetzlichen Teil der Rettungsoperation angesehen, als Garantie, dass die Wände des Schachtes glatt genug wären, um einen ungestörten und sanften Lauf der Räder von Phönix zu gewährleisten. Inzwischen wurde die Verkleidung in einem neuen Licht betrachtet. Ingenieure befürchteten, dass es sich wegen der leichten Biegungen und Drehungen im Schacht als schwierig erweisen könnte, die Röhren einzubringen. Was wäre, wenn sich ein Segment verbog und klemmte? War es riskanter, den Schacht auszukleiden oder nicht? Das war die Frage.

Minister Golborne mahnte ebenfalls zur Zurückhaltung. »Das ist ein großer Schritt, aber wir haben immer noch keinen einzigen Mann gerettet. Diese Rettung ist erst vorüber, wenn der Letzte die Mine verlassen hat.«

Noch während er sprach, versammelten sich die Angehörigen um die letzte Glut der Lagerfeuer, frühstückte mit einem frohen Lächeln und teilte den Kaffee mit wildfremden Menschen. Hunderte ausländische Journalisten beeilten sich, die Nachricht zu melden, dass »*Los 33*« ihrer Befreiung einen großen Schritt nähergekommen waren.

Unter Tage, in der Werkstatt, fotografierte Claudio Yáñez den Rettungsschacht, obwohl es unmöglich war, mehr als ein paar Meter zu erkennen, bevor alles von der Dunkelheit verschluckt wurde. Er und Samuel Ávalos machten ein Video, indem sie die Kamera in den Schacht schoben, als könnten sie aus eigener Kraft und durch einen Sprung der eigenen Fantasie sofort zurück an die verlorene Welt über Tage gelangen. Der Rettungsschacht hatte einen Durchmesser von ca. 70 Zentimetern, breit genug, um eine willkommene Brise kühler Luft in den Tunnel zu schicken. Die Männer staunten über die angenehme, fast frische, kühle Luft. Der Rettungsschacht wirkte wie eine primitive Klimaanlage. Die Männer konnten nicht wissen, dass derselbe Rettungsschacht, der sie in Kürze in Sicherheit bringen sollte, zugleich eine große Gefahr war. Denn die einströmende, kühlere Luft veränderte die Temperatur im Innern des instabilen Bergwerks. Bei der kalten Luft zogen sich die Felswände der Tunnel zusammen. Die plötzliche Temperaturveränderung, die für die Männer so angenehm war, hatte den Effekt, dass sie das ganze Bergwerk destabilisierte.

66. Tag: Sonntag, 10. Oktober

Mehr denn je fühlten sich die Männer eingeschlossen. Die Zeit schien still zu stehen. Ohne Sonne, ohne Dämmerung, ohne Möglichkeit, die Uhrzeit zu schätzen, fragten sie sich unablässig, ob es denn schon Morgen sei.

Um sechs Uhr wurde dann der morgendliche Frieden durch ein erstes markerschütterndes Krachen gestört, dann folgte ein zweites und drittes. »Richard [Villarroel] trat mir gegen die Beine und weckte mich auf. Er sagte, der Berg komme uns holen«, erzählte Samuel Ávalos. »Ich dachte, wir wären dem Untergang geweiht. Diese ganze Masse wird herunterkommen. Wenn ja, sind wir verloren. Ich gab nie auf, hatte aber dennoch meine Zweifel. Der ganze Berg war so instabil. Alles konnte passieren. Von hier aus kamen wir nirgends hin. Es hörte nicht auf. *Peng! Peng! Peng! Peng, peng, peng!* Es krachte unaufhörlich.«

Luis Urzúa rief Sougarret über Tage an. »Der Berg ächzt und macht einen Heidenlärm«, sagte Urzúa. Genau wie die anderen Männer war auch er alarmiert, als ein merkwürdiger Wind Staub durch die Stollen blies. Sougarret versicherte, dass der Einsturz weit über ihnen erfolgt sei und dass sie nicht in unmittelbarer Gefahr schwebten.

Als Samuel Ávalos den Einsturz des Berges hörte, war er überzeugt, dass dies das Ende war – dass die ganze Gefangenschaft unweigerlich zum Tod führte. Ávalos war sich sicher, dass die Mine einstürzen würde, dass die Mine ein lebendes Wesen sei, das von Rachedurst erfüllt und entschlossen war, die Männer in ihrem Innern einzuschließen.

Omar Reygada war überzeugt, dass das Krachen und Platzen des Gesteins eine Botschaft von ganz oben sei. In Reygadas

Ohren war das Getöse, als sich Felsblöcke lösten, nichts anderes als die Stimme Gottes. »Ich bin Christ. Ich dachte, das sei eine Warnung, dass Gott für uns ein Wunder getan hatte und dass wir weiter an ihn glauben mussten. Ihm dafür danken, dass er uns das Leben geschenkt hat, und dafür, dass er uns herauslässt. Der ganze Berg war in Bewegung. Dass wir ein Versprechen halten mussten, das Versprechen, bessere Menschen zu werden, und ich glaube, dass der Berg uns ermahnte, Wort zu halten. Andere sagten: ›Die Mine will nicht, dass wir gehen. Die Mine möchte einen einzigen Kumpel hier behalten.‹«

Richard Villarroel blieb ruhig. Er lag im Bett, sammelte Kraft für die Fahrt nach oben und war sicher, dass sie jetzt nichts mehr aufhalten könne. Er wollte unbedingt bei seiner Frau sein, wenn sie ihren Sohn Richard Junior zur Welt brachte. Der Termin war in nicht einmal zwei Wochen. Nachdem Villarroel den Einsturz, den Hunger, die Hitze und die Feuchtigkeit überlebt hatte, fühlte er sich unbesiegbar. Das ganze Krachen und Ächzen des Berges konnte nicht seine Zuversicht erschüttern, dass das Schicksal ihn so weit geführt habe, weil er überleben sollte.

Um die Mittagszeit ließ das Krachen nach und hörte fast ganz auf. Aber selbst die Stille erinnerte sie beängstigend daran, dass der Berg nur eine Pause einlegte zwischen zwei Bewegungen.

In jener Nacht schlief so gut wie niemand.

KAPITEL 12

Die letzten Vorbereitungen

67. Tag: Montag, 11. Oktober

Die Kumpel gingen daran, einen Landeplatz für die Kapsel herzurichten. Rings um den Bereich wurden Scheinwerfer aufgestellt, sodass dieser Teil der Werkstatt wie eine kleine Bühne aussah. Der Schacht selbst wirkte zugleich unscheinbar und rätselhaft. Auf den ersten Blick war die Öffnung kaum zu sehen, nur ein dunkler Fleck unter den Rillen und ungleichmäßigen, geometrischen Einschnitten an der Decke. Doch die Männer näherten sich dem Loch wie einem Heiligenschrein und machten täglich, manchmal stündlich, eine Wallfahrt zu ihm. Dieser Abschnitt des Tunnels lag hoch über den Aufenthaltsbereichen der Männer und war normalerweise leer. Nach dem Abschluss der Bohrung erfüllte eine Stille die Luft, das einzige Geräusch war das stetige Plätschern der Wassertropfen auf dem Boden.

Die Männer unterhielten sich nervös, rauchten und versuchten, sich die Zeit zu vertreiben. Sie sprachen über ihren Pakt, ein Schweigegelübde. Jeder von ihnen hatte versprochen, keine Details aus ihrem Leben unter der Erde preiszugeben. Alle hatten geschworen, die anderen Kumpel nicht zu kritisieren. Es stand ihnen frei, über ihre eigene Erfahrung zu sprechen, aber sie durften den Medien keine Einzelheiten aus ihrer gelegentlich nervenaufreibenden Existenz mitteilen. Das sollte, so hatten die Männer es beschlossen, ihrem gemeinsamen Film vorbehalten bleiben.

Franklin Lobos war bei diesen Diskussionen der Wortführer gewesen. Lobos ermahnte die Männer, einig zu bleiben. Er dachte daran, eine gemeinnützige Stiftung zu gründen, welche die Leistung der Männer propagieren und ihr Überleben im großen Stile präsentieren sollte. Das Ganze sollte in einem Museum untergebracht sein, das dem Drama gewidmet war. Sämtliche Einnahmen aus dem Spielfilm, von dem sie träumten, sollten durch 33 geteilt werden, sodass jeder Kumpel davon gleichermaßen profitierte. Die später »Geheimhaltungspakt« genannte Vereinbarung sollte ihre Privatsphäre schützen und peinliche Vorfälle verschweigen; es kursierten unzählige Gerüchte, dass die Männer homosexuelle Liebesspiele praktiziert, weiche Drogen konsumiert und gelegentlich Faustkämpfe ausgetragen hätten. Doch der Pakt hatte im Kern auch einen finanziellen Aspekt. Die Männer betrachteten ihr Erlebnis als ein kollektives Leiden, und deshalb war es nur recht und billig, wenn sie auch den Lohn der Angst gleichmäßig aufteilten. Der Pakt sollte nicht einmal die ersten 24 Stunden ihrer Freiheit halten.

Während die letzten Stunden verstrichen, baten die Kumpel um immer mehr Zigaretten. »Das ist kein Raucherentwöhnungsprogramm«, sagte Dr. Romagnoli, während er Zigarettenschachteln in die Paloma steckte. Auf die Ironie angesprochen, dass hier ein Gesundheitsberater seinen Patienten Unmengen von Zigaretten zukommen ließ, erklärte Romagnoli hartnäckig: »Das hier ist eine Rettungsmission ... Ich bringe es nicht übers Herz, ihnen die Zigaretten wegzunehmen.« Die Kumpel waren nervös, aber guter Dinge und baten Romagnoli, Pisco, Rum und Shaker zu schicken.

Den Kumpeln wurde spezielle wasserdichte Kleidung geschickt. Die aus einem in Japan hergestellten Stoff maßgeschneiderten, grünen Overalls wurden ganz eng zusammengerollt und zusammen mit sauberen Socken, Vitamintabletten und einer schwarzen Sonnenbrille von Oakley Radar in der Paloma nach unten geschickt.

Ferner baten die Männer um Schuhcreme – ein vielsagendes Indiz für ihre bescheidenen Ansprüche. Die Männer hatten wochenlang wie die Tiere gehaust. Bakterien und Pilze hatten sich bei ihnen eingenistet und auf ihrer Haut ausgebreitet. Jetzt, da die ganze Welt zusah, wünschten sich die Männer zumindest die elementaren Grundlagen der menschlichen Würde: ein frisch gewaschenes Gesicht, saubere Haare und geputzte Schuhe.

Es war zwar geplant, die Männer bei Nacht herauszuholen, doch die Sonnenbrillen würden ihre Augen vor dem gleißenden Flutlicht der Scheinwerfer schützen, die inzwischen um den Rettungsbereich aufgestellt waren. Die Angehörigen äußerten ihre Besorgnis wegen einer anderen Form von Scheinwerferlicht: des Medienrummels. In einer Umfrage der chilenischen Zeitung *La Tercera* erklärten Familienmitglieder, die »allzu starke Exponierung« in den Medien bereite ihnen größere Sorgen als die psychische und physische Verfassung der Männer.

An der Paloma-Station auf dem Hügel oberhalb der Mine San José ging Dr. Liliana Devia noch einmal den Ablauf der Evakuierung durch, indem sie eine Skizze von dem Lazarett auf den Schreibtisch legte. Anschließend verschob sie bunte Legosteine, während sie den medizinischen Plan darlegte, wie ein General, der seine Truppen auf die Schlacht vorbereitet.

»Das ist das erste Mal seit vielen Wochen, dass die Bergleute ganz allein sein werden«, sagte Dr. Mañalich, der joviale chilenische Gesundheitsminister, der fürchtete, die Kumpel könnten beim Aufstieg so nervös sein, dass sie womöglich eine Panikattacke erlitten.

Nach tagelangen Versuchen im Innern der Phönix war eine Gruppe Rettungshelfer überzeugt, dass die Kapsel sicher, robust und nicht übermäßig unbequem war, wenn auch ein wenig eng. Die Vorstellung, 15 Minuten lang eine monotone Felswand an sich vorüberziehen zu sehen, machte selbst den erfahrensten Matrosen seekrank. Man riet den Männern, wenn nötig, die

Augen zu schließen. Dank Dr. Romagnoli und einer raffinierten drahtlosen Übertragung der Lebenszeichen würden die entsprechenden Symptome, falls ein Kumpel in Panik geraten sollte, sofort auf dem Laptop erscheinen und Pedro Gallo oder ein Arzt würden versuchen, den Kumpel zu beruhigen.

Eine wahre Flut von Bitten um besondere Soundtracks und Songs für die Fahrt nach oben trug dazu bei, die Befürchtungen zu lindern, dass die Männer die 15-minütige Einzelfahrt nicht aushalten würden. Victor Zamora etwa bat darum, dass während der Fahrt Bob Marleys »Buffalo Soldier« in der Kapsel ertönte.

Wenn alles nach Plan lief, sollten die Männer im 90-Minuten-Takt hochgeholt werden – ein etwa zweitägiger Marathon, in dessen Verlauf die bereits nachlassende Ausdauer des gesamten Teams auf eine harte Probe gestellt würde.

Das Krankenhaus von Copiapó, in das die Männer per Hubschrauber gebracht werden sollten, rüstete sich für eine Belagerung. Sicherheitsbarrieren wurden eingerichtet. Die Nachbarn kassierten ab, als sie mehr oder weniger verfallene Hinterhöfe an Satellitenteams und Fernsehsender aus der ganzen Welt vermieteten. Die Fenster in zwei Stationen des Krankenhauses wurden zugeklebt, und dichte Vorhänge aufgehängt, um die empfindlichen Augen der Männer vor dem Sonnenlicht ebenso wie vor aufdringlichen Teleobjektiven zu schützen.

Die Behörden appellierten an die Medien, den Männern ein wenig Zeit allein mit ihren Angehörigen zu lassen. Mit Blick auf den Hunger nach der Story und dem intensiven Wettbewerb um das erste Interview schienen jedoch die wenigsten Reporter bereit, sich daran zu halten. Neben den Gerüchten um homoerotische Spielchen und Drogenkonsum in der Mine wurde angenommen, dass die Kumpel nach ihrem in vielen Fällen schwierigen Privatleben über der Erde befragt wurden. In Anbetracht der Mischung aus Geliebten, Frauen und einem unlängst entdeckten unehelichen Kind war ihre Ankunft alles andere als unbeschwert. »Ich wartete nur darauf, dass sie uns fragten, wer denn überhaupt nach oben wollte«, sagte Sepúlveda. »Ich glaube, zehn von uns hätten es vorgezogen, unter der Erde zu bleiben.«

Im Stadtzentrum von Copiapó, gut einen Kilometer vom Krankenhaus entfernt, protestierten Hunderte Bergleute und behinderten mit ihrem Zug den Verkehr. Diese Männer hatten für San Esteban Primera gearbeitet, die Dachgesellschaft und der Eigentümer der Mine San José, sowie anderer lokaler Bergwerke und Veredelungsbetriebe. Während die Presse und die Gerichtsverfahren ihr Augenmerk ganz auf die 33 eingeschlossenen Kumpel richteten, hatten weitere 250 Arbeiter ihre Stelle verloren und wurden kaum beachtet. Sie forderten lautstark, dass endlich ihre Löhne ausgezahlt wurden und sie ihre Papiere erhielten, damit sie sich eine neue Stelle suchen konnten.

Mit Hupen und Schildern, auf denen stand: »Den 33 geht es gut, die anderen sind die Dummen«, versuchten die Demonstranten, die Aufmerksamkeit auf die breiteren Folgen des Einsturzes bei San José zu lenken.

»Sie werden keine Auslandsreisen, keine Geschenke, keine Einladungen ins Fernsehen, Exklusivinterviews oder Sonderbehandlung bekommen«, stand in einem Leitartikel der lokalen Zeitung *El Atacameño*. »Sie und ihre Familien warten nur darauf, wieder ein normales Leben zu führen, einen anständigen Job zu bekommen, der sie voranbringen wird.«

Zur selben Zeit, als die arbeitslosen Bergarbeiter auf die Straße gingen, wurden die Frauen der eingeschlossenen Kumpel für die Scheinwerfer herausgeputzt. Der Bürgermeister von Copiapó, Maglio Cicardini, hatte eine kostenlose Kosmetikbehandlung für die Frauen organisiert. »Ich beschloss, dass sie eine Beauty-Sitzung genießen sollten«, sagte der extravagante Bürgermeister. Als die Frauen aus dem Salon kamen, sagte Cicardini: »Sie sahen alle so schön aus, dass ich meine Zweifel habe, ob ihre Ehemänner sie wiedererkennen werden.«

Oben am Bergwerk herrschte auf dem ganzen Hügel höchste Alarmstufe. Hunderte von Rettungshelfern bereiteten sich auf kleine und große Aufgaben vor. Die chilenische Luftwaffe hatte Hubschrauberpiloten abgestellt. Für das Lazarett waren 24 Ärzte in Rufbereitschaft. Eine ganze Schar von Schwestern und Sanitätern verteilte sich auf Stationen, um den Blutdruck zu messen, Glukose zu verabreichen und die gesamte körperliche Verfassung der Männer zu untersuchen.

Sechs verschiedene Kommandozentren waren mit dem nötigen Personal besetzt, von Verkehrspolizisten bis hin zu einem Chirurgenteam. Die chilenische Kriminalpolizei (PDI) hatte ein Team geschickt, das von den Bergleuten Fingerabdrücke nehmen und sie fotografieren sollte, sobald sie gerettet waren. »Wir wollten überprüfen, ob die Menschen, die im Innern der Mine waren, auch wirklich die sind, von denen wir es angenommen hatten«, sagte Óscar Miranda, ein Polizeiinspektor.

Polizeibeamte patrouillierten zu Pferde, auf dem Motorrad und zu Fuß und suchten den ganzen Hügel nach Journalisten ab, die sich eingeschmuggelt hatten. Die von der Regierung verwendeten drahtlosen Übertragungen wurden auf die wichtigsten Daten beschränkt; in den vergangenen Wochen hatte die Regierung in der ständigen Angst gelebt, dass es Reportern gelingen könnte, die drahtlose Kommunikation abzufangen.

Dr. Romagnoli starrte auf einen Bildschirm, der ständig aktualisierte Daten der vitalen Funktionen der Männer anzeigte. Er konnte den Blutdruck und den Herzschlag der Männer während der Fahrt nach oben beobachten. Er saß buchstäblich ständig am Puls der Operation. Mario Gómez litt unter Atemnot, seine Silikose verschlimmerte sich unter der Belastung der bevorstehenden Rettung. Sepúlveda hatte seine Medizin, um den Übermut unter Kontrolle zu halten, nicht eingenommen und war so aufgedreht wie immer. Osman Araya jammerte vor Schmerzen wegen seines entzündeten Zahns. Allen Kumpeln wurde eingeschärft, acht Stunden vor Beginn der Rettung nichts zu essen; wie bei Patienten vor einer Operation wurde auch von ihnen erwartet, dass sie sich streng an die medizinischen Anweisungen hielten.

Yonni Barrios war nicht mehr in Rufbereitschaft. Die Belastung der Gefangenschaft hatte schließlich seine Fähigkeit erschöpft, andere zu behandeln. Außerdem war sein Leben über der Erde durch den weithin publik gemachten Streit zwischen seiner Frau und seiner Geliebten sehr kompliziert geworden; beide hatten sich gegenseitig in der Presse schlecht gemacht. Für Yonni war die Situation extrem nervenaufreibend. Er hatte nicht länger die Kraft, die Gesundheit der anderen Kumpel zu überwachen und Medikamente auszuteilen.

Um 15 Uhr mussten die eingeschlossenen Männer eine letzte Aufgabe erledigen, bevor die Rettung beginnen konnte: eine letzte Sprengung.

Die Rettungskapsel war so breit, dass man sie nicht weit genug ablassen konnte, damit die Männer hineinklettern konnten. Stattdessen blieb sie immer an einer Wand hängen. Die Kumpel wurden aufgefordert, Sprengladungen anzubringen und einen Teil der massiven Felswand abzusprengen. Für den erfahrenen *cargador de tiro* (Sprengmeister) war der Auftrag reine Routine, ungefähr so wie der Auftrag für einen Briefträger, einen Stapel Briefe ordentlich zuzustellen.

Sprengspezialisten füllten die Paloma vorsichtig mit Sprengkapseln und genügend Sprengstoff, um die Tonnen an Gestein zu entfernen, welche die Rettungskapsel daran hinderten, in die Werkstatt zu gelangen. Die Kumpel hatten während ihrer Gefangenschaft, gleich in den ersten chaotischen Stunden, Sprengladungen gezündet, um SOS-Botschaften nach oben zu senden, und später für wohlüberlegte Bauprojekte. In der

Öffentlichkeit dementierte die Regierung Piñera Meldungen von mehrfachen Detonationen, zum einen, weil sie das Rettungsszenario nicht in Frage stellen wollte, und zum anderen, um die ohnehin bereits strapazierte Geduld der verzweifelten Angehörigen nicht noch mehr zu beanspruchen.

Sobald die Männer in der Tiefe den Sprengstoff herausgeholt und sauber aufgestapelt hatten, mussten sie Löcher bohren, um das Dynamit an der Felswand anzubringen. Über die Paloma, die Wasser lieferte, erhielt Pablo Rojas eine Flasche, die Druckluft enthielt, und Victor Segovia schloss die Flasche an einen Pressluftbohrer an. Segovia stellte überrascht fest, dass der behelfsmäßige Bohrer problemlos in den massiven Fels eindrang. Segovia bohrte sechs Löcher, und Rojas stopfte Dynamitstangen hinein. Eine einzige Zündschnur verband die Sprengladungen miteinander.

Urzúa und Florencio Ávalos übernahmen wie üblich die Aufsicht, die übrigen Kumpel versammelten sich im Schutzraum – ein Routinevorgang bei jedem »Brennen«. Rojas stellte den Zünder ein, und sie zogen sich in den Schutzraum zurück. Fünf Minuten danach signalisierte ein kurzer Knall, dass die Explosion geklappt hatte. Alle Bergleute rannten in die Werkstatt, um das Ergebnis zu begutachten. Als sich der Staub legte, grinsten sie. Das Dynamit hatte einen ganzen Abschnitt der Felswand abgesprengt. Jetzt klemmte die Kapsel nicht mehr, wenn sie unten ankam.

Die Kumpel fingen an, die Blöcke und Steine zusammenzuschieben, um den erforderlichen, einen Meter hohen Landesockel zu errichten. Die Kapsel sollte so weit abgelassen werden, dass sie auf dem Boden aufsaß; der oberste Teil musste jedoch noch im Schacht bleiben. Die Kumpel konnten dann einfach die Tür öffnen, sich innen festschnallen und sofort hochgezogen werden, ohne dass die Kapsel störend hin und her schwang. Mit schweren Maschinen schoben die Männer die Trümmer zusammen und errichteten den Landeplatz.

Während sie aufgeregt die Steine zusammenschoben, fing der Berg erneut an, sich zu bewegen. Die Detonation hatte nicht nur einen Teil der Wand entfernt, sie hatte auch eine kurze, heftige Erschütterung durch den Tunnel gesandt. Die unterste Ebene beim Becken stürzte ein. Zwischen dem Schutzraum und der Werkstatt lösten sich ebenfalls einige Gesteinsbrocken und schütteten in dem Haupttunnel eine Felsmauer auf. Der Berg hatte mal wieder angefangen zu weinen.

Die Männer setzten ihre Helme auf. Keiner konnte sagen, ob das nur ein kurzes Schluchzen war oder ob der ganze Berg zu jammern anfangen und sie mit seinen tödlichen Tränen bombardieren würde.

Luis Urzúa plante seinen letzten Tag unter der Erde. Als Schichtführer war er bei einem großen Teil der alltäglichen Entscheidungen überstimmt worden. Was die charismatische Ausstrahlung anging, konnte er Sepúlveda nicht das Wasser reichen. Dennoch bewahrte er eine Macht und Würde, die auf der Hierarchie des Bergbaus basierte, nach der jeder Kumpel dem Schichtführer mit gebührendem Respekt zu begegnen hatte. Die Männer akzeptierten, dass Urzúa als Letzter den Tunnel verlassen würde, wie der Kapitän eines Schiffes, der zunächst für die Sicherheit seiner Besatzung sorgt und dann erst sich selbst rettet.

In einem kurzen Gespräch mit der Zeitung *The Guardian* an jenem Montag, gab Urzúa sein erstes Interview seit Beginn ihrer Tortur. »Wir erlebten eine Phase unseres Lebens, die wir nie geplant hatten und ich hoffe nie wieder erleben werden … aber so ist das Leben eines Bergarbeiters«, sagte er. Auf die Gefahren der Mine San José angesprochen erwiderte Urzúa: »Wir sagen immer, dass man, wenn man eine Mine betritt, die Mine grüßt, um Erlaubnis bittet, sie betreten zu dürfen, und sie mit Respekt behandelt. Unter diesen Voraussetzungen hofft man, dass man wieder entlassen wird.«

68. Tag: Dienstag, 12. Oktober

Um sieben Uhr sah es in dem Schutzraum wie in einer Flüchtlingsunterkunft aus. Überall lagen Sachen umher, und reihenweise lagen die Männer auf ihren Schlafplätzen und drehten sich hin und her. Nur mit der Unterhose bekleidet streckten sich die Männer und schirmten die Augen gegen das ständige Licht im Schutzraum ab. Die Schlafplätze waren überfüllt – wenn ein Mann die Arme ausstreckte, berührte er auf beiden Seiten seine Gefährten.

Nachdem sie stundenlang aufgeregt auf und ab gegangen waren und Karten gespielt hatten, waren die Männer endlich in Schlaf gefallen. Carlos Bugueño und Pedro Cortés lasen mit ihren Stirnlampen Zeitung, schlugen die Zeit tot und versuchten, die nervöse Erwartung zu verdrängen. Victor Zamora riss einen Witz nach dem anderen und erkundete die feuchte Höhle.

Die gewohnte Musik war abgestellt worden. Das unablässige Bohrgeräusch der letzten Monate hatte endlich aufgehört. Zum ersten Mal in ihrer ganzen Tortur war ihnen die Stille willkommen.

Da die Rettungsaktion im Lauf der nächsten 24 Stunden beginnen sollte, hielt die Welt erwartungsvoll den Atem an. Im Camp Esperanza war die einzige Straße mit Absperrungen abgeriegelt – ein vergeblicher Versuch, sie von Reportern frei zu halten.

Neben den allgegenwärtigen regulären Mitarbeitern wurde das Pressekorps noch durch eine Schar hübscher Fernsehmoderatorinnen aufgebläht. Wie Pfauen posierten sie in der Felslandschaft und erzählten die Story den Millionen Zuschauern auf der ganzen Welt. Woher sie so plötzlich kamen, blieb ein Rätsel. Waren sie in der Nacht mit dem Fallschirm abgesprungen? Monatelang war Camp Esperanza eine schmutzige, fast ausschließliche Männerdomäne gewesen. Da es kaum Duschen, dafür reichlich Staub gab, reichten die Modestile vom

Kampfanzug bis zum Safari-Outfit. Jetzt war eine völlig neue Art angekommen, repräsentiert etwa von Natalie Morales von NBC, die in ihrem maßgeschneiderten Kostüm, strahlend weißen Zähnen und perfekt gestylter Frisur umherstolzierte.

Im Camp Esperanza begann eine regelrechte Auktion: Welcher Kumpel verkaufte als Erster seine Story an ein Boulevardblatt? Es kursierten Gerüchte, ein deutsches Blatt habe 40 000 Dollar geboten und einer der Verschütteten habe bereits den Vertrag unterschrieben. Angehörige fingen an, die Presse mit exklusiven Fotos und Videoaufnahmen aus dem Innern der Erde zu locken.

Schon seit Wochen hatte sich Luis Urzúa über die vielen Kameras beschwert, die in der Mine die Runde machten. »Mein Mann teilte mir in einem Brief mit, dass in den Palomas alles durchsucht werde und dass ich vorsichtig sein müsse. Also kam ich auf die Idee, die Kamera in ein Paar Socken zu stecken«, sagte eine Frau der chilenischen Zeitung *The Clinic.* »Die Fotos werden als Beweismaterial im Falle eines gerichtlichen Verfahrens wegen der Gefangenschaft nützlich sein. Jetzt verwenden wir jedes Mal, wenn wir Briefe schicken und die Kamera erwähnen, einen Code. Wir nennen sie ›das Spielzeug‹.«

Carolina Lobos wurde der Presserummel zu viel. Sie war schon früh in dem Drama der Presse ins Netz gegangen, hatte unzählige Interviews gegeben und war sogar in der Quizsendung *Wer wird Millionär?* aufgetreten. Sie gewann 25 000 Dollar in der Show. Jetzt war sie auf der Flucht.

»Mein Vater war ein berühmter Fußballspieler, aber jetzt ist er Bergarbeiter. Er weiß, wie zweischneidig es ist, in den Nachrichten aufzutreten. Er mochte ein Held sein, aber ich möchte keine Presse. Ich möchte einfach verschwinden«, sagte Lobos, die ein Untertauchen mit ihrem Vater und Familie plante. »Er ist sehr aufgebracht über den Showcharakter, den das Ganze angenommen hat. Was er erlebte, war traumatisch, und dieser ganze Wirbel lenkt von der eigentlichen Mission ab – der

Rettung … Mein Vater verlor nie den Kopf. Ihm war immer klar, dass das ein Unglück war, keine Show.«

Die Rettung sollte zwar in weniger als zwölf Stunden beginnen, doch die Kapsel Phönix lag derzeit umgekippt auf dem Boden einer Werkstatt auf dem Hügel. Arbeiter hatten das elektronische Innenleben ausgebaut und installierten auf dem Dach eine Kamera, nachdem man in letzter Minute bemerkt hatte, dass die Kapsel den Schacht über ihr nicht beobachten konnte. Für den Fall, dass sich Steine lösten oder die Wände des Schachtes einbrachen, war es absolut unerlässlich, über eine Möglichkeit zu verfügen, die Ereignisse zu überwachen.

Fünf Techniker werkelten unter Pedro Gallos Anleitung hektisch an den stoßgedämpften Rädern, der Audioschnittstelle und der neuen Kamera herum. Die Kapsel sah mehr denn je wie ein Prototyp aus. War sie pünktlich für den Beginn der Rettung um 23 Uhr fertig? Keiner wagte es, die Frage auszusprechen.

Am frühen Nachmittag streuten die verschütteten Kumpel Sand in die Planung der Rettungsaktion. Aus der Tiefe waren Anzeichen für eine Rebellion zu hören. »*Los 33*« hatten beschlossen, den Hubschrauberflug nach Copiapó zu boykottieren. Sie plädierten für ein anderes Szenario: Alle 33 sollten sich im Lazarett versammeln, kein Einziger ins Krankenhaus geflogen werden, solange nicht alle am Rettungsort versammelt waren. Es kursierten weitere Gerüchte: Angeblich forderten die Kumpel, gemeinsam in einer Art Triumphmarsch den Hügel hinabzugehen; gemeinsam hatten sie das Bergwerk betreten, gemeinsam würden sie es wieder verlassen.

Medizinische und psychologische Berater versuchten eilends, den Kumpeln dieses Vorhaben auszureden. Die körperliche Verfassung der Bergarbeiter war zwar einigermaßen stabil, aber es bestanden zu viele Unwägbarkeiten, um es den Männern zu erlauben, nach zehn Wochen aus dem Erdinnern aufzutauchen und einfach wegzulaufen. Was war, wenn in ihnen Krankheiten schlummerten, die man unter Tage falsch oder überhaupt nicht diagnostiziert hatte? Konnte man es verantworten, den Männern diesen verständlichen, aber ein wenig verschrobenen Wunsch zu erfüllen? Das Lazarett war für eine Kapazität von 16 Mann gebaut worden. Alle 33 hatten keinen Platz.

Die Versicherungsgesellschaft ACHS zog eilends Anwälte zurate. Konnte man den Bergarbeitern mit einer Aussetzung des Krankengeldes drohen? Die Antwort lautete eindeutig: Nein. Alejandro Pino, der leitende Koordinator von ACHS, fing an, eine Flotte Krankenwagen zusammenzustellen. Für den Fall, dass die Männer tatsächlich die Hubschrauberflüge verweigerten, wollte er einen eigenen Plan B parat haben, der auch funktionierte.

Iturra führte ein letztes ruhiges Gespräch mit den Männern. Er sprach mit den Anführern und forderte sie auf, die Männer abzulenken; vielleicht sollten sie einfach ein Nickerchen machen. Es war das letzte Mal, dass sie seinen Rat ignorierten.

Sobald die letzten Vorkehrungen an der Phönix getroffen waren, wurde die Kapsel mit 88 Kilogramm Sand beladen und anschließend versuchsweise den Schacht hinabgelassen und hochgezogen: hinunter zehn Minuten, hoch zehn Minuten. Die Kapsel lief so reibungslos, dass es inzwischen möglich schien, die gesamte Rettung statt in 48 Stunden in der halben Zeit abzuwickeln.

Um 19 Uhr schickte André Sougarret eine Twitter-Nachricht, dass die Männer »ihre letzte Nacht unter Tage verbracht« hätten. Präsident Piñera konnte seine Begeisterung kaum bremsen, als er die Rettung der 33 verschütteten Bergleute ankündigte. Vor fast zwei Monaten hatte ein Kumpel Piñera über eine behelfsmäßige Telefonleitung angefleht: »Holt uns aus der Hölle hier raus.« Inzwischen hatte der Präsident dem Drama zu weltweiter Beachtung verholfen und in Umfragen eine höhere Zustimmung erreicht, falls der Plan Erfolg hatte.

Das internationale Publikum begann einen kollektiven Countdown zu einer Rettungsaktion, wie die Welt sie noch nicht erlebt hatte: die Kapsel Phönix Hunderte von Metern in die Tiefe lassen, die Männer einen nach dem anderen anschnallen, dann mit einer österreichischen Hochleistungsseilwinde und einem hochwertigen deutschen Stahlseil in die Freiheit holen.

Nach fast zehn Wochen an der Sohle einer eingestürzten Kupfer- und Goldmine erwartete die Männer jetzt eine letzte Herausforderung: in die raketenförmige Kapsel steigen und eine Reihe von Biegungen und Schrägen durchfahren, um ihrem unterirdischen Gefängnis zu entrinnen.

»Manche plädieren dafür, dass Mario Sepúlveda als Erster kommt«, hatte der Psychologe Iturra vor einigen Tagen der Presse gesagt. »Sie schlagen vor, dass Mario Sepúlveda die Fahrt jedes einzelnen Gefährten kommentiert, oder zumindest einiger. Aber ich sagte Mario, dass er daran denken solle, dass er bei der Ankunft sehr müde sein wird, und wenn er sich allzu sehr in der Presse zeigt, dann wird der Preis, den er als Berühmtheit verlangen kann, sinken.«

Die chilenische Regierung beschloss, Mario als Zweiten zu holen. Er war eindeutig der berühmteste der 33, aber falls es zu Problemen kommen sollte, war der leicht erregbare Sepúlveda nicht der beste Kandidat für die erste Fahrt. Stattdessen sollte der stellvertretende Schichtführer Florencio Ávalos als Erster hochgeholt werden. Er zeichnete sich durch eine seltene Mischung aus gesundem Menschenverstand, körperlicher Ausdauer und Bergbauerfahrung aus.

Die Rettungshelfer unter Führung des hyperaktiven Präsidenten Piñera wählten Ávalos aus, weil man davon ausging, dass er, falls etwas schief gehen sollte, Ruhe bewahren und die gewünschten Informationen dem Kontrollzentrum liefern würde, das die komplexe Rettungsoperation steuerte.

Politische Überlegungen hatten ferner zur Folge, dass die Chilenen den bolivianischen Bergarbeiter Carlos Mamani in die erste Gruppe aufnahm. »Wir konnten ihn nicht als Ersten auswählen, weil man uns dann vorgeworfen hätte, ›den Bolivianer‹

als Versuchskaninchen zu verwenden. Und wenn er zu spät hochkam, würde man uns rassistisch nennen, also hat die Regierung beschlossen, dass er unter den ersten Fünf kommen sollte«, sagte ein Arzt im Rettungsteam, der nicht namentlich genannt werden wollte.

Der bolivianische Präsident Evo Morales war gebeten worden zu kommen, um Mamani zu empfangen. Da der jahrhundertealte Streit um einen Zugang Boliviens zum Pazifik derzeit in eine kritische Verhandlungsphase eintrat, wurde jeder Ratschlag begrüßt, der zu einem gegenseitigen Einvernehmen führen konnte. Piñera hieß Präsident Morales herzlich willkommen, sehr zum Ärger Mamanis, der für die Politik und insbesondere Morales nichts übrig hatte.

Als Dr. Mañalich mit den Bergleuten sprach, äußerten mehrere den Wunsch, als Letzter befreit zu werden, was er »eine absolut bewundernswerte Demonstration der Solidarität« nannte. Bei weiteren Nachfragen stellte sich jedoch das wahre Motiv der Männer heraus: ein garantierter Platz im Guinnessbuch der Rekorde für die längste Zeit, die ein Bergarbeiter jemals unter der Erde verbracht hatte. In Anbetracht der komplexen Umstände ihrer Lage handelte es sich um einen Rekord, der nach Einschätzung vieler wohl nie übertroffen würde. Das Problem wurde gelöst, als die Guinness-Jury den Rekord der Gruppe insgesamt zusprach, nicht einem einzigen Bergarbeiter.

Um 20 Uhr versammelte sich eine Gruppe aus fünf Rettungshelfern in einem kleinen weißen Container auf dem Hügel. Die Männer plauderten über die bevorstehende Fahrt und diskutierten darüber, dass einem Rettungshelfer bei einer Probefahrt so schwindlig geworden war, dass er sich in der Kapsel übergeben hatte. »Es ist viel feuchter, als man glaubt«, schilderte ein uniformierter Mann eine Probefahrt über die halbe Strecke. »Meine Kleidung war völlig durchnässt.«

»Wir haben die Männer in zwei Gruppen eingeteilt: GOLF, die gesunden Kumpel, und FOXTROT, die potenziellen Problemfälle«, erklärte Dr. Liliana Devia, als sie die Rettungskräfte über die aktuelle körperliche und mentale Verfassung der Kumpel informierte. Sie warnte die Helfer, dass mehrere Männer in einer weit schlechteren Verfassung wären, als der Presse oder auch ihren Angehörigen klar sei. Ein Kumpel wurde als manisch-depressiv bezeichnet. Von einem anderen hieß es, er habe vor Jahren versucht, sich umzubringen. Ein Dritter hatte den Psychologen und Schwestern anvertraut, dass sieben Geliebte auf ihn warteten.

Während Dr. Devia die neun Kandidaten in der Gruppe FOXTROT beschrieb, wies sie darauf hin, dass zwei Kumpel sofort in die Zahnklinik geschickt würden. Andere waren so nervös und instabil, dass man befürchtete, sie könnten aggressiv werden. Beruhigungsmittel wurden vorbereitet. »Die Spritze ist bereit«, sagte Dr. Devia und zeigte den Rettungshelfern, wie man Drogen verabreichte, bei denen sie »sofort flachgelegt wurden«.

Dr. Devia schilderte in groben Zügen den Ablauf der Rettung. Der erste Rettungshelfer sollte gewissermaßen als Arzt und Ordnungshüter zugleich dienen. Er sollte den Gesundheitszustand der Kumpel checken und sie bei der Stange halten. Unzählige Videokameras an der Sohle der Mine lieferten Livebilder und ermöglichten es Psychologen, Ärzten und Bergbauingenieuren, die Operation in Echtzeit zu überwachen. Falls es zu Spannungen kommen oder ein Unfall den Ablauf stören sollte, waren die Rettungshelfer befugt, für Ordnung zu sorgen, notfalls sogar die Kumpel zu betäuben. Wenn alles glatt ging, informierten die Rettungshelfer die Kumpel, wie die Kapsel Phönix funktionierte, und wiesen sie an, um ihren Bauch einen Gürtel zu schnallen und lange Gummistrümpfe anzuziehen, die bis zum Oberschenkel reichten. Längeres Stehen bereitete den Männern keine größeren Schwierigkeiten, aber die langen Strümpfe sollten den Kreislauf stabilisieren. Der Gürtel diente dazu, den Umfang der Männer so weit zu verkleinern, dass sie in das enge Innere von Phönix passten. Sobald sie angeschnallt waren, wurde die Tür fest verschlossen und ein Signal abgegeben. Anschließend traten die Männer ihre Fahrt in die Freiheit an. Fünfzehn Minuten lang wurden sie hin und hergeschüttelt, während die Kapsel nach oben fuhr.

Sobald die Kapsel auftauchte, sollte den Männern aus der Kammer geholfen werden, anschließend war eine kurze Umarmung und ein Kuss mit den Angehörigen vorgesehen. Die nächste Station war das Lazarett zur Untersuchung ihres Zustands, das die ACHS nur 20 Meter von dem Rettungsschacht entfernt aufgebaut hatte. Auf der Trage sollten die Männer in das Lazarett gefahren und kurz untersucht werden. Zu guter Letzt durften sie ein schlichtes, aber sehnlich vermisstes Vergnügen genießen: die erste ordentliche Dusche seit zehn Wochen.

Für den Fall, dass die Männer an ernsten Krankheiten litten, sei es physisch oder psychisch, würde das medizinische Team sie mehrere Stunden zur Beobachtung behalten und anschließend zu einer Reihe von Fertigbauten schicken (ebenfalls in der Rekordzeit von weniger als einer Woche aufgebaut), wo sie länger mit ihrer Familie zusammen sein durften. Der letzte Schritt war eine kurze Fahrt zum höchsten Punkt der Rettungsoperation, wo man einen Hubschrauberlandeplatz angelegt hatte. Statt einer einstündigen Fahrt auf dem Landweg, der zweifellos von Paparazzi gesäumt wäre, würden die Männer an Bord von Hubschraubern der chilenischen Luftwaffe steigen und zu einem Regiment in der Nähe des staatlichen Krankenhauses in Copiapó geflogen werden. Dort sollten die Männer erneut interniert werden, diesmal aber zu wichtigeren Bluttests, Laboruntersuchungen und längeren Sitzungen mit Psychologen.

Während der gesamten Planung der Rettung waren sich die Mediziner darüber im Klaren, dass sie nicht das Recht hatten, die Männer zu zwingen, medizinische Hilfe zu akzeptieren. Wenn ein Kumpel nach dem Ausstieg aus der Phönix nach Hause gehen wollte, hatten die Behörden keine rechtliche Grundlage, ihn daran zu hindern. Aus psychologischer Sicht ging man jedoch davon aus, dass die Männer nicht nur dankbar, sondern ergeben, bis hin zur Unterwürfigkeit, sein würden. Nachdem die Kumpel vor dem sicher geglaubten Tod gerettet worden waren, strömte den Helfern für gewöhnlich eine so große Dankbarkeit entgegen, dass man davon ausgehen konnte, dass es keine Schwierigkeiten bereiten würde, die Männer durch das umfassend geprüfte Protokoll zu geleiten.

In der Tiefe waren die Männer inzwischen in Partystimmung. Musik dröhnte aus den Minilautsprechern, die man in der Nähe des Rettungsplatzes aufgestellt hatte. Videokameras hielten jedes Detail fest. Die Männer posierten für die letzten Bilder, und eine nervöse Munterkeit lag in der feuchten Luft.

Die Kumpel versammelten sich, um sich die letzte Fassung des Befreiungsablaufs anzuhören. Man hatte jetzt die Kapsel mit einem Boden ausgestattet, der sich öffnen ließ, sodass die Kumpel den unteren Teil ablösen konnten. Im schlimmsten Fall, wenn die Kapsel feststecken sollte, musste sich der Insasse selbst zur Sohle der Mine abseilen.

Um 20 Uhr eröffnete Präsident Piñera auf halber Höhe des Hügels einen Stand. Wie einen Platz für eine billige Hochzeit hatte man den Hang mit Bierbänken mit blauen Tischdecken vollgestellt, dazu alkoholfreie Getränke und Snacks sowie einige Flachbildschirme. Hier sollten die Angehörigen die letzten qualvollen Stunden des Wartens verbringen. Piñera, seine Frau Cecilia Morel und hohe Regierungsmitarbeiter standen bereit, um die Familien hier zu begrüßen und, wenn nötig, die Entwicklungen anhand einer Live-Videoaufzeichnung zu überwachen, die Aufnahmen aus dem Berginnern lieferte.

Jede Familie war von einer Traube Journalisten umringt, die alle eine Aufnahme der ersten Reaktion oder einen letzten Kommentar erhaschen wollten, welche Belastung es für sie gewesen war, 69 Tage darauf warten zu müssen, bis sie ihre Liebsten wiedersahen. Am Zelt der Familie Ávalos drängten sich Hunderte von Reportern, ein großer Teil balancierte gefährlich auf Bockleitern. Das Gedränge um einen möglichst guten Platz hatte zur Folge, dass ein Journalist das ganze Zelt zum Einsturz brachte, dabei Eier zerschlug, behelfsmäßige Ablagen mit Speisen umstürzte und um ein Haar die Familie Ávalos erschlug.

Allerdings regte sich niemand allzu sehr darüber auf. Die Familien und die Presseleute hatten gelernt, miteinander zu leben, und hatten, ungeachtet der sprachlichen und kulturellen Barrieren, Verständnis füreinander. Aber nicht alle Gäste waren im Camp Esperanza willkommen: Als Präsident Piñeras Bruder Miguel Piñera, der nur »*El Negro*« (der Schwarze) genannt wurde, kam, protestierten manche Familienangehörige empört. Der Bruder trug seinen Beinamen entweder wegen seiner pechschwarzen Haare oder wegen seiner Rolle als schwarzes Schaf der Familie. Der bekannte Nachtclubbesitzer, Sänger und Partylöwe wurde regelrecht aus dem Lager gejagt. »Verschwinde von hier!«, rief ein Familienmitglied. »Wir wollen hier nicht noch mehr Showbusiness.«

Ein paar Hubschrauber flogen den Landeplatz an und wieder ab und führten die letzten Probeflüge zum Krankenhaus in Copiapó durch. Auf dem Landweg war es eine kurvenreiche, gefährliche Fahrt von 60 Minuten. Mit dem Hubschrauber kamen die Männer innerhalb von fünf Minuten in die Notaufnahme.

Dann meldete sich der Berg wieder. Von unten wurde eine weitere Lawine gemeldet. Die Decke der Mine ächzte einmal mehr. Die herabstürzenden Felsen und das Ächzen des ganzen Berges erinnerten daran, dass die Rettung immer noch nicht hundertprozentig sicher war.

Die chilenische Regierung bemühte sich, die Meldung, das Bergwerk stürze in letzter Minute ein, zu verhindern. Nicht jetzt, nicht, wenn sie der Rettung so nahe waren. Doch die Versuche, die aktuellen Entwicklungen zu verheimlichen, waren vergeblich, weil inzwischen Dutzende von Angehörigen Informanten im engeren Kreis der Rettungsoperation hatten. Die Gerüchteküche brodelte sofort eifrig drauf los. Die junge Regierung Piñera war nicht mehr imstande, den Informationsfluss zu steuern.

Weit oben am Hügel, an der Paloma-Station, versammelten sich die Rettungskräfte und konnten es nicht glauben. Die Männer sollten binnen weniger Stunden gerettet werden, und ausgerechnet jetzt zürnten die Götter? Ein finsterer Aberglaube erfasste die Männer, die keine Sekunde daran zweifelten, dass ihr Folterknecht eine erzürnte Göttin war, ein heimtückisches Weib, das dieses chilenische Bergwerk (und alle anderen Bergwerke) beherrschte.

Für ältere, erfahrenere Bergleute war diese letzte Runde ein klassischer Fall der Bergbaumythologie. Viele Bergleute gingen davon aus, dass jede Mine einen Tribut fordere, eine Art Eintrittsgeld für jene, die es wagten, sie zu betreten. Nunmehr ging die unausgesprochene, aber von vielen geteilte Angst um, dass der Tribut in Form eines Menschenlebens gezahlt werden musste, dass die Mine es niemals zulassen werde, dass alle 33 unbeschadet entkamen.

Während der Berg unablässig ächzte, versuchten die Rettungshelfer verzweifelt, den Plan zu beschleunigen, den sie mit der Präzision eines Herzchirurgen, zugleich aber auch mit der blinden Raterei einer noch nie durchgeführten Operation, ausgearbeitet hatten. Die Kumpel standen kurz vor der Freiheit, aber das ständige Ächzen und Krachen im Innern der Mine gemahnten sie daran, das ihnen die Zeit davonlief.

Die Kumpel ließen sich von den letzten Geräuschen kaum aus der Ruhe bringen. Sie hatten sich inzwischen an den Steinhagel gewöhnt. Wenn er nicht gerade in ihrem Aufenthaltsbereich niederging, fühlten die Männer sich sicher – um sie herum mochten Blitze einschlagen, aber solange keiner getroffen wurde, hatten die Kumpel das Gefühl, dem Tod entronnen zu sein. Psychologen bemerken regelmäßig bei Soldaten im Krieg ein vergleichbares Verhalten: Nach mehreren selbst erlebten Gefechten sind sie imstande, ohne innezuhalten zu gehen, während ihnen die Kugeln um die Ohren pfeifen.

Das staatliche Fernsehen TVN war darauf vorbereitet, die gesamte Operation live zu übertragen. Die Techniker verbanden sieben Kameras miteinander, jede mit einer einzigartigen Perspektive auf das Geschehen. Die Liveaufnahmen sollten so zusammengestellt werden, dass die Angehörigen und die ganze Welt jedes Detail der Rettungsoperation verfolgen konnten. Wie bei der Super Bowl im Football oder bei der Fußballweltmeisterschaft wurde kein Blickwinkel ausgelassen.

Da die chilenische Regierung befürchtete, dass die Kumpel bewusstlos oder voller Erbrochenem ankamen, behielt sie die volle Kontrolle über die Bilder, welche die Welt zu sehen bekam. Gesundheitsbeamte wehrten sich erfolgreich dagegen, die Männer in das internationale Rampenlicht zu stellen, bevor man über ihre gesundheitliche Verfassung Bescheid wusste. Eine riesige chilenische Fahne wurde gehisst, die der nichtoffiziellen Presse die Sicht nahm. Die versammelten Presseleute kommentierten die Maßnahme mit Protestrufen und lauten Pfiffen.

Um 23 Uhr, während die Reporter tobten und sich beschwerten, dass sie überhaupt nichts filmen konnten, übertrug TVN das Anheben der Kapsel Phönix mit der Seilwinde zur Vorbereitung der ersten Fahrt nach unten. Trotz der massiven Medienpräsenz in der vergangenen Woche umgab die Kapsel immer noch eine rätselhafte Aura. Sie sah wie eine Rakete aus, die ein talentierter Siebzehnjähriger entworfen hatte. Mit Flossen am Heck und ausfahrbaren Rädern an den Seiten sollte der Zylinder möglichst sanft durch die Kurven gleiten.

Präsident Piñera warf einen besorgten Blick auf die Rettungskapsel. Er fragte Sougarret zum wiederholten Mal, ob die Kapsel auch wirklich hundertprozentig sicher sei. Sougarret versicherte dem ängstlichen Staatschef, dass es keinen Grund zur Besorgnis gebe und das Risiko sehr gering sei. »Ich wollte nach unten fahren«, sagte Piñera und gestand, dass er fasziniert von der Idee gewesen sei, persönlich für die Sicherheit der Phönix zu bürgen. Die Sicherheitsleute des Präsidenten hätten fast einen Herzschlag bekommen. Nachdem sie bereits bei dem Versuch, einen Staatschef zu schützen, der unbedingt selbst Hubschrauber fliegen und tief tauchen musste, Blut und Wasser geschwitzt hatten, wussten sie, dass er es ernst meinte. Cecilia Morel, die First Lady Chiles, kannte ihren Mann ebenfalls. Sie erkannte sofort die Gefahr des törichten Unterfangens. Sie sah ihrem Mann in die Augen und wies ihn an, davon Abstand zu nehmen. »Denk nicht einmal daran«, befahl sie. Obwohl das seinen Instinkten widersprach, gehorchte Piñera.

Ein wenig eifersüchtig sah Piñera zu, wie der Rettungshelfer Manuel González in die Kapsel kletterte: der erste Mann, der eine vollständige Fahrt von dem Berghang hinunter in die unbekannte Welt wagte, wo die 33 Männer 69 Tage lang isoliert von der Welt gelebt hatten. Ein großes gelbes Rad über der Kapsel fing an, sich zu drehen, und wickelte langsam das Stahlseil ab. Die Flossen der Kapsel traten in den Schacht ein, dann verschwand Phönix aus dem Blickfeld der ganzen Welt.

KAPITEL 13

Die Rettung

68. Tag: Dienstag, 12. Oktober

Die Einfahrt der Phönix wurde an drei verschiedenen Videomonitoren über Tage aufmerksam überwacht. Präsident Piñera und seine Frau Cecilia waren von führenden Beratern umgeben, die die Liveübertragung aus den Tiefen der Mine im Auge behielten. Kehrte die Kapsel an die Oberfläche zurück, würde alles, was dann geschah, in alle Welt hinaus gesendet werden. Piñera hatte sich gegen Berater durchgesetzt, die die Live-Berichterstattung auf Kameraschwenks aus großer Entfernung beschränken wollten, um Emotionen und Dramatik möglichst auszuschließen. Piñera erfasste sofort das weltweite Interesse und die Dramatik, die der gesamten Operation innewohnte, und argumentierte mit Erfolg, dies sei ein Augenblick, in dem Chile sein »Know-how« unter Beweis stellen könne. Das war, keineswegs zufällig, genau die Botschaft, die der erst seit Kurzem amtierende Präsident der chilenischen Öffentlichkeit als seine größte Tugend hatte verkaufen wollen. Piñera gehörte nicht zu den Politikern, die für ihre emotionale oder sensible Volksnähe bekannt waren, seine Stärke und sein politisches Kapitel lagen hauptsächlich in diesem Unternehmergeist, in der »Macher«-Haltung.

An der zweiten Kamera stand Otto, ein ernsthafter und zugleich freundlicher Österreicher, der für das Absenken und Hochziehen der Phönix mithilfe eines 700 Meter langen Seiles verantwortlich war. Otto hatte auf der Plattform, auf der sein lastwagengroßes Kontrollzentrum untergebracht war, auch einen Laptop stehen, der Livebilder aus der Tiefe zeigte. Er hatte nicht nur eine Tonleitung zu den Bergleuten, sondern konnte auch die Ankunft der Phönix in der Unterwelt am Bildschirm beobachten. Das grobkörnige Schwarz-Weiß-Objekt wirkte auf Otto wie ein ferngesteuertes Fahrzeug auf dem Weg zu einem anderen Planeten.

Das letzte Videogerät war mit Pedro Gallo besetzt, dem bescheidenen Erfinder, der einen Karrieresprung gemacht hatte, vom glücklosen Telekommunikationsfachmann zur Spitzenkraft der Rettungsaktion avanciert war und die Herzen der Bergleute für sich gewonnen hatte. Nur wenige Mitarbeiter des Rettungsteams hatten so viele Stunden in tägliche Gespräche mit den Bergleuten investiert. Er war ein Unternehmer, der aus der Arbeiterschicht kam und die Klagen der Kumpel verstand, ihre Sorgen übermitteln und ihre geheimen Wünsche befriedigen konnte. Die Bergleute schworen, dass es Gallo gewesen sei, der heimlich Schokolade und andere Süßigkeiten in der Paloma untergebracht habe, obwohl er das später bestritt. Diese symbolischen Akte der Missachtung von Vorgaben und Gallos unbestrittene Loyalität, die im Zweifelsfall den Bergleuten und nicht den Oberen der Rettungsaktion galt, hatten ihn in den Augen der Kumpel zu einem wahren Heiligen gemacht.

Fünf Retter waren jetzt versammelt und zur Fahrt in die Tiefe bereit: zwei Marinesoldaten mit besonderen medizinischen Kenntnissen, zwei Retter von Codelco und ein Angehöriger des GOPE, des Sondereinsatzkommandos der chilenischen Polizei, das in den gefährlichen ersten 48 Stunden nach dem Einsturz so mutig in die Mine vorgedrungen war.

Die Phönix würde ihr Ziel durch die Decke der Werkstatt erreichen. Als der Minenbetrieb noch normal funktionierte, waren in der Werkstatt Fahrzeuge repariert oder abgestellt worden. Während der Zeit der Verschüttung galt die Werkstatt als zu unsicher für ein Nachtlager, deshalb nahmen die Bergleute nur selten die 380 Meter lange Wegstrecke auf sich, die von ihrem Hauptschlafplatz durch den Hauptstollen zum Werkstattraum führte. Jetzt wurde dieser gefährliche Bereich zum Ausgangspunkt für den letzten und wichtigsten Tag des zehnwöchigen Albtraums, und die Männer verlegten ihre Bettstellen und ihre Kleidung in die unmittelbare Nachbarschaft der Werkstatt.

Die fest eingeteilten Schichten wurden beibehalten, der Vorfreude und dem Adrenalin zum Trotz. Jemand musste sich um die Paloma kümmern, sodass auch noch in letzter Minute Versorgungsgüter entgegengenommen werden konnten, unter anderem spezielle Kleidung, Sonnenbrillen und frische Socken. Die Essenslieferungen sollten dann zwar im allerletzten Moment ausgesetzt werden, aber eigentlich wurde damit gerechnet, dass die Retter einen vollen Tag unter der Erde verbringen würden und die Paloma dazu dienen würde, ihnen warme Mahlzeiten zu schicken. Die Paloma-Schichten waren schon vor Wochen festgelegt worden, lange bevor das genaue Datum für die Rettungsaktion feststand. Bei dieser letzten Paloma-Schicht hatte Franklin Lobos den Dienst zu versehen. Es war eine Pflicht, die ihn fast das Leben kosten sollte.

Um 23.37 Uhr kündigte ein Scheppern und Klappern den versammelten Bergleuten das Eintreffen der Phönix an. Die roten Flossen der Rettungskapsel kamen wie in Zeitlupe durch die Decke. Stück für Stück des Behälters tauchte auf, der aussah wie ein Besucher von einem anderen Stern. Die eingeschlossenen Kumpel waren überwältigt. Ein Traum wurde wahr. Yonni Barrios trat näher und sah in der Kapsel den Retter Manuel González. Nach 69 Tagen war zum ersten Mal wieder ein menschliches Wesen zu ihnen gekommen.

Die 33 Männer sahen ehrfürchtig und respektvoll zu, wie González die Tür der Kapsel öffnete, heraustrat und Barrios umarmte. Dann kam eine Horde von halbnackten Männern herbeigerannt, um den Ankömmling zu umarmen und zu begrüßen.

Für einen Bergmann, Florencio Ávalos, waren es jetzt nur noch wenige Minuten bis zur Freiheit.

Ávalos war bereit. Er war in den maßgeschneiderten grünen Overall geschlüpft, auf dessen Brustteil sein Name eingestickt war. Eine Oakley-Sonnenbrille schützte seine Augen. Ein Pulsmessgerät an seinem rechten Handgelenk übertrug die aktuellen Werte drahtlos an das Rettungsteam über Tage. Der linke Zeigefinger steckte in einem Gerät, das die Sauerstoffsättigung seines Blutes maß. Ein kompliziertes elektronisches Messgerät, das fest um seine Brust gewickelt war, übertrug Werte zu einem weiteren halben Dutzend wichtiger Körperfunktionen an die Techniker und Ärzte an der Oberfläche.

Die anderen Bergleute umstanden ihn, sahen ihm zu, fotografierten und machten Videoaufnahmen von dieser Szene. Trotz ihrer Nervosität erfüllte eine seltsame Gelassenheit den Raum. Die Männer scherzten und gingen auf und ab, wie Profisportler in der Umkleidekabine vor einem wichtigen Spiel, aber ihre Zuversicht war offensichtlich. Für kurze Zeit vergaßen sie das Grauen des Einsturzes und die fortdauernde Empfindung, dass ihnen der Tod dicht auf den Fersen gewesen war. Jetzt glich das Geschehen eher einer Party, von einem Ort weiter unten im Tunnel ertönte Cumbia-Musik. Weiße Luftballons hüpften auf dem Boden, und die Männer liefen aufgeregt umher. Außer einer sauberen weißen Unterhose hatten sie nichts an.

Die Aussicht auf ein Entkommen ließ ihren Adrenalinspiegel steigen. Die Männer spürten jetzt, dass sie drauf und dran waren, den zehnwöchigen Kampf mit dem Berg zu gewinnen. Sie unternahmen in den finsteren Stollen letzte Erkundungsgänge, die Lichtkegel ihrer Taschenlampen tanzten in der Ferne. Das Klappern von Karabinerhaken erinnerte sie daran, dass die Retter von Codelco, GOPE und der chilenischen Marine eingetroffen waren.

González legte Ávalos eine weiße Plastikkarte um den Hals, die – wie beim Bühnen- und Begleitpersonal von

Rockkonzerten – als Ausweis diente. Die Rettungsaktion wurde von Formalitäten, Anweisungen und Verfahrensweisen geprägt. Jede Einzelheit war wochenlang geprobt worden. Aber der Berg konnte das Protokoll immer noch zunichtemachen. 690 Meter unter der Erdoberfläche war auch die tiefste Ruhe nur eine oberflächliche Ablenkung von der klaustrophobischen Wirklichkeit.

Um 23.53 Uhr stieg Ávalos in die Kapsel, und die Retter verriegelten die Tür. Die Bergleute verfolgten ungeduldig die Gespräche zwischen Otto, dem österreichischen Seilwinden-Maschinisten, der Kommunikationszentrale und Pedro Cortés hier in der Tiefe. Unterdessen stellte sich ein nervöser Ávalos innerlich auf das Wiedersehen mit der Familie ein: auf die beiden Söhne, die ihren Vater seit zwei Monaten nicht mehr gesehen hatten; auf die Frau, die Briefe geschrieben und Videoübertragungen gesehen, aber ihren Mann so lange Zeit nicht berührt und ihm nicht in die Augen gesehen hatte. Ávalos war an einem kalten Wintermorgen zur Arbeit gegangen. Jetzt war es Frühling.

Ávalos' *Compañeros* schrien, jubelten und pfiffen, als die Rettungskapsel Fahrt aufnahm. Und dann war er plötzlich allein. Fünfzehn Minuten lang sah Ávalos angestrengt durch ein Metallgeflecht, das die Welt in diamantförmige Gucklöcher unterteilte. Ein Licht im Innern der Kapsel beleuchtete die glatten, feuchten Wände. Die gefederten Metallräder klapperten bei der Fahrt über den felsigen Pfad. Die Kapsel hob und senkte sich in dem unebenen Tunnel immer wieder und brachte Ávalos langsam in Richtung Freiheit.

Etwa 20 Meter unter der Oberfläche sah Ávalos die ersten Lichtreflexe und hörte die ersten Geräusche, die von Leben zeugten. Retter riefen jetzt in den Schacht hinunter und fragten ihn, ob alles in Ordnung sei. Dann stand er plötzlich im Scheinwerferlicht: ein Held für die wartende Welt, ein Vater, der mit seinen weinenden Söhnen wiedervereint war, und ein gewaltiger Werbeträger in den Meinungsumfragen für Präsident Piñera, der in der ersten Reihe auf ihn wartete.

Als Florencio aus der Kapsel geholt wurde, brach sein neunjähriger Sohn Byron in Tränen aus. Die Retter vollführten Luftsprünge und feierten. Die Kameras richteten sich auf eine herzzerreißende Szene – einen Augenblick lang war der neun Jahre alte, von seinen Gefühlen überwältigte Junge allein. First Lady Cecilia Morel, Gesundheitsminister Mañalich und Rene Aguilar, der stellvertretende Leiter der Rettungsaktion, sprangen ein und beruhigten das Kind. Dann kam der wahre Trost – eine Umarmung durch den Vater.

Minister, Retter mit Schutzhelmen, Ärzte und Journalisten weinten beim Anblick dieser schönen Szene ungeniert. Die Männer hatten sich schon mit jener allerersten Nachricht als »Die 33« definiert, die Welt hatte sie als liebenswertes Kollektiv ins Herz geschlossen, das inzwischen für seine Fähigkeit, als Team zusammenzuarbeiten, berühmt war. In einer Welt, die so oft von Bluttaten und den Egos von Einzelpersonen geprägt wird, standen »Die 33« in ihrer Gefangenschaft zusammen, als Bruderschaft heldenhafter Arbeiter. Teamwork hatte sie am Leben gehalten, und jetzt würden sie alle miteinander gerettet werden.

Florencio umarmte zuerst seine Familie, dann Präsident Piñera, dann die Retter. Anschließend wurde er auf eine fahrbare Trage gelegt und ins Lazarett gebracht, wo das gesamte Personal in Applaus ausbrach. Man ging davon aus, dass Ávalos gesund war. Er war wegen seiner geistigen und körperlichen Stärke als Erster für diese Reise ausgewählt worden – dennoch gab man ihm Glukose, und eine Krankenschwester maß seinen Blutdruck. Florencio dachte, als er dann im Bett lag, an seinen jüngeren Bruder Renán, der immer noch dort unten festsaß.

70. Tag: Donnerstag, 14. Oktober, 1.00 Uhr

Mario Sepúlveda hatte – in seiner Funktion als Geschichten-
erzähler, Clown und unumstrittener Anführer der 33 – eine
ständige Last auf seinen Schultern getragen, 69 Tage lang. Stets
hatte er dafür gesorgt, dass die Kraft des Humors der Gruppe
Orientierung gab – als Hofnarr der unsichtbaren Könige und
Prinzen, die von oben Anweisungen schickten. Doch Sepúlveda
verfügte auch über eine instinktive Fähigkeit, ein angeborenes
Gefühl für Gruppendynamik, und er wusste, wann es nötig
war, mit brutalen Androhungen körperlicher Gewalt zu arbeiten. Jetzt, nachdem er die mit der Anführerrolle verbundene
Verantwortung abgegeben hatte, blühte er im Scheinwerferlicht
auf.

Unter Tage hatte Sepúlveda noch ein paar letzte Witze gemacht, bevor er in die Kapsel stieg. Um 1.09 Uhr, als sich die
Kapsel der Erdoberfläche näherte, begann er mit einem Live-
kommentar zu seiner eigenen Rettung.

»Hallo, alte Frau!«, rief er Katty zu, seiner 33 Jahre alten Ehefrau. Durch das Metallgitter konnte man Sepúlvedas
Lachen hören. Wilder Jubel brandete auf, Sepúlveda sprang aus
der Kapsel und stürmte, ohne zu warten, bis ihm die Retter
das Geschirr und die Sicherheitsjacke abgenommen hatten, auf
Präsident Piñera zu, bückte sich und holte Geschenke aus seiner
geliebten selbst gefertigten gelben Tasche hervor: eine Handvoll
weißer Felsbrocken mit dem goldenen Glitzern von Pyrit. Ein
Brocken für den Präsidenten. Ein Brocken für den Minister. Die
Empfänger lachten und hielten die Steine gut fest. Sepúlveda
umarmte den verblüfften Piñera dreimal, dann flirtete er mit
seiner eigenen Frau und ließ durchblicken, sie würden es so lange miteinander treiben, bis keiner von ihnen mehr gehen könne. »Halt schon mal den Rollstuhl bereit«, scherzte er.

Er hüpfte zu Pedro Gallo hinüber, umarmte ihn kräftig und
hielt ihn in tief empfundener Anerkennung für alles fest, was

dieser Mann persönlich für die Rettung der Bergleute getan hatte. Gallo weinte. Sepúlvada feuerte die Menge zu einem stürmischen Jubel an, zu einer Feier, die ein Reporter der britischen Tageszeitung *The Guardian* als »Aufblitzen weltweiter Freude« beschrieb.

Der Freudentaumel im Camp Esperanza währte nur kurz. Die Familienmitglieder feierten zwar schon die beiden ersten Geretteten, aber von uneingeschränkter Freude konnte keine Rede sein, bevor nicht alle Männer herausgeholt waren. Das dünne Kabel, die Verbindung ihrer Männer zum Leben und zum Tod, war immer noch für alle sichtbar.

Die Phönix-Kapsel wurde wieder in die Tiefe hinuntergelassen, und Ávalos und Sepúlveda wurden vom Lazarett in einen Begrüßungsraum weiter oben am Berg gebracht, der in der Nähe des Hubschrauberlandeplatzes eingerichtet worden war. Der mit modernen weißen Sofas, Blumenarrangements und kühler blauer Beleuchtung ausgestattete Raum glich einem eleganten After-Hours-Klub. Es gab hier keinerlei Anhaltspunkte oder Gerüche, die auf Medikamente, Krankheiten oder Traumata verwiesen. Die chilenischen Psychologen hatten stattdessen einen großzügigen Empfangsbereich entworfen, von dem dann ein breiter Korridor zu den Privaträumen führte.

Ávalos saß im Begrüßungsraum mit seinen beiden Söhnen, seiner Frau und Präsident Piñera zusammen. Direkt gegenüber widmete sich Sepúlveda ebenfalls seiner Familie: Es wurde gelacht, es gab Umarmungen und Küsse. Dann nahm Piñera Sepúlveda beiseite und bat ihn, einem bereitstehenden Fernsehteam ein kurzes Interview zu geben. Sepúlveda hatte kaum eine andere Wahl, als der Bitte des Präsidenten zu entsprechen, setzte sich vor die Kamera und sprach von einer positiven Erfahrung. »Ich bin sehr zufrieden damit, dass mir dies hier widerfahren ist, denn es geschah in dem Augenblick, in dem ich mein Leben ändern musste. Ich war mit Gott und dem Teufel zusammen, und sie kämpften um mich. Gott siegte. Ich ergriff die beste Hand, Gottes Hand, und zweifelte nie daran, dass Gott mich aus der Mine herausholen würde. Ich wusste es von Anfang an.« Dann rannte Sepúlveda davon, um Ávalos zu umarmen. Die beiden Männer umarmten sich lächelnd. Die Drohung, dass alle 33 Männer solange gemeinsam auf dem Berg bleiben würden, bis alle oben angekommen waren, schien vergessen. Die Vorbereitungen der Retter – Beratungen mit Rechtsanwälten, Drohungen, die medizinische Versorgung auszusetzen, der Konvoi von Krankenwagen, der für einen Transport auf dem Landweg bereitstand – erwiesen sich allesamt als unnötig. Sepúlveda und Ávalos gingen stolzen Schrittes zum Hubschrauber. Der Gefühlsüberschwang und die Dankbarkeit, die sie in diesem Augenblick empfanden, hatten alle Mutmaßungen über einen bevorstehenden Bergmannsaufstand weggewischt.

Juan Illanes
Carlos Mamani
Jimmy Sánchez
Osman Araya
José Ojeda
Claudio Yáñez
Mario Gómez
Alex Vega
Jorge Galleguillos
Edison Peña
Carlos Barrios
Victor Zamora
Victor Segovia
Daniel Herrera

Die Männer wurden mit militärischer Präzision gerettet, einer nach dem andern. Jeder Mann hatte seine eigene Geschichte, seine Familie, die emotionale erste Umarmung, den ersten Kuss.

Einige fielen auf die Knie und beteten, andere weinten. Es war so viel nacktes Gefühl zu sehen, dass die Welt innehielt und staunend zusah. Einen Augenblick lang war alle Welt von einem universellen Mitgefühl ergriffen.

Die Phönix-Kapsel, deren chilenische Nationalfarben immer stärker ramponiert und verkratzt wurden, erwies sich als modernes Arbeitspferd: stabil, fehlerlos und loyal.

Ein Bergmann nach dem anderen kletterte in die Kapsel und fuhr in Richtung Freiheit. Die Männer hatten sich mit einem billigen Parfüm eingerieben, das man ihnen heimlich hatte zukommen lassen. Und sie waren beim Auftragen des süßlichen Geruchs nicht sparsam. »Mein Gott, wie hat es in der Kapsel nach Parfüm gestunken«, sagte einer der Retter. »Was immer das war, alle benutzten die gleiche Marke. Es war überwältigend.«

Einem weltweiten, auf eine Milliarde Zuschauer geschätzten Publikum bot die Rettung der chilenischen Bergleute ein perfektes Bild. Die grobkörnigen Videoaufnahmen aus den Tiefen des Bergwerks wirkten im Vergleich dazu wie eine Liveübertragung von einem anderen Stern. Viele Zuschauer fühlten sich durch das Drama und die allgemeine Aufregung an die erste Apollo-Mondlandung von 1969 erinnert, bei der Neil Armstrong jene berühmten ersten Schritte auf der Mondoberfläche unternahm.

Unten in der Mine geriet derweil der Ablaufplan aus dem Tritt.

Um 1.30 Uhr, als die Kapsel herunterkam, um Omar Reygada abzuholen, den Bergmann Nummer 17, hallte ein heftiges Krachen durch den Tunnel. Es folgten das dumpfe Geräusch herabfallender Felsbrocken und das Gepolter einer Steinlawine. Die Kamera, die die Rettung filmte, fiel aus. Operation San Lorenzo war jetzt blind.

Pedro Gallo, der Leiter des Telekommunikationspostens, meldete sich sofort über die Gegensprechanlage bei den Bergleuten. Er bat Pedro Cortés, der beim Anschließen der Kabelverbindungen unter Tage mitgeholfen hatte, der Sache nachzugehen. Cortés zögerte. Das Glasfaserkabel verlief ganz in der Nähe des aktuellen Lawinenabgangs. Der Staub hatte sich noch nicht einmal gesetzt, und jetzt bat man ihn, in einen potenziell lebensgefährlichen Bereich des Tunnels vorzudringen. »Du schickst mich da runter? Du weißt, dass es dort nicht sicher ist. Es hat dort zwei Lawinen gegeben«, stammelte Cortés. In diesem Jahr hatte er in der Mine bereits einen Finger verloren. Jetzt bat man ihn, sehr viel mehr zu riskieren.

Gallo sagte ihm, eine Live-Videoverbindung sei von entscheidender Bedeutung. Die Seilwindentechniker müssten die Operation live mitverfolgen können, damit sie die Kapsel sachte in die Tiefe hinunterlassen konnten. Eine harte Landung könnte die Phönix beschädigen oder verklemmen. Präsident Piñera und schätzungsweise jeder vierte Erwachsene auf dem gesamten Planeten würden das Geschehen verfolgen.

Cortés stimmte einem allerletzten Gang durch den Hinderniskurs widerstrebend zu. Dafür musste er einen unangenehmen Parcours aus herumliegenden Felsteilen der unlängst eingestürzten Decke überwinden, an rissigen und nach wie vor auseinanderbrechenden Wänden vorbeigehen und schließlich ein schlammiges, etwa 180 Meter langes Wegstück durchqueren. Cortés folgte dem Glasfaserkabel und entdeckte das Problem: Ein Felsstück hatte das Kabel durchtrennt.

Es gab keine Möglichkeit, den Schaden zu reparieren. Eine zentnerschwere Felslast hatte die Leitung unter sich begraben und zerstört. Gallo dachte kurz nach und kam auf eine Lösung: Er konnte ein Kabel nehmen, das die Kamera im rund 300 Meter tiefer gelegenen Schutzraum mit Strom versorgte, es von diesem Gerät abhängen und mit Hilfe der Bergleute an die Hauptkamera anschließen, die die Rettungsaktion filmte.

Gallo rief auf dem Schutzraum-Telefon an und war schockiert, als Franklin Lobos abnahm. Lobos war am anderen Ende des Tunnels, an dem es bereits zwei Steinschlaglawinen gegeben hatte, ganz allein. »Franklin! Was machst du da unten?«

»Ich bin auf Schicht. Ich nehme das Essen für die Retter entgegen«, war Lobos' stoische und loyale Antwort. »Dienst ist Dienst, und ich bin an der Reihe. Ich muss die Schicht zu Ende bringen.«

»Du spinnst, alter Mann! Es hat zwei Einstürze gegeben! Geh da raus! Sofort!«, schrie Gallo ins Telefon.

»Aber das Essen? Was ist mit dem Essen für die Retter?« Lobos hielt an der Vorschrift fest, die drohende Gefahr schreckte ihn nicht oder war ihm nicht bewusst.

»Vergiss es«, schrie Gallo. »Ich schicke das Essen mit der Kapsel. Geh da raus!«

Während Gallo sich fieberhaft um einen neuen Bildanschluss bemühte, stellten ihm Präsident Piñera, Televisión Nacional de Chile, das staatliche chilenische Fernsehen, und Otto, der Seilwindentechniker, alle dieselbe dringende Frage: Was war mit dem Bild passiert?

Gallo sagte Piñera und Otto die Wahrheit: Sie hatten keine Verbindung mehr und arbeiteten an der Wiederherstellung eines Livebildes zu den Eingeschlossenen. TVN gab er einfach einen Videoclip von einer früheren Phase der Rettung. »Sie waren außer sich, weil sie kein Bild hatten, also nahm ich ein paar frühere Bilder und schickte ihnen die. Dann fragte ich nach, ob sie ein Bild hätten, und sie bedankten sich.« Auch eine Milliarde Zuschauer in aller Welt wurden getäuscht. Sie bekamen gar nicht mit, dass das perfekte Bild, das da gerade gesendet wurde, eine Wiederholung war, mit der ein dramatisches Kapitel überspielt wurde, das nach Einschätzung der chilenischen Regierung viel zu riskant war, um es der Welt zeigen zu können. Auch für dieses Drama brauchte man also, wie bei jeder Art von Reality-TV, ein gutes Händchen, redaktionelle Bearbeitung und ein Drehbuch.

Bei der Rettung durfte es dagegen keinen Aufschub geben. Drei Bergleute, Omar Reygada vorneweg, wurden ohne Unterstützung durch Livebilder in Sicherheit gebracht.

»Meine Fahrt nach oben war eine ziemlich haarige Sache«, sagte Reygada. Er machte sich für den Einstieg in die Kapsel bereit, als plötzlich die Tür klemmte. Auch die Retter konnten sie nicht öffnen. Schließlich stemmten sie die Metalltür mit einer Brechstange auf. »Ich glaubte, dass die Mine etwas dagegen hatte, dass ich herauskam«, sagte Reygada. »Nachdem sie die Tür aufgestemmt hatten, bekamen sie sie nicht mehr zu, also nahmen sie einen Plastikgurt. Auf der Fahrt nach oben hielt ich die Tür fest, damit sie nicht aufging.«

Als die Kapsel anzog, flachste und scherzte Reygada mit seinen zurückbleibenden Gefährten. »Ich rief den Jungs da unten Sachen zu wie: ›Scheiße, ich bin hier raus. Ich hab's geschafft. Ich hab's geschafft! Ich hab's geschafft.‹« Reygada empfand, trotz der überwältigenden Freude, auch sofort eine Art Sehnsucht nach seiner Untergrund-Welt. »Wir ließen etwas zurück. Wir hatten lange Zeit dort gelebt. Ich hatte das Gefühl, dass ich einen Teil von mir da unten zurückließ. Es waren 69 Tage. Ein Teil von mir blieb dort zurück. Ich sagte mir, dass es meine schlechten Eigenschaften seien und dass ich nur mit meinen besten Eigenschaften an die Oberfläche zurückkehren würde.«

Reygada, ein Witwer, brannte darauf, das, was er als seine »kleinen Affen« bezeichnete, in die Arme zu schließen und zu begrüßen: die Enkelschar. Reygada tauschte mit den Rettern Zurufe aus, als er sich der Oberfläche näherte. Er schrie: »Chi… Chi… Chi…«, und das »Le… Le… Le…«, das ihm entgegenschallte, war die Bestätigung, dass er fast in Sicherheit war. »Ich hörte von oben eine Stimme, die fragte, ob's mir gut gehe, und ich schrie zurück: ›Scheiße, ja‹, und dann fiel mir wieder ein, dass da oben ja der Präsident war …«

Während Reygada mit seinen »kleinen Affen« feierte, musste Pedro Gallo den unten in der Tiefe ausharrenden Cortés um ein weiteres gefährliches Unternehmen bitten. Diesmal sollte er die gut 350 Meter zum Schutzraum hinter sich bringen, das Kabel dort abhängen und neu anschließen.

»Bitte, schick nicht wieder mich«, flehte Cortés. Dann willigte er in das erneute Wagnis ein. Aber zuerst wollte er sich noch verabschieden. Cortés baute sich dicht vor einer zweiten Kamera auf, die dort unten arbeitete, und sagte: »Falls mir etwas passiert: Hier bin ich, zum letzten Mal.« Gallo zitterte vor Angst. Er hatte Cortés diesen Auftrag gegeben. Jetzt spürte er die Last der Verantwortung. Er hätte Cortés auf dem Gewissen, wenn dieser beim letzten Gang dort unten zermalmt oder schwer verletzt würde.

Die Steinlawine hatte den Tunnel nicht blockiert. Diese Tatsache war bestätigt worden, als ein erschöpfter Franklin Lobos aus der Tiefe zurückgekehrt war. Er sagte Cortés, es sei noch genug Platz, um an den Trümmern der beiden Einstürze vorbeizukommen, wünschte ihm Glück und bereitete sich auf seine eigene Rettung vor. Cortés stellte die Anweisung nicht in Frage. Stattdessen betete er für sein Leben und machte sich auf den letzten Gang zum Schutzraum. In einer Mine, die dafür bekannt war, dass sie Kamikaze-Bergleute anlockte, hatte er die Schicksalsgötter zweimal überlistet. Dieses Bergwerk war selbst unter normalen Betriebsbedingungen imstande, Arbeiter zu töten oder zu verstümmeln. Jetzt, während des letzten Akts, war sie instabiler und gefährlicher als jemals zuvor. Cortés überlebte die fast eine Stunde dauernde Reise, kam zurück und wurde als Held gefeiert.

»Ich hatte sein Leben in der Hand«, räumte Gallo ein, der zu jenem Zeitpunkt bereits seit über 48 Stunden auf den Beinen gewesen war. »Aber es war einfach notwendig gewesen.«

Cortés und Ticona schlossen die Kamera an das mitgebrachte Kabel an. Dann erinnerte Gallo sie daran, dass TVN eine »Live-Sendung« hatte, bei der ein leerer Bildschirm gezeigt wurde – keine Kapsel, keine Menschen. In Wirklichkeit wartete eine Gruppe von Bergleuten und Rettern auf die Phönix, Menschen liefen hin und her. Gallo würde die Scharade entlarven, sobald er das wirkliche Geschehen auf den Bildschirm brachte und auf ein paar Hundert Millionen Fernsehgeräten plötzlich Gestalten erschienen. Also wurde die »Bühne« erst einmal geräumt, dann erst kam das Livebild zurück und Bergleute und Retter durften wieder auf der Bildfläche erscheinen.

»Keiner hat etwas bemerkt«, sagte Gallo stolz.

Die Rettung wurde beschleunigt, denn die Sorgen wegen der Stabilität des Berges nahmen zu. Die Operation San Lorenzo bekam eine neue Dringlichkeit, von gemütlichem Tempo war keine Rede mehr. Die Bergung der ersten 17 Männer war eine Demonstration chilenischer Effizienz und internationaler Zusammenarbeit gewesen. Jetzt drohte der rachsüchtige Berg das weltweite Publikum in eine Tragödie sondergleichen hineinzuziehen. Würde ein weiterer Einsturz die Männer im letzten Augenblick unter sich begraben? Die Stimmung in der Mine wirkte immer noch fröhlich, Musik erklang, Luftballons flogen durch den Raum, aber die Empfindung, dass die zornige Mine noch eine allerletzte Runde von Überraschungen für die Männer bereithielt, war allgegenwärtig.

Esteban Rojas
Pablo Rojas
Darío Segovia
Yonni Barrios
Samuel Ávalos
Carlos Bugueño
José Henríquez
Renán Ávalos
Claudio Acuña

Zum Rettungsplan gehörten auch Rettungshelfer, die sowohl als Kletterer wie auch in militärischer Notfallmedizin ausgebildet waren. Die chilenische Marine hatte zwei Elitesoldaten eines Sonderkommandos geschickt, die über umfangreiche medizinische Kenntnisse verfügten. Sie konnten mit jedem medizinischen

Notfall umgehen, zu ihrer umfangreichen Ausrüstung gehörten auch ein verschlossener Behälter mit Morphium und einsatzbereite Spritzen mit Beruhigungsmitteln. Minister Golborne warf jedoch aus Respekt vor der örtlichen Stimmungslage im letzten Augenblick den Einsatzplan über den Haufen und erlaubte Pedro Rivero, einem örtlichen Rettungshelfer, mit der Kapsel einzufahren, um unten in der Mine mitzuhelfen. Rivero hatte bei den frühen Versuchen, die Bergleute zu finden, sein Leben riskiert und war ein Vertreter der Rettungskräfte aus der Region. Niemand stellte seinen Mut oder sein rettungstechnisches Können in Frage. Sein jetziges Timing hätte allerdings nicht schlechter sein können. Der gesamte Ablauf der Rettungsaktion war schon längst mit militärischer Präzision durchgeplant worden. Jetzt brachte Riveros improvisierter Auftritt ein Stück Chaos in das fein abgestimmte Vorgehen.

Rivero stieg aus der Kapsel und sorgte umgehend für Probleme. Er fummelte mit einer Kamera herum, fing an zu filmen und machte Anstalten, weiter nach unten zu gehen, genau in den Bereich hinein, in dem es eben erst zwei Einstürze gegeben hatte. Rivero hatte nach Auskunft von Pedro Gallo, der das gesamte Geschehen am Bildschirm beobachtete, den Auftrag, die letzten Szenen im Schutzraum zu filmen. Keiner der Bergleute oder der anderen Retter hielt das für vernünftig. »Rette niemals einen Retter«, lautete die Devise für das gesamte Team. Steinschlaglawinen gefährdeten ohnehin schon das Gelingen der Aktion, deshalb wurde ein zusätzliches Risiko, wie es Rivero jetzt einging, als verrückt empfunden.

Rivero bat bei seiner Rückkehr um das Telefon und erklärte, er sei in Golbornes persönlichem Auftrag geschickt worden. Jetzt laute seine Anweisung, bis zum Schluss unten zu bleiben. Nach seinen eigenen Angaben sollte er der letzte Mann sein, der herausgeholt wurde. Die Marinesoldaten waren sprachlos. Es kam zu einer heftigen Auseinandersetzung. Die Marinesoldaten drohten, sie würden Rivero mit Gewalt in die Kapsel verfrachten.

Cortés koordinierte mit Pedro Gallo die Telefonate, hörte dann den heftigen Streit in unmittelbarer Nähe und war verblüfft, als er die Beteiligten sah.

»Was ist da los?«, fragte Cortés seinen Gesprächspartner Gallo. »Die Retter streiten sich. Sind sie nicht runtergekommen, um uns zu retten?« Die Bergleute kamen zusammen, um das bizarre Spektakel mitverfolgen zu können.

Ein Anruf von Golborne kam durch. Rivero wurde ans Telefon gerufen, um seinen Aufstand gegen die übergeordneten Autoritäten zu rechtfertigen. Rivero blieb standhaft und weigerte sich, das Gespräch anzunehmen. Gallo fragte sich, ob die Elitesoldaten den Mann mit dem reizbaren Temperament nun tatsächlich handgreiflich in die Kapsel stecken mussten, aber letztlich reichten Worte doch aus.

Rivero ging widerwillig auf die Phönix zu, und die Soldaten griffen nach seiner mit Souvenirs gefüllten Tasche – Felsbrocken und Mineralien aus den Tiefen der Mine. Sie leerten die Steine aus, gaben den leeren Sack zurück und machten deutlich, dass Rivero jetzt verschwinden solle. Rivero stieg freiwillig in die Kapsel und knallte mit einem abschließenden Akt des Trotzes die Metalltür zu. Die schockierten Bergleute beobachteten, wie Rivero hochgezogen wurde und aus ihrem Blickfeld verschwand. Dank der luxuriösen Auswahl von sieben Live-Kameras, einer umsichtigen Bildregie und Pedro Gallos Mitwirken bekam die Welt nicht eine einzige Sekunde dieses Dramas aus dem Zentrum des Geschehens zu sehen.

Riveros Auftritt war Vergangenheit, jetzt trat die Rettungsaktion in ihre letzte Phase ein. Franklin Lobos war der 27. Bergmann, der die Reise antreten sollte. Während die Kapsel nach oben fuhr, hörte er ein dumpfes Poltern. Das Krachen eines Felsen. War der Schacht einsturzgefährdet? Wie nahe war das gewesen? Die Akustik in der Mine war voller Überraschungen. Eine Unterhaltung schien manchmal die Stollen hinunterzuschweben, um dann als Geflüster anzukommen. Ein andermal klang es dagegen so, als würde ein Vakuum die Worte eines in unmittelbarer Nähe stehenden Kollegen verschlucken. Lobos war sich sicher, dass dieses Krachen nahe gewesen war. »Es klang so, als wäre eine ganze Schachtebene eingestürzt«, sagte er.

Um 7.20 Uhr, als er unversehrt oben ankam, begrüßte ihn dort seine Tochter Carolina. Er fasste sie an den Haaren, sie legte ihm ihre offenen Handflächen aufs Gesicht. Einen Augenblick lang sahen sie sich in die Augen. Dann überreichte Carolina ihrem Vater einen fabrikneuen Fußball, und der zeigte umgehend eine elegante Balljonglage. Lobos' neues Leben hatte begonnen. Er würde nie mehr der Mann sein, der vor zehn Wochen in die Mine eingefahren war. Selbst die unbedeutendsten Rituale aus dem normalen Alltag waren jetzt ein Genuss.

Im Krankenhaus war eine ganze Wand mit den Namen der Bergleute und der Retter geschmückt. Bei jeder Ankunft der Phönix wurde ein Name abgehakt.

Richard Villarroel, der 28. Mann auf der Liste der zu Rettenden, schoss eine letzte Fotoserie, bevor er in die Kapsel stieg. Er wollte die letzten Bilder einfangen: vom Schutzraum, von seinem Bett, von den Freunden, die sich umarmten, die lächelten und posierten. Die Männer hatten den Schutzraum wie ein Museumsstück hinterlassen – die Wände waren mit den Fahnen ihrer Lieblings-Fußballmannschaften geschmückt – und riesige Dankschreiben an das Rettungsteam hinterlegt.

Villarroel trug Kopfhörer, als er in die Kapsel stieg, er hörte die Musik des guatemaltekischen Schnulzensängers Ricardo Arjona. Später sagte er, er sei in diesem Augenblick traurig gewesen: »Es war schmerzlich, meine Freunde da unten zu sehen, als ich sie zurückließ.« Villarroel brach jedoch in Freudenschreie aus, als die Kapsel sich der Oberfläche näherte. Er verfluchte die Mine. »Dann spürte ich, dass die Luft anders roch. Frische Luft – das war mein Lieblingsaugenblick. [...] Was für ein Unterschied.«

Familienmitglieder drängten sich an den Betten, um den von der Dynamik der Ereignisse nach wie vor überwältigten Bergleuten nahe zu sein. Die Kakofonie klingelnder Mobiltelefone, die Umarmungen mit Schulterklopfen und das hektische Treiben von hundert Menschen, die sich in dem Lazarett eingefunden hatten, wurden alle halbe Stunde unterbrochen, wenn der nächste gerettete Bergmann, begleitet von einem Jubelchor, hereingefahren wurde. Ärzte umarmten F-16-Piloten. Krankenschwestern posierten mit U-Boot-Kommandanten. Sanitäter, Geologen und Kartenzeichner umarmten sich zum vermeintlich letzten Mal. Nach Monaten fortdauernder Teamarbeit und ständiger Kontakte war der Kampf jetzt fast zu Ende.

Richard Villarroel
Juan Aguilar
Raúl Bustos
Pedro Cortés
Ariel Ticona

Die Serie erfolgreicher Rettungsfahrten setzte sich fort. Um 21.30 Uhr waren alle Bergleute bis auf einen herausgeholt worden.

Die Phönix wurde noch einmal in die Mine hinuntergelassen, in das Gefängnis, in dem 33 Männer mehr als zwei Monate lang eingeschlossen gewesen waren. Tief unten in der Mine stieg Luis Urzúa vorsichtig in die Kapsel. Er sah sich noch einmal kurz um und wurde dann hochgezogen. Sein Auftrag war fast erfüllt.

Präsident Piñera und – so sah es aus – Dutzende seiner Mitarbeiter drängten sich um den Zugang zum Rettungsschacht. Die einstmals so strengen Polizeikontrollen waren aufgehoben, und Zuschauer strömten auf das Gelände. Weiter unten am Berg, im Camp Esperanza, näherte sich die wachsende Spannung dem Siedepunkt. Eine Milliarde Zuschauer in aller Welt kam aus dem ungläubigen Staunen nicht mehr heraus. Was zunächst ganz nach einer tragischen Geschichte über tote Bergleute ausgesehen hatte, wurde in diesen Minuten zu einem Bericht über die bemerkenswerteste Rettungsaktion in jüngerer Zeit. 33 Männer. In 700 Metern Tiefe. 69 Tage lang. Die schlichten Fakten ließen den sicheren Tod erwarten. Die Livebilder von Luis Urzúas Ankunft, die von einer großen Menschenmenge bejubelt wurde, glichen jetzt einem Märchen. Im Camp Esperanza knallten die Sektkorken, Luftballons und laute Jubelrufe stiegen in die kalte Sternennacht hinauf. Eine Gemeinschaft, die auf Glauben und Entschlossenheit beruhte, hatte allen Widerständen getrotzt.

Urzúa trat vor, um Piñera die Hand zu geben. Er folgte einer Tradition, die so alt ist wie der Bergbau selbst, und gab symbolisch die Verantwortung für das Wohlergehen seiner Männer ab: »Herr Präsident, meine Schicht ist beendet.«

Urzúa wirkte verschlossen und unbeeindruckt, als man ihn zum Lazarett fuhr, die kräftigen Arme hatte er über der Brust verschränkt. Mit seinem bärtigen Gesicht hätte man ihn zuallerletzt für einen weltweit verehrten Helden gehalten. Vor zehn Wochen war er in San José als Schichtführer in eine unbekannte Gold- und Kupfermine eingefahren. Jetzt galt er als Symbol einer globalen Verständigungsbereitschaft. Urzúa, der dem Tod nur knapp entgangen war, bekam eine zweite Chance, einen neuen Anfang und eine Wiedergeburt in einem Stil, von dem die meisten Menschen nur träumen können.

Während Urzúa seinen Ruhm genoss, arbeitete die Phönix-Kapsel weiter und holte alle Retter sicher an die Erdoberfläche zurück.

Eine weltweite Demonstration der Großzügigkeit hatte diese Rettung ermöglicht. Hunderte von Arbeitern, deren Namen nie genannt wurden, stellten ihr Leben und ihren Alltag auf den Kopf, um den Bergleuten zu helfen. Einige von ihnen fertigten Bohrer an. Andere verluden und transportierten halbtonnenschwere Bohrspitzen. Andere, wie Hart, bedienten die Bohrgeräte. Das Spektrum möglicher Lösungen war durch Piñeras frühzeitige Entscheidung, sich weltweit um Hilfe zu bemühen, enorm erweitert worden. Später erklärte er dazu, er habe sich von der stolzen Weigerung der russischen Regierung leiten lassen, die nicht um Hilfe gebeten habe, als das russische Atom-U-Boot *Kursk* auf den Meeresgrund sank. »Die Russen hätten in England um technische Hilfe bitten können, aber sie taten es nicht«, sagte Piñera. »Ich rief jeden mir bekannten Präsidenten persönlich an und bemühte mich um technische Hilfe.« González, der letzte Retter, der noch aus der Tiefe zu bergen war, spielte seine Tapferkeit herunter und sagte, er sei nur ein Glied in der Helferkette gewesen. Solange er auf seine eigene Fahrt an die Oberfläche wartete, las er in einem Buch, das einer der Kumpel zurückgelassen hatte. Bevor er selbst in die Kapsel stieg, äußerte er einen letzten Wunsch: »Ich wollte das Licht ausmachen, aber sie erlaubten es mir nicht.«

Viele der Bergleute hatten denselben Drang, einen Schalter umzulegen und damit einen Schlussstrich unter eine Lebensphase zu ziehen, die immer noch zu schmerzlich und ihnen viel zu nahe war, um einer gründlichen Analyse unterzogen zu werden.

Die Seilwinde hielt an, als González aus der Mine hochgeholt worden war. Die lärmenden Motoren verstummten, und nach Wochen des Leidens und der Anstrengung gab sich Camp Esperanza der Freude eines flüchtigen, aber perfekten Augenblicks hin.

Pedro Gallo schaute in den Wüstenhimmel hinauf, der im Sternenglanz erstrahlte, als der letzte Hubschrauber zum Krankenhaus von Copiapó abhob. Dort oben funkelten Tausende von Sternen. Der Himmel schien einen Moment lang näher zu sein.

»Sie haben hier etwas dauerhaft Schönes hinterlassen.«

KAPITEL 14

Die ersten Tage in Freiheit

Mittwoch, 13. Oktober – Ein neues Leben

Samuel Ávalos betrachtete vom Hubschrauber aus mit ungläubigem Staunen, was er da sah: die gewaltigen Maschinen, die Zelte, Gebäude, Straßen und Parkflächen! Er und die anderen sieben Bergleute, die mit ihm im Hubschrauber saßen, hatten die Rettungsaktion zwar unter Tage intensiv verfolgt, aber die Umwandlung des kahlen Berghangs in ein geschäftiges Epizentrum ununterbrochener Tätigkeit war unglaublich. Die Kumpel baten den Piloten, noch eine Extrarunde über dem Gelände zu drehen. Der Hubschrauber neigte sich mit offenen Türen in eine enge Wendeschleife. Die Bergleute besahen sich das Ganze noch einmal und erkannten allmählich die Dimensionen von Operation San Lorenzo.

Der Hubschrauber ließ das Lager hinter sich, flog in geringer Höhe über die Wüstenlandschaft hinweg und folgte dabei der gleichen Straße, auf der die Männer vor zehn Wochen auf dem Weg zu ihrer Morgenschicht in der Mine San José unterwegs gewesen waren. Zwei Angehörige der chilenischen Luftwaffe, die die Gruppe im Hubschrauber begleiteten, baten die Kumpel um Fotos und Autogramme und behandelten sie wie prominente Persönlichkeiten. Die Geretteten trugen immer noch ihre dunklen Sonnenbrillen, als sie auf einem Armeestützpunkt aus dem Hubschrauber stiegen. Zuschauer standen am Sperrzaun, Kinder kletterten auf Bäume, um die Männer sehen zu können, die von donnerndem Applaus begrüßt wurden.

Vom Stützpunkt fuhren sie ins Krankenhaus. Eine Menschenmenge säumte die Straße, warf Blumen und hielt selbstgefertigte Transparente hoch. Die Bergleute befanden sich in einer Art Schockzustand. Vor dem Unglück hatten sie die Welt als mittellose Kumpel erlebt, waren bis zur Unsichtbarkeit anonym gewesen. »Für mich war das eine seltsame Erfahrung. Menschen klatschten Beifall, wohin wir auch kamen«, sagte Samuel Ávalos. »Ich bekam gar nicht richtig mit, was da geschah. Mein Kopf versuchte das Ganze zu ordnen, zu sortieren. Aber ich war kaum in der Lage, das alles zu verarbeiten und mir einen Reim darauf zu machen.«

Der Bus, mit dem die Männer eintrafen, wurde am Eingang des Krankenhauses von einer wogenden Menschenmenge empfangen, die von einer aggressiv vorgehenden Polizeieinheit beiseitegedrängt werden musste. Als die Männer es schließlich ins Krankenhausgebäude geschafft hatten, begrüßte sie dort Dr. Maria Cristina Menafra, die Direktorin, und erklärte, es sei für sie »eine Ehre«, sie medizinisch zu betreuen.

Die Bergleute wurden im dritten Stock des Krankenhauses untergebracht. Bewaffnete Polizisten riegelten diesen Bereich ab, und selbst das Krankenhauspersonal war strengen Zugangsbeschränkungen unterworfen. Familienmitglieder hatten Besuchsrecht, aber nur zu genau festgesetzten Stunden. Die Männer mussten jetzt eine Reihe von Untersuchungen über sich ergehen lassen, auf die Entnahme von Blutproben folgten Röntgenaufnahmen und Befragungen von Psychologen.

Die Männer freuten sich über so lange vermisste Selbstverständlichkeiten wie eine Dusche und ein sauberes Bett und erfassten erst allmählich die Ausmaße der Medienhorde, die sie an diesem Ort belagerte. Samuel Ávalos, der das Zimmer mit Alex Vega teilte, zog den Fenstervorhang nur für kurze Augenblicke zurück, um den Kopf hinauszustrecken und die Phalanx von Reportern zu bestaunen, die mit Mikrofonen, Teleobjektiven und Notepads hantierten. »Wenn ich aus dem

Fenster schaute, waren überall Leute. Manche übernachteten vor dem Krankenhaus, nur um uns sehen zu können.« Die Männer lebten in einem Kokon. Sie konnten sich selbst im Fernsehen betrachten und die pausenlos über den Äther geschickten Kommentare hören, die sich mit der Bedeutung der Rettungsaktion beschäftigten und darüber spekulierten, wann sie wohl aus dem Krankenhaus entlassen würden und wie viele Millionen Dollar ihnen Hollywood- und Fernsehproduzenten angeblich nachzuwerfen bereit waren.

Auf dem Gelände der Mine San José wurde unterdessen die Infrastruktur von Camp Esperanza von zwei miteinander konkurrierenden Trupps abgebaut: von Bediensteten der Unternehmen, die ihre Maschinen und Ausrüstungsgüter zusammenpackten, und von einer umherziehenden Gruppe von Rettungshelfern und Regierungsbediensteten, die sich Souvenirs sicherten. Die Auswahl reichte von winzigen Behältern, mit denen Paloma-Nachrichten verschickt worden waren, bis zu über 100 Kilogramm schweren Bohrspitzen. Camp Esperanza und der Schauplatz der Rettungsaktion wurden, wie einst die Berliner Mauer, Stunde um Stunde in kleine Stücke zerlegt.

Der Eingang des Rettungsschachts wurde mit einem runden Metalldeckel verschlossen, der einem Kanaldeckel glich. Die Regierung sah sich gezwungen, den Schacht und einige wichtige Zugangsstellen zum oberen Bereich des Berges von Polizisten bewachen zu lassen, weil man befürchtete, dass Andenkenjäger, Touristen oder abenteuerlustige Menschen den heimlichen Abstieg in die Tiefe versuchen könnten. Der alte Eingang der Mine wurde praktisch ignoriert, man errichtete dort weder eine Gedenkstätte noch eine feste Absperrung.

Die Männer im Krankenhaus genossen derweil die Freuden, die sich mit dem Atmen frischer Luft verbanden, mit einer Orange, einem Kuss und einem festen Dach über dem Kopf, das nicht einzustürzen drohte, während sie schliefen. Hier hörte man kein tropfendes Wasser mehr, und das war so auffällig, dass manche der Männer erklärten, sie vermissten dieses gewohnte Geräusch aus den Tiefen der Mine. Die gewöhnliche Alltagsroutine bereitete ihnen jetzt große Freude. Ávalos beschrieb das Wunder, grüne Pflanzen zu sehen, Bäume und den Himmel. »Ich schaute zum Horizont und hatte das Gefühl, dass mein Denken sich ganz plötzlich orientierte und all diese Informationen in einem gewaltigen Gedankenwirbel sortierte.« Ávalos sagte, nach seinem Gefühl sei sein Leben von einer zweidimensionalen zu einer dreidimensionalen Daseinsform fortgeschritten. Und er fügte hinzu: »Wir genießen das Leben auf eine Art, die für andere Menschen vielleicht schwer verständlich ist.«

Deutsche Boulevardreporter durchkämmten den Nachrichtenmarkt mit ihrer instinktiven Obsession, die sich hauptsächlich auf Skandale konzentrierte. Sie kauften Briefe auf und bedrängten Familienangehörige, immer auf der Suche nach dem großen Hit. Selbst seriöse Journalisten der BBC, Reporter von *El País,* der *New York Times* sowie von Blättern aus aller Welt versuchten in das Krankenhaus zu gelangen, um exklusive Gespräche mit den Männern führen zu können.

»Ich hoffe, dass die Lawine von Scheinwerfern und Kameras, die auf euch zukommt, nicht so wuchtig ausfällt«, schrieb Hernán Rivera Letelier, ein chilenischer Schriftsteller, in einem Versuch, die Kumpel vor dem Medienansturm zu warnen, der ihnen bevorstand. »Es stimmt, ihr habt eine lange Zeit in der Hölle durchgemacht, aber wenn all das ausgestanden ist, war es dennoch eine Hölle, die ihr kennt. Was jetzt auf euch zukommt, Gefährten, ist eine Hölle, mit der ihr keinerlei Erfahrung habt: die Hölle der Show, die mit Entfremdung verbundene Hölle des Fernsehens. Ich habe nur einen Rat für euch, meine Freunde: Haltet euch an eure Familie. Lasst sie nicht los, lasst sie nicht aus den Augen, gebt sie nicht her. Haltet euch an ihr fest, wie ihr euch an der Kapsel festgehalten habt, die euch nach oben gebracht hat. Das ist die einzige Möglichkeit, die Medienflut zu überleben, die über euch hereinbrechen wird.« Aus der Sicht der Boulevardblätter war dies eine irritierend menschliche Geschichte. Es gab keine Leiche. Keinen Dämon. Keinen blutigen Höhepunkt, der sich für einen kurzen Augenblick vor einem weltweiten Publikum ausschlachten ließ. Die Boulevardmedien betrieben unter dem billigen Deckmantel des öffentlichen »Informationsbedürfnisses« Nachforschungen, die sich am kleinsten gemeinsamen Nenner orientierten. Es war ein Versuch, die weitverbreitete Überzeugung zu bedienen, dass Menschen, die extremen Belastungen ausgesetzt sind, unweigerlich auf barbarische Verhaltensformen zurückgreifen. Die sensationslüsternen Medien wurden, als sie ihren eigenen Vorurteilen folgten, ihrer wichtigsten Aufgabe nicht gerecht: die Menschen zu bilden und zu informieren.

Die Männer im Krankenhaus waren irritiert. Sie hatten sich selbst nie als krank oder psychisch geschwächt eingeschätzt. Abgesehen von ein paar Problemen mit den Zähnen, beschädigten Trommelfellen und Verstauchungen waren sie reif für die Entlassung. Doch die Ärzte weigerten sich. Die medizinische Reaktion auf die Ereignisse war immer noch von Überbehütung und Verfügungsgewalt bestimmt. Nur wenige Ärzte konnten glauben, dass die Männer tatsächlich so gesund waren.

Donnerstag, 14 Oktober

Präsident Piñera besuchte die Männer um 8 Uhr morgens im Krankenhaus und versprach bei dieser Gelegenheit eine radikale Reform der Arbeitsbedingungen nicht nur im Bergbau, sondern auch im Transportwesen und in der Fischereiindustrie. »Das können wir garantieren, wir werden es nie mehr zulassen, dass Sie in unserem Land unter so unsicheren und unmenschlichen

Bedingungen arbeiten müssen«, sagte der Präsident. »In wenigen Tagen werden wir der Nation eine neue Übereinkunft mit der Arbeiterschaft vorlegen.«

Die Männer trugen bei diesem Auftritt Krankenhauskleidung und ihre Sonnenbrillen und nahmen von Piñera eine Herausforderung entgegen: Die Mitarbeiter des Präsidenten und die Bergleute sollten zu einem Fußballspiel gegeneinander antreten. »Die Siegermannschaft bleibt in La Moneda [dem Amtssitz des chilenischen Präsidenten]. Die Verlierer müssen im Bergwerk arbeiten«, scherzte er.

Die Männer lachten und plauderten mit dem medienerfahrenen Präsidenten. Viele der Kumpel sprachen, den eben erst überstandenen Leiden und Qualen zum Trotz, schon wieder über eine Rückkehr zum Bergmannsleben. »Natürlich müssen wir wieder arbeiten. Das gehört zu unserem Leben«, sagte Osman Araya. Alex Vega pflichtete ihm bei: »Ich will in diesen Beruf zurück. Ich bin von Herzen gerne Bergmann. So etwas hat man im Blut.«

Freitag, 15. Oktober

Die Männer waren mit Beklemmungen erwacht. Albträume aus der Mine hatten sie im Schlaf heimgesucht. Einer der Kumpel war mitten in der Nacht aufgewacht und durch die Flure gewandert, auf der Suche nach der nächsten Paloma. Es war Zeit für seine Schicht, und er machte sich auf den Weg, um seine Pflicht zu tun. »Sie träumen von der Mine«, sagte Dr. Mañalich. »Und manche denken weiterhin, sie hätten in der Mine noch Pflichten zu erfüllen.«

Der Druck auf die Ärzte nahm zu, als die Familien verlangten, man solle ihnen ihre Angehörigen mitgeben, und die Bergleute auf ihre Entlassung drängten. »Wir empfinden ein gewisses Unwohlsein, weil wir sehr fragile Menschen in die Obhut ihrer Familien zurückgeben«, sagte Dr. Mañalich, der die Kumpel im

Vorfeld der Entlassung untersuchte. »Es ist höchst unwahrschein-
lich, dass diese Männer in ein normales Leben zurückkehren.«
Zumindest einige der Männer würden unter einer posttrau-
matischen Belastungsstörung leiden, das war so gut wie sicher.
Sepúlveda hatte die Krise als Sprungbrett für die Entwicklung
seiner latenten Führungsfähigkeiten genutzt, aber Edison Peña
beispielsweise konnte weder schnell noch weit genug laufen, um
dem Druck und dem Trauma, das sich mit dem Eingesperrtsein
verband, zu entrinnen. Schon leicht ungewöhnliche Geräusche –
etwa ein metallener Trinkbecher, der zu Boden fiel – ließen die
Männer aufspringen. Mehrere Mitglieder der Gruppe ließen
nachts das Licht an. Andere brauchten Schlaftabletten, um zur
Ruhe zu kommen. Der Psychiater Figueroa ging davon aus, dass
15 Prozent der Kumpel mit ernsthaften psychischen Problemen
zu rechnen hätten, während 15 Prozent zu besseren, belast-
bareren Menschen werden würden, und der Rest würde sich
nach seiner Erwartung irgendwo dazwischen bewegen. Leider
gab es keine eindeutigen Beispiele aus der Geschichte, die sich
zum Vergleich heranziehen ließen. Psychologen können bei der
Behandlung traumatisierter Soldaten oder bei der Betreuung
der Überlebenden von Flugzeugabstürzen auf eine umfangreiche Literatur zurückgreifen. Die Opfer des chilenischen
Bergwerksunglücks durchlebten während ihrer Leidenszeit so
einzigartige Dinge, dass nur wenige der üblichen Regeln für
psychisches Wohlergehen in Betracht kamen.

28 Männer wurden am Freitag, dem 15. Oktober, um 16 Uhr
aus dem Krankenhaus von Copiapó entlassen – trotz der
Ungewissheiten hinsichtlich ihrer psychischen Stabilität. Man
bediente sich eines ausgefeilten Täuschungsmanövers, um die
Männer unter der Augen der Weltpresse aus dem Krankenhaus
schmuggeln zu können. Am Haupteingang fuhren, in einer bewusst auffälligen Inszenierung, Krankenwagen ab, in denen sich
angeblich Bergleute befanden, während die sich in Wirklichkeit
zum Hinterausgang hinausschlichen. »Ich habe lange für den

Geheimdienst gearbeitet«, eröffnete ein lächelnder Dr. Jorge Díaz auf die Frage, wie er die heimliche Aktion organisiert hatte.

Omar Reygada war so täuschend echt als Kriminalbeamter verkleidet worden, dass er sich unbehelligt im Medienpulk bewegen und Fotos von den Journalisten machen konnte. Andere Kumpel wechselten die Kleidung, legten die Sonnenbrillen ab und verließen das Krankenhaus Arm in Arm mit Frauen, die zur Ablenkung als ihre Ehefrauen posierten. Die Kumpel verließen das Haus entspannt plaudernd und wurden nach Hause oder in ein Hotel gebracht.

Samuel Ávalos ging in eine Pension, wo ihn ein Zimmer mit eigener Dusche und eine sehnsuchtsvolle Frau erwarteten. »Ich fiel über meine Frau her. Es war so eine lange Zeit gewesen. Ich war wie ein Tier«, sagte er. »Aber ich konnte nicht schlafen. Mir drehte sich alles. Keine Chance. Mein linker Arm zuckte. Mein Körper war nicht entspannt. Völlig verkrampft, ich war nicht ich selbst. Ich hatte ein seltsames Gefühl, als ich meinen eigenen Körper berührte. Ich wusste nicht, was ich davon halten sollte, als ich in den Spiegel schaute. Das waren nicht meine Augen.«

Die Bergleute staunten über den Empfang, der ihnen nach der Entlassung aus dem Krankenhaus von Copiapó zuteilwurde. »Ich hatte nicht geglaubt, dass ich jemals zurückkommen würde, deshalb haute mich dieser Empfang wirklich um«, sagte Edison Peña. Mit den Tränen kämpfend fügte er hinzu: »Wir haben wirklich eine schlimme Zeit durchgemacht.«

Die Medien standen Schlange vor den bescheidenen Wohnungen der Bergleute, und es entwickelte sich eine neue Informationsökonomie. Der bolivianische Bergmann Carlos Mamani verlangte eine feste Gebühr pro Frage. Andere Kumpel kassierten Tausende von Dollars und weigerten sich anschließend, über irgendwelche Details aus der Zeit ihrer Gefangenschaft zu sprechen. Die gegenseitigen Beschuldigungen häuften sich, denn die Reporter fühlten sich ausgenommen, und die Bergleute hielten es für gerechtfertigt, wenn sie abkassierten.

Yonni Barrios schaffte es kaum bis zu seiner Haustür. Eine aufdringliche Medienmeute kämpfte um das Recht, über ihn zu berichten. Die medizinische Versorgung der 32 Gefährten war Barrios eine tägliche Pflicht gewesen, aber sein Liebesleben sorgte für sehr viel mehr Schlagzeilen, denn sowohl seine Frau als auch Susana Valenzuela, seine Geliebte, wollte ihn für sich vereinnahmen.

Barrios entschied sich für Valenzuela als feste Partnerin. Bei einem kurzen Pressegespräch brach er in Tränen aus, als er seine Rolle als Arzt beschrieb:»Ich habe dort unten nur meine Pflicht getan. Ich tat mein Bestes, um meinen Kollegen zu helfen, die für mich jetzt gute Freunde sind.«

Barrios weigerte sich nach entsprechenden Fragen, Einzelheiten über die ersten 17 Tage zu berichten, und berief sich dabei auf den »Schweigepakt«. Jimmy Sánchez, der jüngste der Gruppe, kritisierte jedoch in einem Interview Urzúa als glücklosen Anführer.»Mario Sepúlveda war der Mann, der uns anführte«, sagte Sánchez.

Aber wo war Sepúlveda? Die Presse verlangte eine Antwort. In den Presseerklärungen des Krankenhauses hieß es, Sepúlveda sei erschöpft und benötige Ruhe. In informellen Gesprächen räumten Ärzte jedoch ein, dass Sepúlveda gegenwärtig noch – gegen seinen Willen – zurückgehalten werde, um ihn vor dem zu schützen, was Ärzte und Psychologen als unerträglichen Druck vonseiten der Medien bezeichneten.

Sepúlveda, erneut festgehalten, aber diesmal von seinen Rettern, war ungehalten. Er wollte das Krankenhaus verlassen. Dr. Romagnoli kam zu Besuch und traf Sepúlveda unter Medikamenteneinfluss und in verwirrtem Zustand an. Sepúlveda flehte Romagnoli an:»Bringen Sie mich hier raus. Die stellen mich ruhig. Das hier ist ein Irrenhaus. Sie geben mir Spritzen.«

Die Medikamente machten Sepúlveda schläfrig und nervös. »Sie gaben ihm Haldol«, sagte Dr. Romagnoli und fügte hinzu, das Medikament, das bei der Behandlung von akuten Psychosen und Schizophrenie eingesetzt werde, wirke so stark, dass der Patient »betäubt« sei.

»Er wurde mit Diazepam vollgepumpt [einem Beruhigungsmittel], um ihn besser kontrollieren zu können. Er war verzweifelt«, sagte Dr. Romagnoli, der beschloss, es sei an der Zeit, Sepúlveda zu befreien, selbst wenn es dazu einer Prügelei bedurfte. »Ich redete mit Iturra und sagte ihm: ›Lass ihn da raus, oder es wird einen Skandal geben, weil ich ein paar Polizisten niederschlagen und in den Knast wandern werde.‹ Glück sollte nicht als Krankheit behandelt werden.«

Sepúlveda wurde in aller Heimlichkeit in einen Krankenwagen verfrachtet und zu einer nahegelegenen Klinik geschmuggelt. Dabei gelang es abermals, die das Krankenhaus belagernden Medien abzuschütteln. Sepúlveda stand jetzt kurz vor der endgültigen Freilassung. Seine Frau Katty Valdivia beschrieb ihren Ehemann als hyperaktiven Menschen, der vor Energie berste: »Sie verstehen Mario nicht – er ist einfach so.«

Samstag, 16. Oktober

31 Männer waren bis zum Samstag, dem 16. Oktober, aus dem Krankenhaus von Copiapó entlassen worden, aber Sepúlveda und Zamora hielt man immer noch fest. Zamora hatte einen schwer entzündeten Zahn. Sepúlveda wurde um zehn Uhr morgens entlassen und begab sich umgehend zu einer angemieteten Wohnung, um dort eine lange aufgeschobene Geburtstagsfeier mit seiner Familie nachzuholen. Seinen 40. Geburtstag hatte er am 3. Oktober unter Tage eingeschlossen verbracht. Jetzt war die Zeit für eine Feier mit Katty und seinen Kindern gekommen.

Den hyperaktiven Sepúlveda hielt es während des gesamten Geburtstagsmahls kaum auf seinem Stuhl. Er verschwand in einem Nebenzimmer und fing an – wie ein Kind, das verloren geglaubte Spielzeuge wiederentdeckt –, die verschnürten Päckchen auszupacken, die er aus der Mine nach oben geschickt hatte. Er schleppte eine Kiste mit grob verpackten Rohren, die etwa die Größe eines Baseballschlägers hatten, ins Wohnzimmer. Hektisch schnitt er ein Rohr auf und zog den Inhalt heraus: Plastikflaschen, die mit Mineralien und Kristallen aus der Mine gefüllt waren. »Das sind Überreste von unserer letzten Explosion, als wir frisch verschüttet waren und niemand uns hören konnte«, erklärte Sepúlveda. »Es ist ein Symbol unserer Hoffnung und unserer Versuche, aus der Mine herauszukommen. Ich gebe das nur Menschen, die mir wichtig sind.«

Dann zog Sepúlveda Briefe heraus, die er unter Tage erhalten hatte. Bei der Lektüre veränderte sich sein Gesichtsausdruck. Das Lächeln verschwand, Tränen liefen ihm übers Gesicht. Es schnürte ihm die Kehle zu, als er versuchte, die plötzlichen Erinnerungen an die harten Tage und Wochen zu erklären, die ihn überwältigten. Dann erklärte er, dass er gehen wolle. Sofort. Es zog ihn an den Ort, von dem er während der Zeit der Verschüttung am häufigsten geträumt hatte: an den Strand.

Auf der Fahrt dorthin redete Sepúlveda wie ein Mann, der erst vor Kurzem aus dem Gefängnis entlassen worden war. Alles zog seine Aufmerksamkeit auf sich, beim Verkehrslärm angefangen bis hin zur Mühelosigkeit, mit der man Nahrungsmittel kaufen, sich eine Limonade aussuchen und sich frei bewegen konnte. Er sagte: »Jetzt weiß ich all das erst richtig zu schätzen.« Er nahm zwei leere Wasserflaschen in die Hand, die auf dem Boden des Autos lagen. »Seht her, mit diesen zwei Flaschen kann man duschen. Eine braucht man zum Einseifen, und dann spült man sich mit der anderen ab.«

Der Strand in der Nähe von Caldera war menschenleer. Die Sonne verbarg sich hinter einer grauen Wolkenbank. Vom Meer her wehte eine warme Brise, und Schwärme von Seemöwen suchten dort, wo die Wellen ausliefen, nach etwas Essbarem. Sepúlveda begann mit seinem Sohn ein Fußballspiel. Dann hielt er inne, um den Augenblick zu genießen. »Wisst ihr, wovon ich immer geträumt habe, solange ich dort unten festsaß? Das war mein schönster Traum: am Strand zu baden!«

Während er sprach, fiel Sonnenlicht durch eine Wolkenlücke, und auf einem Meeresstreifen spiegelten sich goldene Lichtkegel. »Das ist das göttliche Licht, das Licht der Hoffnung«, sagte Sepúlveda. »Als die erste Paloma zu uns herunterkam, zeigte ich auf das Loch und sagte zu meinen Kameraden: ›Das ist das Licht und die Tür, die uns hoffen lässt. Und darüber, meine Freunde, liegt das Paradies.‹«

»Ich möchte, dass die Welt etwas von uns lernt. Dass sie lernt, wie man leben sollte. Wir alle haben unsere guten und unsere schlechten Seiten. Wir müssen lernen, wie wir unsere guten Seiten pflegen können«, sagte der Mann, der aus eigenem Erleben wusste, wie zerbrechlich das Leben war. »Unser Leben kann in zwei Minuten vorbei sein. Was nützt all das Geld, wenn du tot bist? Sieh mich an. Ich bin glücklich. Zwei Monate ohne einen Peso und ich bin glücklich.« Er zeigte zuerst auf die Wellen, dann auf den Himmel und sagte: »Das ist das Leben.«

Sepúlveda schnippte den Fußball beiseite, rannte mit seinem Sohn am Strand entlang, scheuchte Möwen auf, dann riss er sich das Hemd vom Leib, schleuderte die Schuhe von sich, ließ die Shorts fallen und rannte nackt und mit ausgestreckten Armen in die Brandung. Die Familie klatschte Beifall, als die Wellen seine Knöchel umspielten.

Mario Sepúlveda, der Anführer der 33, badete und tollte mit kindlicher Freude im Wasser herum.

Sonntag, 17. Oktober

Zwölf Bergleute kehrten vier Tage nach ihrer Rettung zur Mine San José zurück, um diese traumatische Lebensphase zu beenden und ihren Frieden mit den damit verbundenen Erlebnissen zu machen.

In den Überresten von Camp Esperanza war ein Dankgottesdienst geplant, und führende Vertreter des religiösen und politischen Lebens sowie der Rettungsaktion versammelten sich, um einen Schlusspunkt unter diese Leidenszeit zu setzen. Vor einem von Polizisten bewachten Zelt entwickelte sich die Veranstaltung rasch zu einem Brüllduell zwischen der Polizei und einer Gruppe von Bergleuten aus der Mine San José, der die Teilnahme am Gottesdienst verwehrt wurde. Nach den Vorgaben der Regierung waren nur die 33 zum Gottesdienst eingeladen. Ihre Arbeitskollegen aus der Mine San José waren aufgebracht. Auch sie hatten gelitten, viele von ihnen hatten sich als Freiwillige wochenlang an der Rettungsaktion für ihre Kollegen beteiligt. Das hier war ihr Arbeitsplatz. Ihr Schweiß und ihre Leiden waren jetzt unauflöslich mit diesem Berg verbunden, und sie fühlten sich wie Eindringlinge behandelt. Es kam zu Rangeleien mit den Polizisten. Protestierende Bergleute aus der Mine kritisierten lautstark, dass die Minenbetreiber den ausstehenden Lohn nicht gezahlt hatten.

Die Sicherheitskräfte verweigerten auch den Vertretern der Bergarbeitergewerkschaft den Einlass. Die waren gekommen, um die erfolgreiche Rettung zu feiern und die Zahlung der Lohnrückstände an die Kumpel einzufordern. Die Minenbetreiber ließen sich nicht blicken. Vermutlich arbeiteten sie an einer Verteidigungsstrategie gegen die zu erwartende Prozesswelle, in die sie wohl jahrelang verstrickt sein würden. Würde man sie zu Gefängnisstrafen verurteilen? Mussten sie mit gewaltigen Geldstrafen rechnen? Die Mühlen der chilenischen Justiz würden einige Zeit brauchen, um Klarheit zu schaffen.

»Sie wollen das Geld auf elf Monate verteilt in Raten auszahlen«, sagte Evelyn Olmos, eine Gewerkschaftssprecherin, die die Betreiber der Mine San José wegen dieser Haltung kritisierte. »Wir brauchen es aber jetzt.« Unter diesem anhaltenden Druck erklärten sich die Minenbetreiber schließlich bereit, die ausstehenden Löhne zu bezahlen.

»Wir kamen hierher, als keiner mehr glaubte, dass unsere Kollegen noch am Leben waren. Alle Kumpel – wir wussten, dass sie lebten, und wir brachten unsere Solidarität und unseren Glauben mit«, erklärte Javier Castillo, ein örtlicher Gewerkschaftsführer. »Und jetzt, wo sie am Leben sind und der normale Arbeitsalltag weitergehen soll, lassen sie nur ein paar von uns zum Gottesdienst zu und schließen die anderen aus. Das tut weh.«

Castillo hatte lange für die Schließung der Mine gekämpft. Fast ein Jahrzehnt lang hatte er miterlebt, wie Bergleute bei zahlreichen Unfällen verstümmelt und getötet wurden. Die Liste der Opfer war, so hatte es den Eindruck, genauso umfangreich wie der stetige Strom von Lastwagen, der das wertvolle Gold- und Kupfererz aus der Tiefe des Berges fortschaffte. Als weitere Einzelheiten über die Zustände in der Mine bekannt wurden, wurde die Kritik an den Betreibern immer lauter. Manuel González, der erste Retter, der mit der Phönix-Kapsel in die Mine einfuhr, war entsetzt gewesen über das, was er dort unten zu sehen bekommen hatte.

»Es fehlte an den einfachsten Dingen«, berichtete er dem staatlichen Fernsehsender TVN. »Ich war 25 Stunden lang dort unten, bei Temperaturen von 40 Grad Celsius, [...] und die Luftfeuchtigkeit lag bei fast 100 Prozent. Wenn ich mir die ersten 17 Tage vorstelle, als sie noch völlig abgeschnitten waren, [...] das muss furchtbar gewesen sein.«

Samuel Ávalos wartete nach dem Gottesdienst, bis sich die Reihen der Journalisten gelichtet hatten, dann verkleidete er sich und begann mit der Erkundung von Camp Esperanza. Für ihn war das eine fremde Welt. Monatelang war er täglich durch dasselbe Areal gefahren, an kahlen Felshaufen vorbei. Jetzt lagen überall Kabel herum, parkten Wohnmobile, gab es Hinterlassenschaften der Belagerung. Ávalos erhielt die Erlaubnis, den Rettungsschacht zu besichtigen, über den er in Sicherheit gebracht worden war. »Ich fand das Loch sehr klein«, sagte er. »Ich kann mir immer noch nicht erklären, wie ich aus diesem Loch überhaupt herausgekommen bin. Ich verstehe es nicht. Es war zweifellos eine Wiedergeburt.«

Dann schimpfte er auf den Berg. »Diese Mine war heimtückisch. Wenn man sie beleidigte, warf sie mit Steinen nach einem. Sie war ein Lebewesen. […] Also pisste ich auf die verdammte Mine, beleidigte und beschimpfte sie dabei.« Dennoch bewahrte Ávalos sich einen tiefen Respekt vor der Mine. »Wenn mich die Mine töten will, wird sie das tun, selbst wenn ich jetzt hier draußen bin. Sie hat diese Macht.«

Eine andere Gruppe geretteter Kumpel begab sich zum Eingang der Mine. Von außen starrten die Männer auf das gähnende Loch. Dann nahmen sie eine Handvoll Steine und warfen sie unter Beschimpfungen in die stumme Öffnung. Für dieses Mal behielten sie die Oberhand. Die Mine wusste keine Antwort.

Epilog: Triumph der Hoffnung

Eine Mischung aus Pech, Schicksal und in letzter Minute getroffenen Entscheidungen sorgte dafür, dass die 33 Bergleute am 5. August 2010 in die Mine San José einfuhren.

Mario Sepúlveda verpasste den Bus, der ihn zur Arbeit bringen sollte. An jenem schicksalhaften Morgen reiste er auf einer einsamen Straße per Anhalter und erschien mit mehreren Stunden Verspätung zur Schicht. Samuel Ávalos war gar kein Bergmann. In einer kleinen chilenischen Stadt verkaufte er illegal kopierte CDs. Ein Verwandter nahm ihn nach San José mit und sagte, das sei eine neue Chance für ihn. Carlos Mamani hatte nicht einmal einen Arbeitsvertrag. Er war als Schwarzarbeiter dort, um etwas Geld für den Lebensunterhalt seiner neugeborenen Tochter Emili dazuzuverdienen.

Jedes Mal, wenn in der Mine San José eine neue Schicht begann, betraten die Männer eine Welt, die dafür bekannt war, dass sie Tribut verlangte. Sie fuhren in eine Mine ein, die man als rachsüchtigen Geist kannte, der nicht zögerte, seinen Zorn durch einen Steinhagel kundzutun, mit dem er die Arbeiter eindeckte. Die 33 waren keine Durchschnittstypen. Schon vor dem Einsturz der Mine waren sie Opfer. Bevor man überhaupt daran dachte, in der Mine San José zu arbeiten, bedurfte es schon eines Zusammentreffens von Pech, schwierigen Lebensumständen und ungeheurer Tapferkeit.

Unfälle gehörten zum riskanten Arbeitsalltag. Brachte ein Mann eine Zwölf-Stunden-Schicht hinter sich, ohne zerquetscht zu werden, hatte er weitere 75 Dollar in der Tasche. Überlebte er eine ganze Woche, verdiente er 525 Dollar. Mit Sonderschichten und Überstunden kamen manche der Männer auf einen Monatsverdienst von 2000 Dollar. Die Betreiber der Mine San José zahlten etwa 30 Prozent mehr, als man in Minen vergleichbarer Größe in dieser Region bekam. Diese Praxis ähnelt der Situation bei Streitkräften und beim Diplomatischen Korps, wo man für die Tätigkeit in einem Kriegsgebiet einen Gefahrenzuschlag erhält.

Bei dem Unglück am 5. August hätte es eigentlich Tote geben müssen. Ein derart massiver Einsturz hätte zu jeder anderen Tages- oder Nachtzeit zumindest einige der im Minenlabyrinth verstreuten Abbautrupps zerschmettert und für immer unter sich begraben. Aber der Berg gab zur Mittagszeit nach, genau zu dem Zeitpunkt, als die Männer zum Schutzraum unterwegs waren, um dort ihr Mittagessen einzunehmen, als sie ihre Werkzeuge aufräumten oder sich für die Fahrt mit dem Transportfahrzeug bereitmachten, hinauf zur heißen Wüstensonne, zu frischer Luft und ihrem Essen. Sobald sie hinter einem Felsblock von der Größe eines Wolkenkratzers festsaßen, hatten die Kumpel so gut wie nichts mehr zu essen und keinerlei Fluchtchance. Sich einen Weg durch diese Felsschicht zu bahnen hätte nach Schätzungen ein ganzes Jahr gedauert.

Viele der Kumpel haderten mit ihrem Schicksal, als sie über 17 Tage hinweg langsam verhungerten: »Wenn nur ...«, »Hätte ich doch ...«, »Warum ich?«

Das langsame Sterben ließ ihnen mehr als genug Zeit, um eine Lebensbilanz zu ziehen, um sich über ihre Leistungen, Fehlschläge und die Familiensituation klar zu werden. Die Bilanz war nicht schmeichelhaft. Viele der Männer hatten ihren Verdienst für billige Vergnügungen vergeudet, hatten Ehefrauen oder Freundinnen und ihre Kinder im Stich gelassen. Andere waren alkohol- oder drogensüchtig geworden. In dieser Gruppe zählten Großzügigkeit und Altruismus nicht unbedingt zu den bemerkenswerten Charaktereigenschaften.

Der Arbeitsalltag in der San Mine José eignete sich kaum zur Introspektion oder Selbstvervollkommnung. Die tägliche Gefahr war so allgegenwärtig, dass es kaum überraschen konnte, wenn die Männer, kaum waren sie sieben Tage lang unversehrt geblieben, nichts dabei fanden, ihren Lohn für billigen Fusel, geheime Liebschaften und andere ähnlich entbehrliche Zerstreuungen zu verschwenden.

Und dann geschah ein Wunder. Die Männer gaben keinen tierischen Instinkten nach und ließen auch nicht jeden Anstand fahren, wie das in William Goldings Roman *Der Herr der Fliegen* so anschaulich beschrieben ist, sondern orientierten sich am Kernbestand ihrer Menschlichkeit und hielten konsequent daran fest.

Anstatt sich um eine Dose Thunfisch zu streiten, teilten sie den mageren Inhalt in fingerhutgroße Portionen auf. Eine einzige Dose mit Pfirsichhälften genügte für ein gemeinsames Festessen. Sie ließen nicht zu, dass nackte Gewalt regierte, sondern trafen sich zu einer täglichen Versammlung, bei der die wichtigen Fragen ausdiskutiert und dann zur Abstimmung gestellt wurden. »Wir waren 33, also waren 16 plus einer die Mehrheit.«

Familienangehörige der eingeschlossenen Männer eilten bereits in den ersten Stunden nach dem Einsturz an den Unglücksort, errichteten Gedenkschreine und beschworen Politiker, die Männer nicht abzuschreiben. Dabei ignorierten sie ganz bewusst jegliche Logik und Wahrscheinlichkeit und klammerten sich an eine feste Überzeugung: Natürlich waren alle Männer am Leben. Der einzige Zweifel bezog sich darauf, wie lange ihre geliebten Angehörigen diese zerbrechliche Verbindung zum Leben aufrechterhalten konnten.

Zehn Wochen lang hielten 33 Männer zusammen und kämpften gemeinsam. Sie entwickelten einen Gemeinschaftsgeist, der sie, die in einer Tiefe von 700 Metern in einem Bergwerk festsaßen, überleben ließ. Die Familien kamen zusammen, Retter entwickelten mehrgleisige Pläne für die Bergung der Männer, und dennoch plante die chilenische Regierung bereits ihre Beerdigung und ließ ein weißes Kreuz entwerfen, das am Unglücksort zu ihrem Gedenken aufgerichtet werden sollte. Statistiken, die auf Präsident Piñeras Schreibtisch landeten, behaupteten, es bestehe nur eine Zwei-Prozent-Chance, dass *irgendeiner* der Bergleute überlebt habe. Letztlich kamen Glaube und Technologie zusammen und versetzten im wahrsten Sinn des Wortes einen Berg. Die Familien, die Bergleute, die Retter und die Medien der Welt demonstrierten in wachsendem Umfang die Fähigkeit, für das Gemeinwohl zu arbeiten.

Die Gesamtkosten der Rettungsaktion wurden auf etwa 20 Millionen Dollar geschätzt – rund 600 000 Dollar pro Kumpel. Diese Endsumme wurde nicht nur nicht in Frage gestellt, in vielen Fällen traf auch nie eine Rechnung ein. Bergbauunternehmen wie Precision Drilling, Minera Santa Fé, Center Rock, Anglo American, Geotec, Codelco, Collahuasi und Dutzende weitere bestritten die Kosten einfach aus der eigenen Kasse.

Während die Rettungsaktion noch andauerte, trafen Spenden aus Japan, Kanada, Brasilien, Deutschland, Südafrika und den Vereinigten Staaten ein. United Parcel Service übernahm den kostenlosen Transport von 12 Tonnen Bohrmaterial. Oakley schickte eine kleine Kiste mit 33 Sonnenbrillen. Maschinistenteams von Center Rock in Pennsylvania entwickelten in Überstunden eine neuartige Bohrspitze. Nach Schätzungen arbeiteten für jeden eingeschlossenen Bergmann etwa 30 bis 50 Personen Vollzeit an dessen Rettung. Das Messezelt im Camp Esperanza hörte sich zur Mittagszeit an wie die Vereinten Nationen, man begegnete dort koreanischen Journalisten, brasilianischen Ölarbeitern, NASA-Ärzten, chilenischen Feuerwehrmännern, kanadischen Bohrarbeitern und dem aus Colorado stammenden, baumlangen Jeff Hart, dem besten Bohrmeister der Welt.

Samuel Ávalos antwortete auf die Frage nach den Lehren aus der Zeit der Verschüttung: »Wir sind so vergänglich wie eine Sekunde. In dem Augenblick, in dem man es am wenigsten erwartet, ist alles vorbei. Lebe und genieße das Heute. Den kurzen Augenblick. Mach nicht zu viele Pläne. Begreife, dass deine Probleme so viel kleiner sind als das, was wir erlebten. [...] Bewahre dir immer die Fähigkeit, Schwierigkeiten zu überwinden, anderen zu helfen.«

Wie konnte ein derart bunt zusammengewürfelter Haufen, der aus verzweifelten Bergleuten und ihren Familien bestand, zu einem Musterbeispiel für emotionale Intelligenz werden? Nur wenige dieser Männer waren gut ausgebildet, hatten beruflichen Erfolg oder waren imstande, ihre Zeit sinnvoll mit ihrer Familie zu verbringen. Die Männer waren abgehärtet, Überlebende, die in anonymen Ecken einer dunklen Höhle schufteten, in der nur wenige Menschen auch nur eine einzige Schicht überstehen würden.

Kollegen kamen ums Leben. Kollegen wurden verstümmelt. Und es fehlte nicht an Neulingen, die schnell die freigewordenen Plätze einnahmen. Diesen Arbeitern – es gibt sie in jedem Land der Erde – war die Vorstellung von einer gerechten Welt oder von einer Meritokratie so fremd wie die Prozedur beim Besteigen eines Flugzeugs oder beim Antrag auf einen Reisepass. Und doch gaben sie der Welt ein Beispiel, wurden zum Symbol für den Überlebenswillen. Sie erinnerten uns kurz daran, dass nicht nur das Böse, sondern auch das Gute existiert. Und sie erinnerten daran, dass in einer immer stärker vernetzten Welt ein einziges Ereignis genügt, um uns zusammenzubringen.

Als eine Gruppe von Fanatikern im Jahr 2001 den Anschlag auf das World Trade Center verübte, war die Welt augenblicklich in verschiedene Lager gespalten. Aus den denkbar schlechtesten Gründen blockierte Uneinigkeit plötzlich das gegenseitige Verständnis. Es gab Ausbrüche von Rassismus und Tribalismus. Die »Wir gegen sie«- und die »Shock and Awe«-Mentalität wischten ein sich entwickelndes globales Bewusstsein beiseite. Dann druckte die französische Tageszeitung *Le Monde* die berühmte Schlagzeile »Wir sind alle Amerikaner«. Das war kein Augenblick zum Feiern. Es war vielmehr ein Eingeständnis der Niederlage, ein Bekenntnis zu der Vorstellung, es sei jetzt an der Zeit, der brutalsten Taktik mit noch brutalerer Gewalt zu begegnen. Es begann eine Ära, die von Terrorismus und Folter geprägt wurde. Guantánamo wurde zum Symbol des neuen finsteren Zeitalters.

Die Rettung der chilenischen Bergleute war das Gegenbild zum 11. September 2001. Sie stellte menschliche Wohltätigkeit in den Mittelpunkt, Brüderlichkeit und die Vorstellung von einem globalen Dorf, das auf den Altruismus setzt. Die Medien der Welt waren auf die Ereignisse um das chilenische Bergwerk fixiert, und das war eine Abkehr von der üblichen Kriegs-, Massaker- und Wetterkatastrophen-Berichterstattung. War das nur ein Strohfeuer? Oder war es ein kurzes Schlaglicht auf das gewaltige Reservoir an Verständigungs- und Hilfsbereitschaft, die für ein weltweites Anliegen immer mobilisiert werden können?

Das weltumspannende Interesse an den chilenischen Bergleuten hatte ebenso viel mit dem Zustand des Planeten wie mit dem Schicksal der eingeschlossenen Männer zu tun. Jahr für Jahr werden Tausende von Bergleuten verschüttet und sterben. Hunderte Kumpel werden gerettet. Der Weltpresse fehlt es nicht an guten Nachrichten von weltweitem Interesse. Wenn sich Reporter und Redaktionen genug Zeit für die Recherche nehmen, werden sie auch auf zahllose Helden stoßen. Im August 2010 schien der Welt die Hoffnung abhandengekommen zu sein, nach einem Jahrzehnt, das von Experten als »Zeitalter des

Terrors« bezeichnet wird. Aber die Tapferkeit von 33 Männern und eine Gruppe großzügiger und hartnäckiger Retter brachte die Menschen weltweit zusammen. Zumindest einen Augenblick lang konnten wir sagen: »Wir sind alle Chilenen.«

Anmerkung des Autors

Zur Übersetzung aus dem Spanischen

Das chilenische Spanisch hat bekanntlich eine außerordentlich große Fülle an Slangausdrücken. Zudem wimmelt der Bergarbeiterjargon nur so vor obszönen Ausdrücken. Das Zusammentreffen dieser beiden Fakten macht eine wörtliche Übersetzung der Äußerungen so gut wie unmöglich. In vielen Fällen ist das von den Bergarbeitern, Rettungshelfern, Angehörigen und Politikern verwendete Spanisch so übersetzt worden, dass das Wesen und die Bedeutung der Aussagen erhalten blieben. Viele obszöne Ausdrücke wurden ganz einfach entfernt, nicht unbedingt, weil sie besonders beleidigend wären, sondern weil sie in anderen Sprachen schlichtweg keinen Sinn ergeben. Der Autor und der Verlag haben die Intention der Wörter beibehalten, aber recht frei übersetzt, um einen kohärenten Stil zu erreichen. In Anbetracht der Tatsache, dass mehrere Übersetzer zum Einsatz kamen, existieren ohnehin vermutlich geringfügige Meinungsverschiedenheiten, wie man das reichhaltige Sprachgefüge des chilenischen Spanisch am besten einem globalen Publikum näher bringt.

Zu den Datums- und Uhrzeitangaben

Dieses Buch stützt sich auf Interviews mit ungefähr 120 verschiedenen Teilnehmern an der Rettungsoperation, darunter die Mehrzahl der verschütteten Kumpel, Präsident Piñera und führende Ingenieure und Akteure. Wegen der Einzigartigkeit ihres unterirdischen Gefängnisses und der Monotonie der Gefangenschaft waren die Kumpel nicht immer imstande, die genaue Uhrzeit und das Datum bestimmter Vorkommnisse zu bestätigen. Ohne Tageslicht oder Dunkelheit, um die Tageszeit zu bestimmen, ist diese Form der Verwirrung nur zu verständlich.

Der Autor hat versucht, die verwirrenden Angaben sinnvoll zu ordnen, und hat volles Verständnis dafür, weil er selbst einmal vor lauter Anspannung acht Tage lang weder dazu kam, die Kleidung zu wechseln, noch zu duschen oder wenigstens die Schuhe auszuziehen. Müdigkeit und Erschöpfung waren während der letzten 20 Tage der Rettungsaktion allgegenwärtig. Der Autor betont, dass trotz wiederholter Anstrengungen, einige Passagen zu klären, noch manche Widersprüche sogar unter den Teilnehmern selbst bestehen bleiben. Das liegt in der Natur besonders dramatischer Ereignisse.

Exklusiver Zugang

Viele Informationen und Interviews in diesem Buch standen den Tausenden von Journalisten im Camp Esperanza nicht zur Verfügung. Zu Beginn der Rettungsaktion berichtete ich wie andere Reporter auch von einer Position hinter den Absperrungen aus. Als mir jedoch das Ausmaß und die Dramatik bewusst wurden, bat ich die Asociación Chilena de Seguridad (ACHS), die Versicherungsgesellschaft, die für einen großen Teil der Rettungsoperation zuständig war, um Erlaubnis, ihre bemerkenswerten Anstrengungen zu dokumentieren. Ich berichtete für mehrere Medien über das Drama, unter anderen für die *Washington Post* und den *Guardian*. Die ACHS stimmte sofort zu und verschaffte mir eine halbtägige Führung durch das Gelände und Informationen zum Ablauf der Rettungsoperation. Anschließend erklärten sie mir, die Tour sei vorüber.

Ich bat um die Erlaubnis, bleiben und weiterhin vor Ort berichten zu dürfen. In diesem Fall bräuchte ich, so hieß es, einen Ausweis des Rettungsteams. Ich füllte die entsprechenden Formulare aus, schrieb, dass ich Autor sei, und erhielt Passierschein Nr. 204. In den folgenden Wochen durfte ich meist aus der ersten Reihe der Rettungskräfte berichten, Notizen machen und filmen. Ich machte nie ein Hehl daraus, dass mein Job hier der eines Vollblutreporters war.

Die Oakley-Sonnenbrillen

Ich will nicht verschweigen, dass ich stolz darauf bin, von mir sagen zu können, dass die Kumpel ihre Sonnenbrillen von Oakley nicht zuletzt mir zu verdanken haben. Bei einer Planungssitzung zwischen Codelco und der chilenischen Marine Anfang September stellte sich heraus, dass die Bergleute einen hochwertigen Schutz für die Augen brauchen würden, sobald sie die Mine verließen. Bei der komplexen Logistik der Planung hatten die Regierungsvertreter mit anderen Aufgaben alle Hände voll zu tun und wussten nicht recht, wie sie die Sache mit den Sonnenbrillen angehen sollten. Sieben Jahre zuvor hatte ich Erik Poston, einen Vertreter von Oakley, kennengelernt. Ich hatte immer noch seine Visitenkarte bei mir. Also schrieb ich ihm eine E-Mail und schlug ihm vor, dem chilenischen Rettungsteam 35 Sonnenbrillen (zwei als Reserve) zu schicken.

Dank

Beim Schreiben dieses Buches unmittelbar nach dem Drama um das Grubenunglück in Chile hatte ich unzählige Herausforderungen zu bewältigen und musste wohl ebenso viele Opfer bringen. An erster Stelle möchte ich meiner Frau Toty Garfe dafür danken, dass sie die monatelange Abwesenheit ihres Gatten akzeptierte. Und meinen Töchtern Kimberly und Amy – es tut mir leid, dass ich euren Geburtstag verpasst habe. Zoe, die Fotos von deiner Taufe sind großartig, ich wäre gerne dabei gewesen. Susan, meinen Glückwunsch zu den vielen Medaillen im Turmspringen, das Video habe ich mir angeschaut. Maciel, wie hast du es geschafft, in nur zwei Monaten 15 Zentimeter zu wachsen? Francisca, meine älteste Tochter, deine Loyalität zu deinem durch die Weltgeschichte reisenden Dad weiß ich sehr zu schätzen.

Ganz besonders danken möchte ich Annabel Merullo, Caroline Michel, Juliet Mushens, Alexandra Cliff und dem Team von PFD. Ihr habt das Potenzial dieses Buches als Erste erkannt und es gekonnt auf der Frankfurter Buchmesse und auf höherer Ebene begleitet. George Lucas von Inkwell Management steuerte dieses Buch durch den Dschungel des amerikanischen Verlagswesens und brachte mich schließlich zu Putnam, wo Marysue Rucci und Marilyn Ducksworth maßgeblich daran beteiligt waren, aus dem Manuskript ein hübsch gestaltetes, sorgfältig herausgegebenes und landesweit bekanntes Werk zu machen. Diane Lulek und Michelle Malonzo bei Putnam warfen beide ihre Terminpläne über den Haufen, um meine unzähligen Fragen zur Veröffentlichung meines ersten Buches zu beantworten. Bill Scott-Kerr und Simon Thorogood bei Transworld Publishing in London danke ich für die anfängliche Unterstützung bei diesem Projekt – sie ermöglichten erst die Realisierung. Bob Bookman und dem Team bei CAA schulde ich für den unerschütterlichen Optimismus in dem Wahnsinn der Filmproduktion von Hollywood Dank. Schließlich danke ich Colin Baden, Diane Thibert, Rachel Mooers von Oakley für ihr großzügiges Geschenk an die Kumpel.

Meinem Vater Tom Franklin bin ich ebenfalls zu Dank verpflichtet, weil er meine überlange Hausarbeit wie gewohnt auf die Fakten überprüfte und Korrektur las – die Arbeit hat sich gelohnt! Meine ältere Schwester Sarah, eine großartige Autorin mit einer noch stärkeren Inspiration, bereitete den Weg für meine Laufbahn als Schreiber. Ferner danke ich meinem jüngeren Bruder Christopher, der in aller Ruhe Parks und Erholungsräume plant – dein Vermächtnis ist hier bereits enthalten. Sowie meiner Mutter Susan, die von oben über uns wacht. Du hast mich nicht nur in diese Welt gesetzt, sondern mir auch einen Überlebensgeist und Ausdauer mit auf den Weg gegeben.

An dieser Stelle möchte ich auch meinen Kollegen danken, unter anderen: Dean Kuipers, von der *L. A. Times,* einer der Ersten, die auf mein Selbstvertrauen setzten; Sam Logan von dem Nachrichtennetzwerk Southern Pulse, ein visionärer Journalist; Denise Witzig von der Brown University, eine wichtige Mentorin; John Kifner von der *New York Times,* ein früher Mentor; Hunter S. Thompson, jeder Kommentar erübrigt sich; Michael Smith, Bloomberg, der beste investigative Reporter, den ich kenne; Jorge Molina von der Zeitung *El Mostrador,* Chiles bester Reporter; Pablo Iturbe und Tim Delhaes von Tigabytes, enge Verschwörer und ähnliche Träumer; Rory Carroll, Martin

Hodgson, David Munk, Marx Rice-Oxley und die ganze Auslandsredaktion des *Guardian,* weil sie sich mit meinen in willkürlichen Abständen eintrudelnden Beiträgen abfanden; Tiffany Harness, Doug Jehl, Griff White und Juan Forero bei der *Washington Post,* die bewiesen, dass es immer noch gute Redakteure gibt; Guillermo Galdos, Discovery Channel, weil er mich an der Mine San José anleitete und mir stets Anregungen lieferte; Lonzo Cook und Karl Penhaul von CNN für ihre gute Laune und großartige Abendessen; Amaro Gómez-Pablos Benavides von Television Nacional de Chile, für seine Loyalität und Witze; Francisco Peregil von *El Pais,* ein Beispiel dafür, dass guter Journalismus auch sehr kooperativ sein kann; Bert Rudman, John Quinones, Joe Goldman und dem ganzen Team von ABC News, das mich im Camp Esperanza aufnahm; Carlos Pedroza und Manuel Martinez vom Esquire Mexico für ihre lang-jährige Loyalität und ihren Blick für echte Meldungen; Miguel Soffia, die den Beweis erbrachte, dass die nächste Generation uns alten Hasen etwas vormachen wird, sodass wir uns langsam und faul vorkommen und schließlich James Bandler, meinem ewigen Mitverschwörer, dem Meister des Unterstatements und der Weltsensationen und der eigentliche Grund, weshalb ich vor 21 Jahren nach Chile auswanderte.

Ausdrücklich möchte ich mich bei den 33 Bergleuten bedan-ken; jeder nahm sich die Zeit, mit mir zu sprechen und mir Informationen für dieses Buch zu geben. Ganz besonders möch-te ich Mario Sepúlveda, Raúl Bustos, Alex Vega, Juan Illanes und Samuel Ávalos danken.

Schließlich danke ich auch meinem Geschäftspartner Morten Andersen für seine Geduld während meiner überraschenden Auszeit. Die Sekretärinnen Gemma Dunn, Lucia Bird und Ellen Jones bewiesen eine fast endlose Geduld, als sie die Interviews mit den chilenischen Bergleuten aus einem fast unverständ-lichen Slang in ein perfektes Englisch übertrugen.

Personenregister

A

Acuña, Claudio 38, 70, 123, 129, 258
Aguilar, Juan 37, 262
Aguilar, Rene 189, 249
Allende, Isabel (Schriftstellerin) 199
Allende, Isabel (Senatorin) 123, 198
Allende, Salvador 75, 123, 198
Alvarez, Angelica 36
Aranas, Ivan Viveros 84
Araya, Hugo 22f., 29, 31, 32
Araya, Osman, 37, 108, 228, 252, 270
Ávalos, Byron 249
Ávalos, Florencio 9f., 12, 31, 37, 56, 84, 128, 141f., 146, 235, 247ff., 251f.,
Ávalos, Juan González 218
Ávalos, Renán 37, 84, 258
Ávalos, Samuel 21f., 37, 63, 70, 102, 108, 146, 149, 170, 177-180, 184-186, 194, 204, 208, 210ff., 214, 218ff., 229, 258, 265f., 268, 272, 278ff., 284, 292

B

Barrios, Carlos 37, 150, 252
Barrios, Yonni 37, 98, 147f., 156, 177, 180, 206, 228, 246, 258, 273
Beckham, David 26f.
Bohn, Alejandro 87, 138f., 203f.
Bravo, Roberto 158
Bugueño, Carlos 56, 132, 146, 231
Bugueño, Nelly 160, 202
Bustos, Raúl 24f., 38, 55, 63, 68, 101, 159, 262, 292

C

Campusano, Pedro 160
Castillo, Javier 36, 204f., 278
Castro, Devis 148
Castro, Fidel 75

Sachregister

Bildnachweis

Addict Village/Jonathan Franklin: 10 li. o., 10 re. Mi. o., 10 re. u., 11 li. o., 12 li. Mi., 12 re. Mi.

AFP/Chilenische Regierung/Getty Images/Newscom/Hugo Infante: 15 re. Mi.

AFP/Getty Images: 1 Mi. (Insert), 1 u. (Insert), 2 f., 4 li. o., 4 Mi., 4 u., 7 o. (Insert), 7, 9 o. (Insert), 10 re. o., 10 Mi. u., 11 re. o., 11 u., 12 li. o., 12 re. o., 12 li. u.

AFP/Getty Images/Martin Bernetti: 4 re. o., 5 li. o., 5 re. o., 14 re. Mi.

AFP/Getty Images/Ariel Mankovic: 6 o., 6 u.

AP Photo/Roberto Candia: 15 li. Mi.

AP Photo/Natascha Pisarenko: 14 li. o.

Associated Press: 9

Chilenisches Bergbauministerium/dpa/Corbis: 8 u. (Insert)

Chilenische Regierung/Rex/Rex USA: 15 u.

Chilenische Regierung/Rex/Rex USA/Gabriel Ortega: 14 re. u.

Chilenische Regierung/Rex/Rex USA/Hugo Infante: 13 re. o.

EPA/Corbis/Claudia Vega: 15 re. o.

EPA/Corbis/Claudio Reyes: 10 li. u.

EPA/Landov/Hugo Infante: 14/15 o.

EPA/Landov/Ian Salas: 16

Getty Images: 1 o.

Marcelo Iturbe: 11 Mi.

Morten Andersen: 16 u. (Insert)

NASA: 1 u.

Reuters/Chilenisches Bergbauministerium/Landov: 2, 13 Mi.

Reuters/Landov: 5 u., 8, 8 Mi. (Insert)

Ronald Patrick: 10 re. Mi. u., 12 re. u., 13 li. o., 13 li. u., 14 li. Mi., 14 li. u.

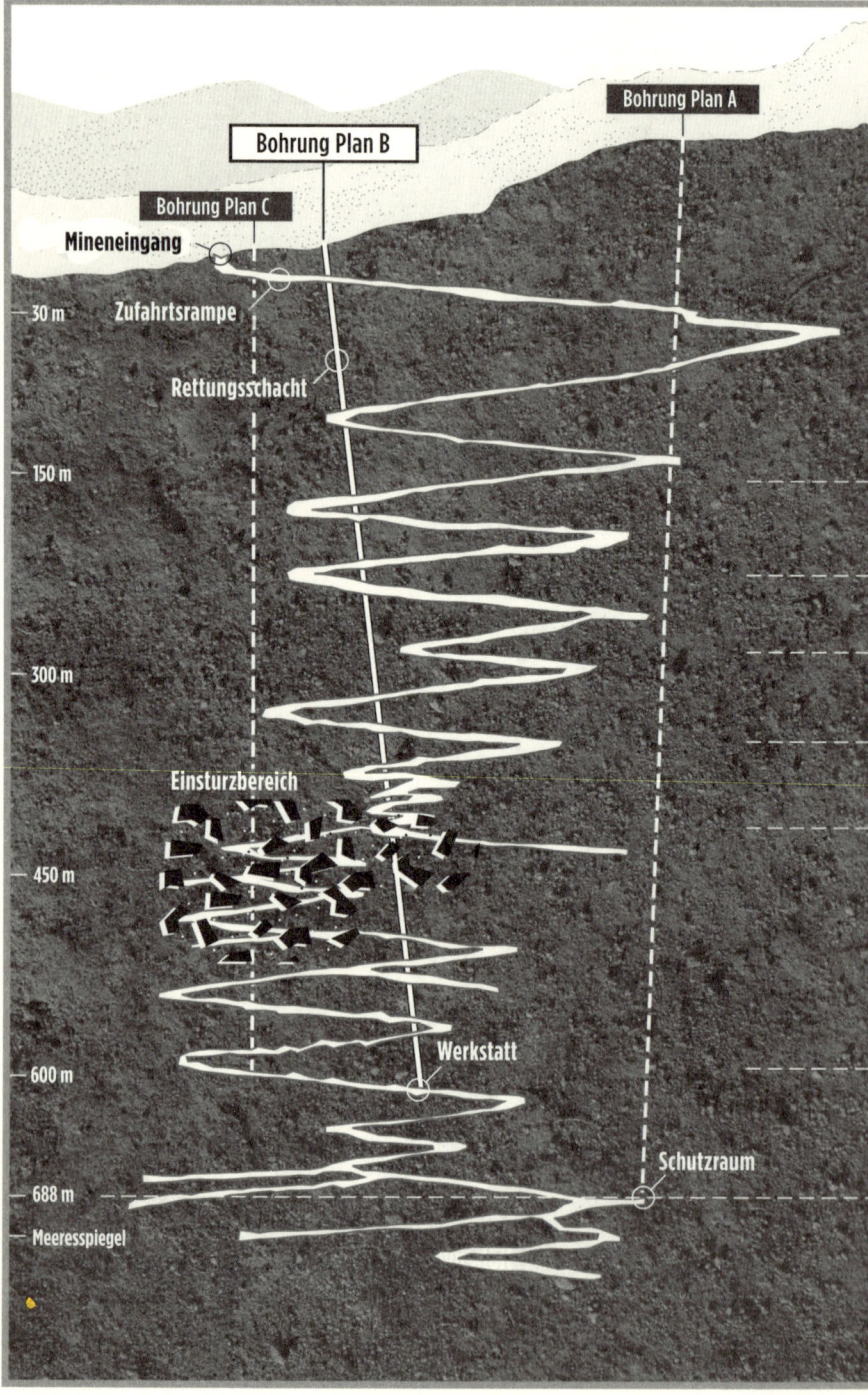

Bohrung Plan A

Bohrung Plan B

Bohrung Plan C

Mineneingang

— 30 m

Zufahrtsrampe

Rettungsschacht

— 150 m

— 300 m

Einsturzbereich

— 450 m

Werkstatt

— 600 m

Schutzraum

— 688 m

Meeresspiegel